QiYe LunLi Yu WenHua

企业伦理与文化

主　编　王宝森

副主编　李世杰

图书在版编目（CIP）数据

企业伦理与文化/王宝森主编，李世杰副主编．—北京：经济科学出版社，2013.12　（2015.3 重印）
ISBN 978－7－5141－3997－6

Ⅰ.①企…　Ⅱ.①王…　Ⅲ.①企业伦理②企业文化
Ⅳ.①F270

中国版本图书馆 CIP 数据核字（2013）第 270683 号

责任编辑：刘明晖　李　军
责任校对：刘欣欣
版式设计：齐　杰
责任印制：王世伟

企业伦理与文化
王宝森　主编
李世杰　副主编
经济科学出版社出版、发行　新华书店经销
社址：北京市海淀区阜成路甲 28 号　邮编：100142
总编部电话：010－88191217　发行部电话：010－88191522
网址：www.esp.com.cn
电子邮件：esp@esp.com.cn
天猫网店：经济科学出版社旗舰店
网址：http://jjkxcbs.tmall.com
北京盛源印刷有限公司印装
710×1000　16 开　19 印张　360000 字
2013 年 12 月第 1 版　2015 年 3 月第 2 次印刷
ISBN 978－7－5141－3997－6　定价：43.00 元
（图书出现印装问题，本社负责调换。电话：010－88191502）

前　言

进入21世纪以来，随着全球经济一体化进程的加快，企业社会责任的话题成为当前全球企业发展的一个焦点。尤其是2008年以来，无论是国内还是国外都发生了许多令社会和公众震惊、愤怒和不安的事件，引发了人们对企业伦理和文化的深层次思考。

在我国，2008年3月，被曝光的三鹿“三聚氰胺”奶粉事件，最终导致拥有近60年历史的中国最大的乳制品企业三鹿集团破产，引发了中国乳制品行业的“地震”，导致百姓对中国乳制品行业的信任度下降，影响至今；2011年3月，双汇“瘦肉精”事件、层出不穷的“地沟油”和“食品添加剂”事件、毒豆芽、染色馒头、变质与天价月饼等问题，使我们这个最讲究饮食文化的民族却对饮食的安全失去了信仰。

在国际上，由美国爆发的、影响波及全球的金融危机使人们对企业社会责任、企业道德和企业文化有了更进一步的认识。美国一些有识之士认为，贪婪、欺诈和腐朽的文化是导致这场危机的真正元凶。2008年12月，美国纳斯达克董事会前主席伯纳德·麦道夫因涉嫌证券欺诈被警方逮捕，检方指控麦道夫通过操纵对冲基金致使投资者损失超过500亿美元。后经法院审理，麦道夫表示对包括证券欺诈、洗钱等在内的11项刑事指控认罪，欺诈金额累加起来达到650亿美元。2009年6月29日，纽约联邦法院判处麦道夫150年有期徒刑，没收麦道夫约1700万美元财产，麦道夫的妻子也将上交名下8000多万美元资产。金融危机不仅重创美国经济，而且对世界经济发展也带来诸多负面影响。欧债危机困扰着欧洲经济的发展。亚洲虽然是经济增长最快的地区，但一些国家和地区的经济发展速度也大大降低。

给世界带来严重动荡的金融危机，给社会和利益相关者带来严重危害的商业丑闻，使得世界各国越来越多的人意识到，仅仅靠自由的市场经济制度、靠政府的监管，还远远不能保证企业的诚信经营，更不能保证做到企业经营的公平和公正。越来越多的人开始思考，企业应该对社会承担什么样的责任？企业应该有什么样的目标追求？企业应该怎样对待其利益相关者？企业应该有怎样的企业文化？

国际社会对促进企业履行社会责任、企业合乎伦理地经营、培育健康可持续发展的企业文化，正在向权威性、规范性、科学性、全方位和深层次方向发展。

当前，学术界对企业社会责任及企业伦理的研究空前活跃，开展企业伦理学教学已成为国际工商管理教育界人士的共识。国际商学院联合会（AACSB）提出商学院要为其毕业生提供履行伦理和法律责任所需的知识和技能。国内高校的商学院和管理学院也将企业伦理学列为本科生、研究生的必修课。越来越多的企业家和企业也积极加入企业社会责任的实践之中，他们守法经营、诚信经商，积极参与社会公益活动和绿色环保运动，在获取合法的经济利益的同时为社会贡献正能量。

本书从三个方面系统地介绍了企业伦理与文化的基本内容及其在企业经营管理中的实践意义。第一部分企业伦理与文化基础，主要阐述企业伦理与文化产生背景和研究内容、企业社会责任、企业伦理的基本原理；第二部分企业经营中的伦理问题，主要阐述企业在人力资源管理、市场营销、会计、环境保护与国际经营中的伦理问题；第三部分基于伦理的企业文化建设，主要阐述企业文化与企业核心竞争力、企业文化的内容、企业文化的诊断与建设等内容。每一章都设计了开篇案例和案例分析内容，旨在通过企业经营实践中的真实案例，帮助学生们运用相关的理论来提高对企业经营理念和管理行为的认识，提高学生分析企业经营的现实问题和明辨是非的能力，培养大学生的伦理道德修养。

本书得到东北大学“十二五”规划教材的立项资助。本书由东北大学和海南大学的教师集体合作完成，具体分工为：王宝森负责第1、2章、胡秀玲和王宝森负责第3章、贾建锋负责第4章、刘汝萍和梁晓宁负责第5章、刘军负责第6章、郭莉和王宝森负责第7章、李世杰负责第8、9、10章。本书在编写过程中参考和引用了大量中外相关文献与书籍的内容，在此对所有作者一并表示衷心的谢意。感谢各位老师在教材编写和校对工作中的贡献。感谢曾娜同学对书稿部分章节校对工作的辛勤付出。

衷心感谢经济科学出版社李军编辑给予我们的信任、鼓励和支持。

本书还有许多不当之处，敬请读者批评指正。

王宝森

于沈阳东北大学

2013年10月6日

目 录

第一部分 企业伦理与文化基础

第二部分　企业经营中的伦理问题

第三部分 基于伦理的企业文化建设

第一部分

企业伦理与文化基础

第一章　企业伦理与文化概论

【学习目标】

通过本章的学习，需要达到以下目标：

1. 了解伦理、文化、企业伦理和企业文化的含义。
2. 解释企业伦理与文化的产生背景。
3. 阐述企业伦理与文化的研究对象和内容。
4. 掌握学习企业伦理与文化的现实意义。

【重要术语】

伦理；道德；文化；企业伦理；企业道德；企业文化；利益相关者；企业哲学；企业价值观；企业精神。

【引例思考】

强文化使美国坦德公司和本田公司成为业界佼佼者*

20世纪80年代初，位于美国硅谷的坦德计算机公司的利润以每季度25%的速率增长，年收入超过1亿美元，职工流动率很低。是什么原因使坦德公司如此兴旺呢？美国哈佛大学教授特雷斯·迪尔和麦肯锡管理咨询公司的咨询专家阿伦·肯尼迪，经过分析研究后认为“坦德公司的强文化是其取得成功的源泉”。具体说来，它的成功诀窍有四条：第一，在公司内部建立了一个被广为分享的哲学。这个哲学就是强调人的重要性，认为“坦德公司的成员创造性的行动和乐趣是其最重要的资源”。第二，在公司内部淡化等级观念，建立彼此平等的人际关系。坦德公司没有正规的组织机构，也没有什么正式的规章制度，会议和备忘录几乎不存在，工作责任和时间也是灵活机动的。公司内不挂显示职位头衔的标牌，不给负责人保留停车场地。第三，在公司内部树立英雄人物，编成故事，广为传播。第四，在公司内部形成了若干习俗和仪式，如星期五下午人人参加的“啤酒联欢会”。

同时期，日本的本田汽车公司美国分公司，只有高层管理者来自日本，其余职工（包括中级管理人员与普通工人）都是美国人。这些美国人原本是在美国三大汽车公司中工作的。该公司的生产率和产品质量，都超过了美国的同行。它成功的秘诀在哪里呢？美国《华尔街杂志》于1983年对该公司的经验进行了报道："本田美国分公司突出的做法是缩小工人和管理人员在地位上的差别，把工人当做群体的一分子。每个人，不论是工人还是管理人员，同样都在公司的餐厅就餐，公司也没有为高级职员专设的停车场。职工被称作'合伙人'。"这就是说，本田美国分公司的成功，应归功于高层管理者"重视人、尊重人、团结和依靠广大员工"的管理思想和管理实践。而这一点，恰恰是优秀的企业文化的精髓。日本本田汽车公司美国分公司正是靠这种优秀的企业文化而在竞争中取胜的。

*资料来源：作者改编自：罗长海，林坚．企业文化要义［M］．北京：清华大学出版社，2003：3.

1. 美国坦德计算机公司是靠什么调动员工的工作热情？
2. 本田美国分公司在美国成功的秘诀是什么？
3. 这两个公司在激发员工工作热情和调动员工积极性方面有何共同点？

1.1 企业伦理与文化的产生背景

1.1.1 企业伦理的产生背景

早在20世纪50～60年代，在经济高度发达的美国和欧洲等西方国家相继出现了一系列企业经营中的丑闻，包括受贿、规定垄断价格、欺诈交易、环境污染等。广大公众对此反应强烈，强烈呼吁政府对此问题进行深入调查。1962年，美国政府公布了《对企业伦理及相应行动的声明》的报告，该报告充分反映了公众对企业经营中的伦理问题的广泛关注。同年，威廉·洛德在美国商学院联合会成员中发起了一项有关开设企业伦理学课程必要性的调查，被调查者认为企业伦理学应该成为工商管理教育的一个重要部分，但在当时，大多数学校的商学院并没有在这个领域开设相关的课程。只是有识之士开始呼吁和着手企业伦理方面的研究，例如，1963年，T. M. 加瑞特等人编写了《企业伦理案例》一书，搜集了形形色色的企业伦理案例，并对其进行了分析研究。1968年，美国天主教大学原校长C. 沃尔顿在其《公司的社会责任》一书中，倡导公司之间的竞争要以道德目的为本。

到了20世纪70年代，由于美国企业越来越多地卷入了非法政治捐款、非法股票交易、行贿受贿、弄虚作假、窃取商业机密等活动，人们感叹企业中相当一部分管理者已到了道德沦丧的地步，企业伦理问题开始引起美国企业界和学术界的广泛关注。针对这种现状，学术界就企业的社会责任、企业伦理问题进行了广泛而热烈的讨论。1974 年 11 月，在美国堪萨斯大学召开了第一届企业伦理学讨论会，这次会议不仅深化了此前人们对企业伦理问题的研讨，而且标志着企业伦理学的正式确立。

从 20 世纪 70 年代初开始，学术界就企业的社会责任问题进行了广泛的探讨，并由此引发了“利润先于伦理”与“伦理先于利润”之争。另外，对日本的企业伦理模式也开始予以关注。第二次世界大战后由丸山敏雄创立的日本伦理研究所大力倡导伦理实践，企业伦理就是其中的一项重要内容。日本的企业伦理模式是对日本家庭伦理传统的拓展和应用，它把日本传统的伦理观念如忠诚、仁义、感恩、爱和、喜劳等融入企业经营活动之中，并通过确立社是、社训、员工培训、做朝礼、举行庆典等方式强化这些观念，从而使伦理道德成了日本企业调节企业内外关系、处理利益冲突的主要手段。美国人对这种企业伦理模式很感兴趣，并视其为日本企业的成功之道而加以借鉴。这一阶段企业伦理的研究工作主要是围绕对管理者的伦理道德观和企业伦理现状的了解而展开的，主要是在企业的经营管理经验研究方面。在实践应用方面，在美国部分企业和管理者中兴起了“道德生成运动”。该运动倡导伦理因素和利润因素融为一体的企业活动模式，强调企业的社会责任，寻求旨在促进企业和企业中个人的道德行为的具体办法，建立企业与企业、企业与雇员、企业与顾客之间相互信赖的关系。

进入 20 世纪 80 年代以后，国外企业伦理学开始进入了全面发展阶段。主要标志为：第一，企业伦理学从美国和日本扩展到了加拿大、西欧、澳大利亚、东南亚等地。第二，企业伦理学开始逐渐进入大学的课堂，各种企业伦理学的刊物和研究机构纷纷问世。例如，美国、加拿大和西欧有近 30 所大学建立了企业伦理学的专门学术机构或以企业伦理为重要研究课题的应用伦理学研究中心。第三，企业伦理的理论研究进一步深化。学者们就公司的道德地位问题、伦理道德与企业活动能否相容问题、企业伦理学的理论基础问题等展开了讨论。此外，学者们还构建了企业决策的伦理分析模式，为企业伦理在企业经营管理活动中的应用找到了一条可行的途径。第四，在企业伦理的实践方面，20 世纪 80 年代，企业伦理规范在美国大企业中得到广泛应用，英国、加拿大和澳大利亚的企业也开始引入书面的企业伦理规范。少数企业开始设立伦理委员会和负责处理企业伦理问题的经理。

20 世纪 80 年代末出现了一批企业伦理与管理结合方面有影响的著作，如美国密执安大学拉鲁·托尼·霍斯曼的《管理伦理》(1987 年)；弗吉尼亚大学 R. 爱德华·弗里曼和伯克奈尔大学丹尼尔·R. 吉尔伯特的《公司战略与企业伦理》(1988 年)；畅销书《一分钟经理》的作者肯尼斯·布兰查德和诺曼·V. 皮尔的

《道德管理的力量》（1988 年）；美国学院克莱伦斯·C. 沃顿的《道德管理者》（1988 年）；哈佛大学商学院肯尼斯·R. 安德鲁编的《实践中的伦理：管理道德企业》（1989 年）；佐治亚大学阿基·B. 卡罗尔的《企业与社会：伦理和利益相关者管理》（1989 年）。20 世纪 90 年代以后，企业伦理学领域的著作更是层出不穷，如劳拉·L. 纳什的《仅仅有良好愿望是不够的》（1990 年），理查德·T. 德·乔治的《国际商务中的诚信竞争》（1993 年），约瑟夫·A. 佩特里克和约翰·F. 奎因的《管理伦理》（1997 年），缪尔·卡普塔的《道德管理：组织的道德审计和发展》（1998 年）等。截至 1993 年，美国 90% 以上的管理学院开设了企业伦理学方面的课程。1993 年，美国的史蒂文·西尔比格在《MBA 十日读》一书中，概括了美国 10 家著名商学院的课程精要，列出了 9 门核心课程，“企业伦理学”课程均位列其中。在西方的管理学教科书中都辟专章讨论“企业社会责任和企业伦理”。可见，企业伦理不仅已成为管理学的主要内容，而且还向市场营销学、战略管理学、组织行为学、国际企业学、会计学、谈判学等课程渗透。例如，菲利普·科特勒在 1997 年版的《营销管理——分析、计划、实施和控制》（第 7 版）前言中把“重视伦理营销”视为营销管理的发展趋势之一。

另外，美国一流大学的商学院纷纷成立企业伦理研究中心。例如沃顿商学院于 1997 年成立了“企业伦理研究中心”，圣母大学门多萨商学院于 2001 年成立了“全球道德经营研究所”，卡内基·梅隆大学商学院于 2002 年成立了“国际企业责任研究中心”，哥伦比亚大学商学院于 2003 年成立了“领导与伦理研究中心”。可以看出，依托研究中心开展企业伦理教学与研究，扩大在社会上的影响，树立良好形象，已成为一流商学院在竞争中谋求发展的新的重大战略举措。

从 2003 年起，在《商业周刊》对商学院的排名中，新增了对商业道德的评价，毕业生根据学院对企业伦理学教学的重视程度，对学院进行评分。招聘人员要评出哪所学院的毕业生具有商业道德。在排名时，还对每所商学院的知识资本进行评分，评分方法是计算其在 18 种出版物上刊登的学术文章，《企业伦理学刊》是 18 种出版物之一。企业伦理学教学与研究在商学院中的地位由此可见一斑。

1.1.2 企业文化的产生背景

20 世纪 70 ~ 80 年代，随着战后日本经济的崛起，日本的一些著名企业如丰田、索尼、日产、东芝、三菱等开始进军国际市场，并很快在国际市场中占有一席之地。日本企业在汽车、电子、家用电器等行业对美国的霸主地位形成了强有力的挑战。一些企业家和管理学者在分析研究战后日本经济崛起的原因时，大家纷纷归因于日本带有显著东方传统文化的管理模式。美国麻省理工学院沙因教授指出，20 世纪 80 年代，随着日本企业竞争力的快速增强，许多学者对日本企业的管理模式进行研究后发现，日本企业的文化特征是促进企业发展的重要因素。企业文化作为一种管理理论和管理方法，率先出现于美国和日本等西方国家。

研究企业文化理论的产生背景，必须要介绍对企业文化理论产生起到重要作用的四本书。

第一本是《企业文化：企业生活中的礼仪与仪式》。它是由两位背景不同的学者联手完成的，一位是哈佛大学的特伦斯·迪尔教授，一位是麦肯锡管理咨询公司的阿伦·肯尼迪先生，他们联手针对什么能真正激励组织完成工作这一问题，进行了研究和思考，写出了企业文化研究的奠基之作——《企业文化：企业生活中的礼仪与仪式》。它是一本对企业文化的论述比较系统的一部专著。书中提出，“强有力的文化是企业取得成功的新的‘金科玉律’。”认为强有力的企业文化由五个因素组成：企业环境、价值观、英雄人物、礼仪和庆典、文化网络。企业环境指的是市场、竞争者、顾客、工艺技术、政府影响等。企业环境是形成企业文化最大影响因素，它决定企业文化建设的特殊性。价值观是指“企业内成员对某个事件或某种行为好与坏、善与恶、正确与错误、是否值得效仿的一致认识”。价值观是企业文化的核心，“是一家企业成功哲学的精髓”。它不是个别人的价值判断，而是指“一个组织的基本信仰和准则”。“为员工们的日常行为提供指导方针”。作为企业价值观，对一个企业来说，应有自己的特色，并用简明生动的语言表述。企业价值观表明的应是这个企业最被关注的事应是全体员工所认同的。企业价值观应该是从企业的现实中提炼出来的，而不是凭空想象的。企业的英雄人物是企业价值观的人格化，或者说是企业价值观的化身。它的作用在于作为一种活的样板，给企业中其他员工提供可供效仿的榜样，对企业文化的形成和强化起着极为重要的作用。礼仪和庆典是指企业内的各种表彰、奖励活动、聚会以及文娱活动等。通过它们把企业的价值观体现出来。这些活动是企业中经常反复出判包，虽不明文规定，但人人知晓。使人们通过这些生动活泼的活动来领会企业文化的内涵。文化网络是指“非正式的信息传播渠道，是传播企业价值观的手段。它是由某种非正式的组织和人群，以及某一特定场合所组成，它所传递的信息往往能反映出员工的愿望和心态。”

第二本是《Z 理论——美国企业界怎样迎接日本的挑战》，作者是美国加利福尼亚大学的威廉·大内教授，他把这个理论命名为“Z 理论”，其用意是融合日、美各自管理的合理成分，形成一个新的管理体系。大内教授提出了他所设计的“Z 型组织”模式的特点是：实施长期的、终身的雇用制，使员工在企业有保障的前提下，更关心与自身前途关系重大的本企业的长远利益；相对缓慢的长期考核和逐步提升制度；对人才的培养采取“非专业”的方式，以使他们适应各种工作；在管理控制的含蓄与明确之间保持一种平衡；采取集体研究与个人决策相结合的“统一思想式”的决策方式；在员工中贯彻平等主义原则，使他们在不要监督的情况下可以自主地酌情处理问题。为建立这种“Z 型组织”，大内提出必须建立一种“Z 型文化”。他明确提出，一个公司的文化由其传统和风气构成。此外，文化还包括一个公司的价值观，如进取、守势、灵活性，即确定活动、意见和行动模式的价值观。一家 Z 型公司的所有领域，从其战略到人事，没有不为这种文化所涉及的，即使产品也是由这些价值观所决定的。

第三本是《日本的管理艺术》，作者是美国斯坦福大学的理查德·帕斯卡尔教授与哈佛大学的安东尼·阿索斯教授。两位作者拿日本的松下电器公司与美国的一些大公司进行对比，提出了著名的“7S 管理模式”。7 个“S”是 7 个管理要素，即战略、结构、制度、人员、作风、技能、最高目标。作者认为前 3 个要素易于通过分析、定量、逻辑予以掌握，属“硬”的管理成分。而后 4 个要素是与人相关而且很难通过定量掌握，称为“软”的管理成分。两位作者认为，做好软管理工作要难于做好硬管理工作，其重要性也是软的强于硬的。阿索斯和帕斯卡尔认为松下公司与美国的公司相比，真正的区别不在于制度，而在于管理作风、人事政策以及最重要的精神和价值观上。美国企业家重视硬件，而日本企业家不但重视硬件，更重视诸如共有价值观、作风、人员、技巧等软件因素。作者认为，日本企业家总是反复向员工宣讲共有价值观、企业信念的重要性，并尽心尽力地使员工个人目标同化于企业目标，建立起全体员工共享的价值观。而美国企业家却误认为企业可以任意要求员工做出脑力和体力贡献，不干涉员工的个人生活和基本信念是天经地义的。作者认为，美国传统文化重视自我的价值，忽视集体的价值。而日本则相反，比较重视集体的价值，要求个人行为与集体行为活动的一致。作者总结性地说：“美国企业的‘敌人’不是日本企业，而是我们企业管理‘文化’的局限。”

第四本是《成功之路：美国最佳管理企业的经验》，作者为美国斯坦福大学的托马斯·彼德斯教授和小罗伯斯·沃特曼教授。该书一出版即引起社会轰动。严格地讲，前面谈到的“7S 管理模式”是彼德斯与沃特曼两位提出的。他们是美国麦肯锡咨询公司的提高企业管理效率研究课题组的成员，在研究中他们发现凡是管理成功的企业都与重视这 7 个因素有关。后来，在《日本企业管理艺术》的两位作者阿索斯与帕斯卡的鼓励、建议并一起进行推敲的情况下，称这 7 个要素的管理模式为“7S 管理模式”。该书的两位作者主要是针对美国有人对日本管理迷信到亦步亦趋的地步而写了这本书，并寻找到美国管理出色的 43 家成功企业，总结了它们的成功经验。作者同时认为，把管理单纯建立在数据、计划、制度、分析、控制那种狭隘的天地里，会导致保守、无情哲学、消极倾向、贬低价值观作用这些情况的发生。为此，作者强调管理要重视人的作用，重视激励，强化感情因素，灌输价值观，让文化因素在管理中占据主导地位。作者找到了美国出色企业成功的八种文化品质。这些出类拔萃而富有革新精神的公司八种品质分别是：贵在行动；紧靠顾客；鼓励革新；容忍失败；以人促产；深入现场，以价值观为动力；不离本行；精兵简政和辨证处理矛盾。企业能具有这八种品质，实际上靠的是“信念”，靠的是企业的价值体系。当员工们对确有价值的东西抱有坚定的期望时，就能产生信心。优秀企业的规章制度都带有积极的色彩，这些规章制度涉及的是质量、服务、革新等问题。一些企业的失败在于忽视了共有价值观、人员、作风、技巧这四个“软”因素。要使一个企业切实抓好软因素，是一件十分复杂的事情。正如彼得斯和沃特曼所说，它好比设计一座高水平的桥，要比理解为什么许多桥的设计都失败了要难得多、工作量也大得多。他们认为，一个企业应该具有革新精神，要及时调整企业的经营管理以适应外部环境的变化。也就是创造一种新的文化，跟上社会前进的步伐。

以上列举的四本书是企业文化的有意实践的起步。认识到企业管理中人是第一位的，价值观具有核心作用，把这些看成是搞好企业管理的根本问题绝非易事。认识并能做到就更加不容易了。认识企业文化，实践企业文化是属于那种既浅显又很不浅显的一件事。以上四本著作的出版标志着企业文化研究的兴起和企业文化理论的产生。

1.2 企业伦理与文化的研究对象

企业伦理学是一门研究企业道德的学科，是对企业道德现象进行分析、归类、描述和解释的学科。它告诉我们这些现象是什么，并把这些现象分为不同的组成部分，并找出这些部分所依赖的前提或条件；它寻找这些现象所依据的原则和支配它们的规律，解释它们的根源，并追溯它们的发展。企业文化学是一门研究企业哲学和企业价值观的学科，是对企业成长环境进行分析、归类、描述和解释的学科。企业文化包括物质文化、制度文化、行为文化和精神文化四个层面，其中企业精神文化是企业文化的核心。企业精神文化所涉及的企业哲学、企业价值观、企业精神等实际上也是企业伦理所探讨的主要问题。因此，企业伦理与企业文化二者之间相互交叉相互包含，研究企业伦理必然会涉及企业文化问题，研究企业文化也一定会触及企业伦理问题，因此，把企业伦理与企业文化整合起来研究具有一定的理论与现实意义。在阐述企业伦理与企业文化之前，我们首先需要了解什么是伦理、道德、利益相关者、企业伦理、企业道德、企业哲学、企业价值观、企业精神等相关概念。

1.2.1 伦理与企业伦理

1.2.1.1 伦理与道德

企业伦理学研究企业道德现象，而要认识企业伦理，首先要了解伦理和道德的含义。“伦”是指人、群体、社会、自然之间的利益关系，包括人与他人的关系、人与群体的关系、人与社会的关系、人与自然的关系、群体与群体的关系、群体与社会的关系、群体与自然的关系、社会与社会的关系、社会与自然的关系等。“理”即道理、规则和原则。“伦理”就是指处理人、群体、社会、自然之间利益关系的行为规范。“道”的本来含义是道路，引申为原则、规范、规律。“德”是指人们内心的情感和信念，指人们坚持行为准则的“道”所形成的品质或境界。“道者，人之所共由；德者，人之所自得。”南宋著名思想家朱熹曾说：“德者，得其道于心而不失之谓也。”可见，“道德”则是对某种规范的认识、情感、意志、信仰以及在此基础上形成的稳定的和一贯的行为。

“道”是“德”的前提，没有“人所共由”的规范，就不可能有对规范的内心感悟；而“德”则是“道”的归宿，规范只有通过“内得于心”才能接受并发挥作用，即只有认识了道，内得于心，又外施于人，才能称为“有德之人”。而要把外部的规范转化成自觉要求的并体现在行动中的规范，需要包括社会舆论、内心信念、道德教育和自身修养等活动在内的长期努力。所以，道德包含三方面的内容：道德规范；对道德的认识、情感、意志、信仰和习惯等；以及由“道”转化为“德”的途径与方法，道德评价、教育、修养等。

在西方，“道德”一词起源于拉丁语的 mores，意为风俗和习惯。古罗马思想家西塞罗根据 mores 一词创造了一个形容词 moralis，指社会的道德风俗和人们的道德个性。英文的道德 morality 一词则是这一含义。可见，不管是中国还是西方，道德一词都包含了社会的道德原则和个人的道德品质两方面的内容。

“道德”与“伦理”这两个概念，一般并不作很严格的区分，它们经常可以互换使用，特别是作为“规范”讲时，更是如此。例如，“应该讲道德”与“应该讲伦理”是同一个意思，“道德规范”与“伦理规范”也是等同的。但是，无论在日常用法还是在其语源和历史用法中，“伦理”与“道德”还是有一些细微的差别的。比如说，我们会说某个人“有道德”，或者说是“有道德的人”，一般不会说这个人“有伦理”，是“有伦理的人”。但同时，我们一般都用“伦理学”，甚至可直接用“伦理”来指称这门学问，而较少用“道德学”来指称。换句话说，在日常用法中，如果我们细细体会，就会发现“道德”更多地或更有可能用于人，更含主观、主体、个人、个体意味；而“伦理”更具客观、客体、社会、团体的意味。

1.2.1.2 利益相关者

企业是一个利益相关体。企业经营是一种合作活动。企业要有所有者。没有所有者的初始投入，就不可能有企业。企业要有顾客。产品或服务得有足够数量的人按足够高的价格购买才行，购买的人越多，愿意出的价格越高，企业便越能获得利润。企业要有员工。员工的素质越高，员工与员工之间、员工与企业之间的合作程度越高，便越能生产出具有竞争力的产品或服务。企业要有供应者。企业不可能所有原材料、零部件都自己生产，不可能所有技术都自己开发，不可能自备所有的资金，故需要原材料、零部件、技术、资金供应者。原材料、技术、资金的供应越是稳定可靠，企业经营就越顺利。企业要有竞争者。企业通常不喜欢有竞争，不喜欢竞争者，但没有了竞争者，就成了垄断，而垄断是法律所不容的。企业还要有政府、社区、公众的理解、合作和支持。反过来说，所有者、顾客、员工、供应者、竞争者、政府、社区、公众也能从与企业的合作中获得好处，他们也离不开企业。可见，企业有许多利益相关者，而且与他们关系十分密切。可以说，企业的任何决策、任何行为都会对利益相关者产生或多或少的影响。换句话说，怎样处理与利益相关者的关系是企业不可避免的、每时每刻都面临的问题。

利益相关者（stakeholder）是指可能对组织的决策和活动施加影响或可能受组织的决策和活动影响的所有个人、群体与组织。戴维·韦勒（David Wheeler）和玛丽亚·西拉帕（Maria Sillanpaa）把利益相关者分为直接利益相关者（primary stakeholder）和间接利益相关者（secondary stakeholder）。直接利益相关者包括所有者、普通员工和管理者、顾客、社区、供应商和其他合作伙伴。间接利益相关者包括政府、公共组织、社会压力团体、新闻界和学术界、工会、竞争者。由于直接利益相关者与组织有直接的利益关系，所以往往更受重视。而实际上，有时间接利益相关者也能对组织产生重大的影响。就讨论问题而言，静态分类是有帮助的，但对企业的决策则作用有限，因为这一分类没有揭示利益相关者施加影响或受影响的程度大小，因而对企业决策无法提供有针对性的指导。

1.2.1.3 企业伦理

企业伦理具有以下特点：

第一，企业伦理是关于企业及其成员行为的规范。虽然企业是由个人组成的，但企业的行为却不能简单地表述为单个成员的行为之和，企业具有自己的目标、利益和行为方式。当一个人问企业应该做什么、企业的道德责任是什么时，就意味着企业本身被看成一个“道德角色”或“道德个人”。然而，具体工作毕竟是由企业成员来做的，在讨论企业应该遵守的行为规范时，实际上也提出了单个成员所应遵守的行为规范，如管理者、技术人员、生产人员、营销人员、财务人员、后勤人员等的行为规范。

第二，企业伦理是关于企业经营活动的善与恶、应该与不应该的规范。指导企业及其成员行为的规范有许多，有技术规范，如不准戴手套操作车床；有礼节规范，如对来访者以礼相待。企业伦理是关于善恶的规范。企业伦理告诉人们哪些经营活动（指以盈利为目的的所有活动）是善的、应该的，哪些活动是恶的、不应该的。究竟什么是善的经营行为、什么是恶的经营行为，正是企业伦理学所要讨论的。一般而言，“人们总是把那些有利于自己、他人及社会群体的行为和事件当成是善，而把那些有害于自己、他人及社会群体的行为和事件当成是恶”。

第三，企业伦理是关于怎样正确处理企业及其成员与利益相关者关系的规范。“道德的基础是利益，其核心内容即是调整利益关系。”那么，在企业经营中存在哪些利益关系呢？首先，企业从事经营活动，需要内部各层次、各部门员工的共同努力。同时，企业是个开放系统，它与外界存在着各种联系，因此，企业中的关系就大的方面讲，可分为内部关系和外部关系两类。其次，人们生活在世界上必然地产生两种关系：一是人与人之间的关系；二是人与自然的关系，通常说的伦理关系是指前者，而后者也可以进行善恶评价，因而也应该包含在伦理关系中。具体地说，企业在经营中存在着以下主要利益关系：企业与顾客的关系，企业与供应者的关系，企业与竞争者的关系，企业与社区的关系，企业与政府的关系，企业与自然环境的关系，企业与所有者的关系，企业与管理者的关系，企业与员工的关系，管理者与员工的关系，员工与员工的关系，员工与事、物的关系等。

上述关系一般企业都可能面临，在实际经营活动中，尚会产生一些别的关系，如企业利用专利来开发新产品，就产生了企业与专利发明人之间的关系；企业与其他企业、高校、科研机构合作开发研究，就形成了企业与合作者的关系。与企业经营活动有关、与企业及其成员有利害关系的所有个人和组织都是企业及其成员的利益相关者。企业伦理就是调节企业及其成员与利益相关者关系的规范。

第四，企业伦理是通过社会舆论、内心信念和内部规范来起作用的。企业伦理与法律都是调节企业及其成员行为的重要手段，但两者在调节方式上有重大的差别：法律是统治阶级依靠国家机器等强制力量执行的，体现了强制性和外在性；而道德则依靠社会评价和自我评价而起作用，体现了自觉性和内在性。企业内部可以制定出具体的行为守则，对模范遵守守则者，予以表扬、加薪、评先进、晋升等，而对违反守则者予以批评、减薪、降级及除名。

1.2.1.4　企业道德

如同道德与伦理的关系一样，作为规范，企业道德与企业伦理是相通的，但是企业道德还有“内得于心，又外施于人”这层含义，这里着重讨论一下企业道德这层含义。

企业是由人组成的，企业道德应该包含其成员的道德。但企业是一个有共同目标，责、权、利明确的人群集合体，企业中的成员并不是各自孤立的，因此，企业道德不是个体成员道德的简单之和或个体成员道德的平均水平。企业的道德主要由两部分组成：员工的道德品质和企业整体的道德，后者主要通过企业道德文化表现出来。

道德品质包含道德意识和道德习惯，而道德意识又包含道德认识、道德情感、道德意志、道德信念。

①道德认识。正确的道德认识要求员工能在纷繁复杂的现实中作出正确的道德判断、评价和选择。虽然一个员工能背诵企业道德准则，甚至能理解其必要性和合理性，但在现实中却一筹莫展，不懂得如何正确地进行判断、评价和选择，那么也不能认为这个人已具有了完备的道德认识。

②道德情感。人们从理论上认识了一定的道德义务后，并不一定能按其行动。当道德认识转化为内在的情感时，才会对人们的行为和举止产生深刻的影响，推动人们主动趋善避恶，追求自己情感上尊崇向往的美德，反对情感上无法接受的恶行。

③道德意志。员工在履行企业道德所规定的各种义务时，往往会遇到来自多方面的困难和阻力。在客观方面，需要克服来自外部的社会条件的制约、错误舆论的非难、亲友的责备和埋怨等。在主观方面，由于履行道德义务，往往需要或多或少地牺牲眼前利益。在这些情况出现时，如果没有坚定的道德意志，就可能在行为选择时放弃初衷，在行为过程中知难而退，甚至屈服于外部压力和眼前利益，做出不道德的事情。

④道德信念。道德信念是深刻的道德认识、强烈的道德感情和坚强的道德意志的有机统一，是促使人们把道德认识转化为道德行为的内在动力。当一个人对某种道德产生信念后，就能自我调动、自我命令，长期地、自觉地、全面地根据自己的信念选择行为。

再说道德习惯。一个员工若养成了企业道德习惯，那么其行为无须外来监督就能符合企业所推崇的道德原则和规范。

企业必然要回答如何对待企业伦理、法律与伦理的关系、企业社会责任、与所有者的关系、与员工的关系、管理者与下属的关系、员工之间的关系、与顾客的关系、与供应商的关系、与竞争者的关系、与社区的关系、与政府的关系、与自然环境的关系等问题，一旦对这些问题达成了企业成员的共识，并以此来指导行为，便会逐渐形成独特的文化。

1.2.2 文化与企业文化

1.2.2.1 文化

在西方，文化（culture）一词源于拉丁文（cultura）“耕种”一词引申而来，包括耕种、培育、修饰、打扮、敬仰、崇拜、祭祀的含义。英国著名文化人类学家泰勒在1871年所著的《原始文化》一书中指出：“文化是一种包括知识、信仰、道德、法规、习俗以及所有作为社会成员的人所获得的其他能力和习惯复合整体。”

《牛津现代辞典》：“文化是人类能力的高度发展，借训练与经验而促成的身心的发展、锻炼、修养；或人类社会智力发展的证据、文明，如艺术、科学等。”美国人类学家克罗伯和克鲁克洪教授认为：“文化由外显的和内隐的行为模式构成，这种行为通过象征符号而获致和传递，文化代表了人类群体的显著成就，包括它们在人工造物中的体现；文化的核心部分是传统的即历史的获致和选择的观念，尤其是它们所带的价值，文化体系一方面可以看做是活动的产物；另一方面则是进一步活动的决定因素。”

在中国，文化一词最早可以追溯到《易经》。《易经》记载：“文明以止，人文也。观乎天文，以察时变；观乎人文，以化成天下。”《辞源》对文化的解释是“文治和教化”。《现代汉语词典》对文化的解释：人类在社会历史发展过程中所创造的物质财富和精神财富的总和，特指精神财富，如文学、艺术、教育、科学等。指运用文字的能力和一般知识。

1.2.2.2 企业文化

企业文化是企业员工在较长时期的生产经营实践中逐步形成的共享价值观、行为准则、行为方式的总和。企业文化可分为三个层次，分别是观念层次、制度层次和行为层次，其核心是企业的共享价值观。有人曾经对企业文化的定义做过统计，有180多种，几乎每一位管理学家和企业文化学家都有自己的定义。下面摘列几个有代表性的定义：

美国学者约翰·P. 科特和詹姆斯·L. 赫斯克特认为，企业文化是指一个企业中各个部门，至少是企业高层管理者们所共同拥有的那些企业价值观念和经营实践。

特雷斯迪尔和阿伦肯尼迪认为，企业文化是一个企业所信奉的价值观。

威廉·大内认为，企业文化是传统气氛构成的公司文化，它意味着公司的价值观，诸如进取、守势、灵活性。这些价值观构成公司员工活力、意见和行为的规范。管理人员身体力行，把这些规范灌输给员工并代代相传。

沙因认为，企业文化是在企业中寻求生存的竞争原则，是新员工要被企业所录用必须掌握的内在规则。

彼得斯沃特曼认为，企业文化就是员工做出不同凡响的贡献，从而也就产生有高度价值的目标感，这种目标感来自对生产、产品的热爱、提高质量、服务的愿望和鼓励革新，以及对每个人的贡献给予的承认和荣誉。

潘肖珏、苏勇认为，企业文化是在一定的社会历史条件下，企业生产经营和管理活动中所创造的具有本企业特色的精神财富和物质形态，包括文化观念、价值观念、企业精神、道德规范、行为准则、历史传统、企业制度、文化环境、企业产品等。其中，价值观是企业文化的核心。

刘光明认为，企业文化有广义和狭义之分。广义的企业文化是指企业的物质文化、行为文化、制度文化、精神文化的总和。狭义的企业文化是指以企业价值观为核心的企业意识形态。

1.2.2.3　企业文化精髓

（1）企业哲学。

企业哲学是在企业在生产、经营、管理过程中表现出来的世界观和方法论，是企业进行各种活动、处理各种关系所遵循的总体观点和综合方法，是对企业一切行为的根本指导思想。它反映企业对发展经济的历史使命和责任的认识和态度，研究企业管理主体与客体的辩证关系，阐明企业活动与外部环境的关系，揭示企业的运行规律和管理的内在规律。企业哲学的根本问题是企业中人与物、人与经济规律的关系问题。企业哲学是推动企业经营管理发展的动力，企业哲学是企业文化的主导和灵魂。

企业哲学对企业管理哲学具有指导作用。企业管理哲学包括企业的时间哲学、系统哲学、权威哲学、人性哲学等，是企业围绕管理活动而产生的系列哲学理论。它把企业哲学所揭示的企业中人与物、主体与客体根本关系的认识贯彻到企业管理实践中去。现代企业管理理念以人为本，突出把人当“人”来管理，关心人、爱护人、尊重人、培养人，注重人的全面发展。

（2）企业价值观。

价值观是价值主体在长期的工作和生活中形成的对于价值客体的总的根本性

看法，是一个长期形成的价值观念体系，是人们关于什么是有意义的或无意义的根本看法，是人类所特有的价值取向的根本见解。价值观的主体可以是一个人、一个国家、一个社会，也可以是一个企业。克拉克洪认为："价值观是一种外显的或内隐的，有关什么是'值得的'看法，它是个人或群体的特征，它影响人们对行为方式、手段和目的的选择。在一个个有关'值得的'看法背后，是一整套具有普遍性的、有组织的观念系统，这套观念系统是有关对大自然的看法、对人在大自然中的位置的看法、人与人的关系的看法，以及在处理人与人、人与环境关系时对值得做和不值得做的看法"，克拉克洪称之为"价值取向"。

企业价值观是企业全体或绝大多数员工一直赞同的、与企业紧密关联的关于"对象对于主体来说是否有价值"的看法。企业价值观是企业经营管理者和企业员工共享的群体价值观念，企业价值观决定和影响着企业存在的意义和目的，是企业各项规章制度的价值和作用的评判标准，为企业的生存和发展提供基本的方向和行动指南，决定了企业全体员工的行为取向。《企业管理学大辞典》中这样定义："企业价值观是企业经营的目的、宗旨，即企业为什么存在、企业对其价值的评价标准。企业对价值观的评价标准一般有：企业认知价值——真与伪；企业实践价值——经营好与坏；企业行为价值——善与恶；企业艺术价值——美与丑。"

（3）企业精神。

企业精神是一个企业全体（或多数）员工共同一致、彼此共鸣的内心态度、意志状况、思想境界和理想追求。企业精神是一个企业积极向上的群体意识的体现，是一个企业的灵魂。企业家精神是企业精神的人格化。员工是否认同是企业精神形成的标志，员工的认同是企业精神具有市场竞争力的基本依据。企业精神是企业在长期生产经营实践中形成的、体现了企业所有员工的意志和利益，反映企业理念、宗旨、目标、价值观的总体精神，是突出企业特点和优势的一种群体精神。企业精神的主要内容包括主人翁精神、敬业精神、团队精神、竞争精神、创新精神、服务精神等。

1.3 企业伦理与文化的研究内容及意义

1.3.1 企业伦理与文化的研究内容

1.3.1.1 企业伦理的研究内容

美国堪萨斯大学教授理查德·乔治（Richard T. De George）认为，企业伦理研究主要应包括三个层次的内容，即对经济制度进行评价；对商业行为进行评价；对个人行为进行评价。因此，企业伦理学研究相应地可以在这三个层次上展开。

第一层次是关于企业对现实生活中的伦理问题、企业道德状况、管理者及普通员工的道德观念和道德素质等方面的研究。它主要包括全球范围内的企业道德状况、跨国公司的道德状况及其在国际经营中面临的典型伦理问题，文化差异对道德决策的影响，如何通过制定国际标准和国际认证来推动企业履行社会责任、改善道德状况研究；一国的企业道德状况，不同地区、不同行业的企业道德状况，管理者及普通员工的道德观念，典型的不道德经营行为，不道德经营行为的严重程度、危害及根源，如何营造促进企业道德的社会风气研究；某个行业或职业内的典型伦理问题，行业内的企业道德状况，行业或职业内部惩罚不道德行为、奖赏道德行为的措施研究；企业道德测评、企业道德管理、企业道德文化建设研究；影响组织内个人道德选择的因素及影响机制研究等。

第二层次是关于对企业及其成员的行为进行道德评价的研究，特别是对似是而非或似非而是的问题进行道德论证、制定伦理规范等。它主要包括对国际经营活动的伦理评价，制定伦理规范，包括关于跨国公司的道德权利与义务、跨国公司在发展中国家经营时应遵循的基本原则、跨国公司的伦理准则等的讨论；对与我国社会主义市场经济相适应的企业道德规范研究；对行业守则、各种职业道德准则如注册会计师职业道德准则、注册金融分析师职业道德准则、营销人员伦理守则等的研究；对企业伦理评价研究；对企业伦理守则的研究；对企业管理者和普通员工的道德权利与义务，以及对道德素质的研究等。

第三层次包括需要研究那些一般用于描述个人及其行为的道德术语是否同样适用于对企业的研究，如企业是否与个人一样具有良知和道德感，道德语言是否同样适用于它，其运用方式是否与个人相同等。

1.3.1.2 企业文化的研究内容

企业文化的内容包括精神文化、制度文化、行为文化和物质文化四个方面。因此，企业文化研究也应从这四个方面展开。企业精神文化是指企业在生产经营中形成的具有本企业特征的价值观念、精神境界和理想追求，也称企业文化的精神层，是企业文化的核心，包括企业哲学、企业价值观、企业精神等。企业制度文化是指具有本企业文化特色的各种规章制度、道德规范和员工行为规范的总称，包括厂规、厂纪、厂徽、厂服以及生产经营中的交往方式和行为准则等，也称为企业文化的制度层，属于企业文化的中间层。企业行为文化是指企业员工在生产经营实践活动中产生的活动文化，也称为企业文化的行为层，包括企业经营、教育宣传、人际关系活动、文娱体育活动中产生的文化现象。它是企业经营作风、精神面貌的体现。企业物质文化是指企业成员创造的产品和各种物质设施等所构成的器物文化，也称为企业文化的表层，是外界最容易接触到的文化现象，包括企业的产品结构与款式、企业劳动环境、员工的休息娱乐环境、餐饮环境、员工的文化设施以及厂容厂貌等。

1.3.2 学习企业伦理与文化的意义

学习企业伦理与文化主要有以下五方面意义。

第一，客观地理解企业及企业经营者的社会责任。

企业作为社会经济发展中的重要成员，它的发展必定会对社会产生这样那样的影响。企业究竟对社会负有什么责任，负责到什么程度。企业伦理学关注的是企业及其成员的责任。企业伦理学要论证为什么企业单纯追求利润最大化作为企业社会责任是不够的，尤其要论证为什么企业社会责任应该包含道德责任。通过论证，使人们对企业履行道德责任的必要性有更深刻的理解。

企业活动归根到底是人的活动，企业社会责任最终需要通过人来履行。因此，企业成员，特别是企业的经营管理者有讲道德的责任。美国前证券交易委员会主席约翰·沙德在 1989 年 7 月 27 日出版的《华尔街日报》（*The Wall Street Journal*）上撰文指出："商学院必须增强自身能力，以确保其毕业生拥有运用知识做有益于社会而不是有害于社会的事情的品德。"

当然不仅仅商学院毕业生应具有良好的品德，所有企业实际工作者都应该努力去做对的事情，管理者更是责任重大。因为研究表明，在影响员工道德选择的因素中，上司的行为是影响最大的因素。因此，管理者除了负有自身从事合乎道德的行为的责任外，还负有采取道德管理措施、营造道德氛围、促使下属从事合乎道德的行为的责任。

第二，改变对企业伦理与文化的片面认识。

在企业的经营实践过程中，许多人对企业的伦理与文化方面的问题存有各种各样的片面认识，例如，有的人认为，企业讲伦理道德就是一种说教，伦理是主观的、相对的；有的人认为，只有先人后己、无私奉献才是道德的，大多数人都做不到；有的人认为，企业的责任就是守法条件下的利润最大化，现在要的是法律、制度而不是道德；有的人认为，我国目前还不具备讲企业伦理的条件，谁讲伦理谁吃亏；有的人认为，大企业才需要讲企业伦理，只有企业发展了才有条件讲伦理；有的人认为，伦理是个人的事，与管理无关；有的人认为，企业即使讲道德，也还是为了谋利，讲道德只是一种伪装而已；有的人认为，没有一个企业能严格按照伦理准则去做，因而讨论企业伦理是空洞的。诸如此类的观点不胜枚举。

这些问题，乍看上去都有一定的道理，实际上，却存在片面性。因此，通过学习企业伦理与文化，有助于正确而全面地认识这些问题。

第三，帮助企业管理者提高决策质量。

企业的决策几乎都会对他人或社会产生或多或少的利益或损失，正因为如此，在做决策时有必要做伦理分析。通常人们在做决策分析时，会考虑经济上是否合理、技术上是否可行，但是，大量的实践证明，决策是否可行，不仅取决于经济上是否合理、技术上是否可行，而且还取决于其他因素。周祖城教授认为，应该从五个方面衡量决策的可行性：①经济标准：是否能获利（含短期和长期的利益）？②技术标准：技术上是否可行？③政治标准：是否符合国家的方针政策？④法律标准：是否合法？⑤伦理标准：是否合乎伦理？

决策的伦理分析的提出有其内在的逻辑。企业的所有决策，大到建新厂、开发新产品、开拓新市场等战略决策，小到选择促销方案、制定用工政策、处理消费者投诉等日常决策，不仅会给企业本身带来利益或者损失，而且还会对利益相关者产生正面或负面的影响。因此，决策是否可行，不仅取决于企业自身能否得到利益、技术上是否行得通，而且还取决于能否得到利益相关者的支持。如果决策损害了利益相关者的利益，而且这种损害是违背伦理的，利益相关者能支持吗？如果利益相关者不支持甚至反对，决策的可行性就要受影响，甚至可以使决策完全不可行。

正因为如此，几乎所有西方学者都把伦理决策作为企业伦理与管理结合中的主要问题来对待。奥托·A. 布兰默指出“伦理学模型和理论在管理决策分析中的应用，使得企业伦理与管理者教育发生了联系。”弗雷德里克·B. 伯德和杰弗里·甘兹认为，“企业伦理学是关于制定和实施涉及道德判断的决策的”。可见，企业伦理的切人，对管理的最直接影响便是把伦理分析引入决策过程中。

也就是说，伦理上不可行也会导致决策失误。对于这类决策失误，人们了解得不多。有时失误已经造成，还不知问题出在哪里。通过学习企业伦理、掌握分析方法，就能进行方案的伦理评价，避免因伦理上不可行而导致决策失误。从这个意义上讲，即使对于那些以追求利润最大化为目的的企业和个人，了解企业伦理学也是有必要的。

第四，有助于成为有效的管理者。

管理者经常需要向外部利益相关者（如顾客、供应商、公众等）和内部利益相关者（包括员工和所有者）解释为什么其所作的决策是正当的。如果管理者无法判断什么是道德的、什么是不道德的，在向人们解释决策的正当性时，就不可能有说服力。

管理工作的特点是通过他人来完成工作。因此，管理者通过施加影响力使员工能心甘情愿地努力工作便十分重要。概括地说，影响力的来源有五个：法定权、奖励权、惩罚权、专长、表率力。前面三个属于权力性影响力，这种影响力与特定的个人没有必然联系，它是同职务相联系的。后两个是非权力性影响力，专长主要指经营的知识、能力、经验等，表率力则来自品德、作风。法定权、奖励权和惩罚权固然也能起作用，然而，仅仅凭这些权力是无法使员工心悦诚服地、长久地追随管理者努力工作的。而管理者出色的才能和高尚的品德则能产生吸引员工的个人魅力，在员工中树立较高的威望，从而激发起员工的工作热情。

企业家经营企业并非对所有企业经营知识都要精通，他可以聘请具有精深知识的专业人才来协助自己。但是，一定存在着某种东西是必须具备的，是不可能请人来代替的。企业的存在理由是什么？为什么要经营企业？用什么原则来指导企业经营？怎么处理与利益相关者的关系？此类问题必须由经营者自己作出回答。

第五，有助于成就卓越的企业。

当然，对于追求卓越的企业来说，避免因伦理上的不可行而导致的决策失误只是做到了第一步，还应该努力使卓越道德与卓越业绩相互促进，追求基于卓越道德的竞争优势。

有人可能认为，讲道德能给企业带来好处吗？这个问题当然不是简单地用“能”或者“不能”就回答得了的。但是，有一点是肯定的，那就是企业伦理渗透在旨在追求卓越业绩的现代管理理论之中，人本管理、团队管理、战略管理、全面质量管理、企业文化、企业形象、企业识别、卓越领导、学习型组织等理论都是旨在改善经营业绩的现代管理理论，无一认为不道德经营行为是可取的，是有利于取得卓越业绩的。相反，它们无不体现出诚实、公正、尊重人、为利益相关者着想的思想。这些理论虽然形形色色，但注重企业伦理却是其共同的特征。良好的道德有助于正确地决策，吸引、留住人才，充分调动员工的积极性，人、部门、组织之间的协调，不断创新与变革，既有助于提升管理水平，又促进企业发展。卓越道德符合成为可持续竞争优势来源的三个条件——有价值、稀缺性和难以模仿性，因而是可持续竞争优势的一个来源。

【本章思考题】

1. 企业伦理与企业文化的含义是什么？
2. 谁是企业的利益相关者？他们对企业的发展有何影响？
3. 如何理解企业经营中的企业伦理和文化？

4. 为什么说学习企业伦理与文化课程有助于成为有效的管理者？
5. 学习企业伦理与文化课程有何意义？

【案例分析题】

三鹿集团为何因“奶粉事件”而破产？*

一、辉煌的历史

三鹿集团前身是1956年2月16日成立的“幸福乳业生产合作社”，经过几代人半个世纪的奋斗，三鹿在同行业中创造了多项奇迹和“五个率先”：1983年，率先研制、生产母乳化奶粉（婴儿配方奶粉）；1986年，率先创造并推广“奶牛下乡、牛奶进城”的城乡联合模式；1993年，率先实施品牌运营及集团化战略运作；1995年，率先在中央电视台一频道黄金时段播放广告；1996年，率先在同行业导入CI系统。

2007年4月《经济日报》的一篇题为《三鹿：奋发向上的企业文化》文章提到：成立50多年来，三鹿企业文化不断传承、不断丰富，形成了以人为本、勤俭奉公、务实创新和团队协作、诚信经营为主的企业文化。多年来，三鹿还有一个现象颇引人关注，那就是三鹿从不跟风、不炒作，诚信经营，坚持务实的发展模式。三鹿人认为，“诚信对于企业，就如同生命对于个人，没有了诚信，肯定不能获得长远发展”。“诚实守信，换位思考”是三鹿经营的基本准则。三鹿对消费者、奶农、经销商和员工都严格恪守诚信这一基本准则。

三鹿先后荣获全国“五一”劳动奖状、全国先进基层党组织、全国轻工业十佳企业、全国质量管理先进企业、科技创新型星火龙头企业、中国食品工业优秀企业等省级以上荣誉称号二百余项。三鹿奶粉产销量连续14年实现全国第一，酸牛奶进入全国第二名，液体奶进入全国前四名。三鹿奶粉、液态奶被确定为国家免检产品，并双双再次荣获“中国名牌产品”荣誉称号。2005年8月，“三鹿”品牌被世界品牌实验室评为中国500个最具价值品牌之一，2007年被商务部评为最具市场竞争力品牌。“三鹿”商标被认定为“中国驰名商标”；产品畅销全国31个省、自治区、直辖市。2006年居国际知名杂志《福布斯》评选的“中国顶尖企业百强”乳品行业第一位。经中国品牌资产评价中心评定，三鹿品牌价值达149.07亿元。2008年8月，由《华夏时报》主办，品牌中国产业联盟与新浪网、CCTV、中央人民广播电台等几十家媒体鼎力支持的“30年，谁在改变我们的生活”大型品牌发布会上，三鹿奶粉荣获“30年改变中国人生活的中国品牌”。

三鹿一直在快车道上高速行驶，创造了令人振奋的“三鹿速度”，实现了跨越式发展。自“七五”以来，企业主要经济指标年均增长30%以上。

然而，2008年的三鹿奶粉掺杂三聚氰胺事件将这一切都彻底打碎。

二、事件回放

2008年7月16日，甘肃省卫生厅接到甘肃兰州大学第二附属医院的电话报告，称该院收治的婴儿患肾结石病例明显增多，经了解均曾食用三鹿牌配方奶粉。

7月24日，河北省出入境检验检疫局检验检疫技术中心对三鹿集团所产的16批次婴幼儿系列奶粉进行检测，结果有15个批次检出三聚氰胺。

8月13日，三鹿集团决定，库存产品三聚氰胺含量在每千克10毫克以下的可以销售，10毫克以上的暂时封存；调集三聚氰胺含量为每千克20毫克左右的产品换回三聚氰胺含量更大的产品，并逐步将含三聚氰胺产品通过调换撤出市场。

9月9日，媒体首次报道“甘肃14名婴儿因食用三鹿奶粉同患肾结石”。当天下午，国家质检总局派出调查组赶赴三鹿集团。

9月11日，除甘肃省外，陕西、宁夏、湖南、湖北、山东、安徽、江西、江苏等地也有类似案例发生。当天，三鹿集团股份有限公司工厂被贴上封条。

9月12日，联合调查组确认“受三聚氰胺污染的婴幼儿配方奶粉能够导致婴幼儿泌尿系统结石”。同日，石家庄市政府宣布，三鹿集团生产的婴幼儿“问题奶粉”，是不法分子在原奶收购过程中添加了三聚氰胺所致。田文华表示，“这次的事情，是原料奶的收购过程中有人在谋取非法利益，我们检测非常严格”。

9月16日，国家质检总局发布了全国婴幼儿配方奶粉三聚氰胺专项检查的阶段性检查结果：全国共有175家婴幼儿奶粉生产企业，其中66家企业已停止生产婴幼儿奶粉。此次专项检查对其余109家企业进行了排查，共检验了这些企业的491批次产品。专项检查显示，有22家企业69批次产品检出了含量不同的三聚氰胺，其他87家企业未检出。22家企业中包括石家庄三鹿集团股份有限公司三鹿婴幼儿配方乳粉、青岛圣元乳业有限公司圣元婴幼儿配方乳粉、江西光明英雄乳业股份有限公司英雄婴幼儿配方乳粉、内蒙古蒙牛乳业（集团）股份有限公司蒙牛婴幼儿配方乳粉、广东雅士利集团股份有限公司雅士利婴幼儿配方乳粉、内蒙古伊利实业集团股份有限公司伊利儿童配方乳粉。

9月17日，国家质检总局发布公告，决定从即日起，停止所有食品类生产企业获得的国家免检产品资格。田文华被刑事拘留；石家庄市市长冀纯堂被免职。

9月18日，国家质检总局发布公告，决定废止《产品免于质量监督检查管理办法》，同时撤销蒙牛等企业“中国名牌产品”称号，并发出通知，要求不再直接办理与企业和产品有关的名牌评选活动。

9月22日，免去吴显国的石家庄市委书记、常委、委员职务。同意李长江辞去国家质检总局局长职务。

10月9日，温家宝签署国务院令，公布了《乳品质量安全监督管理条例》。

据卫生部统计，截至2009年1月22日，此次重大食品安全事故共导致29万余名婴幼儿出现泌尿系统异常，其中6人死亡。

截至2008年10月31日财务审计和资产评估，三鹿集团资产总额为15.61亿元，负债总额为17.62亿元，净资产为2.01亿元。12月19日，三鹿集团又借款9.02亿元，用于支付患病婴幼儿的治疗和赔偿费用。至此，三鹿集团净资产为-11.03亿元（不包括10月31日后，企业新发生的各种费用），已经严重资不抵债。

2009年2月12日，石家庄市中级人民法院发出民事裁定书，正式宣布三鹿集团股份有限公司破产。

2009年1月22日，原三鹿集团董事长田文华以生产、销售伪劣产品罪，被石家庄市中院一审判处无期徒刑。原三鹿高管王玉良、杭志奇、吴聚生分别被判处有期徒刑15年、8年和5年。

2009年2月28日，全国人大常委会通过了《中华人民共和国食品安全法》。

三、为何添加三聚氰胺

三聚氰胺是一种重要的有机化工中间产品，主要用来制作三聚氰胺树脂，具有优良的耐水性、耐热性、耐电弧性、阻燃性。可用于装饰板的制作，用于氨基塑料、新合剂、涂料、币纸增强剂、纺织助剂等。三聚氰胺曾被认为“毒性轻微”，1945年的一个实验显示：将大剂量的三聚氰胺饲喂给大鼠、兔和狗后没有观察到明显的中毒现象。但动物长期摄入三聚氰胺会造成生殖、泌尿系统的损害，膀胱、肾部结石，并可进一步诱发膀胱癌。然而，2007年美国宠物食品污染事件的初步调查结果认为：掺杂了≤6.6%三聚氰胺的小麦蛋白粉是导致宠物食品中毒的原因，为三聚氰胺“毒性轻微”的说法打上了问号。

三聚氰胺的最大特点是含氮量很高，达66%；在植物蛋白粉和饲料中，每增加1个百分点的三聚氰胺，会使蛋白质测定含量虚涨4个多百分点。而其成本很低，“有人估算过，在植物蛋白粉和饲料中使蛋白质增加1个百分点，用三聚氰胺的花费只有真实蛋白原料的1/5”。

四、乳业产业链生态

养奶牛不是一件容易事，并不能每天都能产生利润，因为奶牛产奶也就9个月时间，其中产奶高峰期一般只有3个多月，还有3个月没有任何利润的停奶期。由于饲料涨价太快，尤其是玉米价格，即使在通辽这样的玉米基地，价格也翻了一番。如此算来，现在几乎每头奶牛有半年以上不能给奶农带来什么纯收入，甚至入不敷出。

每头成年奶牛全年需饲料款约为5286元，饲草费用为2190元，这样，每头成年奶牛全年饲草料费大约7476元，另外加上养殖场的水电费、防疫费、配种费、保险费、医疗费等，每头奶牛养殖成本需要9000多元，现在只有那些养上百头奶牛的农户才能赚个每头上千块钱，饲料涨个不停，在企业收奶不涨价的情况下，风险只会越来越大。

为了使自己的牛奶多卖些钱，奶农就开始往奶里掺水。但是变淡的牛奶很容易会被奶站测出来——奶站通常通过测定氮等元素的含量来给牛奶评级（这些指标的高低与牛奶蛋白质含量高低成正比）。

后来，奶农就开始学会往牛奶中加尿素甚至氢氧化钠等物质，以提高氮等成分的含量。最后终于发展到掺杂三聚氰胺——一种很难被查出来的物质。

“在整个奶业产业链中，奶牛养殖生产、奶品加工和奶品销售三个环节利润比为1:3.5:5.5，这个数据是我在几年前算出来的。但从今天的趋势来看，这个比例还在恶化，分配比例大概在0.8:3:6.2！”中国奶业协会理事王丁棉表示，与此相反，奶牛养殖生产、奶品加工、奶品销售三个环的成本比例正好相反，为6:3:1。

以一个日产量为100吨的中型乳品工厂进行计算，如果奶源自给率为100%，则至少需要7000头牛，按照每头牛15万元的投资（每头牛成本为1万元，各种分摊5000元）来计算，总技资为1亿元以上。但是工厂的设备投资，只要5000万元，仅为养殖生产的一半左右，销售环节的投入则更低，大约仅为设备投资的1/3。

以整个产业链仅一成多的费用，就能撬动整个价值链当中收益最为丰厚的一块蛋糕，乳品企业正是借助这种极高的“杠杆率”，实现了跨越式的发展。

王丁棉表示，“过去10年内，蒙牛、伊利等乳制品企业，在奶源建设的投入上最多在3亿元左右，而在营销和生产基地的投入上，两家企业均达到了百亿以上”。

也正是因为这种“取舍”，让中国乳业在过去10年内取得了惊人的增长。

1998~2007 年，中国人均牛奶消耗量从 5.3 千克提升至 27.9 千克，奶制品工业生产总值也从 120 亿元增至 1300 亿元。

按这种“要市场，不要牧场”的发展模式，由于难以控制奶源质量，蕴涵着巨大风险，直接造成了中国奶源发展速度与企业扩张速度明显失衡。中国奶业协会一位专家表示，企业扩张速度一度高达 30%，而奶源发展速度经常在 10% 左右。

奶源所蕴涵的危机也在行业的快速发展中被迅速放大，直至三鹿的“东窗事发”。

奶牛营养学博士乔富龙给我们揭开了更详细的内幕，在他看来，要讲清楚危机为什么发生在 2008 年秋，得从八年前讲起。

“2000 年时优质奶牛的价格不过 4000 多元一头，可是到了 2004 年，在‘养奶牛致富’的炒作下，奶牛被炒到 12 万元到 18 万元一头。”

一边是奶牛成本虚高，另一边是谷物饲料连年以超过 10% 的幅度涨价。不幸的是，在 2007 年上半年之前，国内乳制品企业多是用廉价的进口奶粉还原成液态奶，1 吨奶粉能加水还原出 8 吨多液态奶，原料奶因而被冷落，奶价连年徘徊在每千克 1.5~2.1 元的低位。

泡沫的破灭，使奶牛价格在 2006 年降到了 5000 元左右。在 2005~2007 年上半年，许多乔富龙认识的奶农都给逼得宰牛、卖牛，否则活不下去了。全国大规模地宰杀成乳牛和小母牛。

但就在此时，命运给刚刚杀完牛的奶农们开了一个残酷的玩笑。

2007 年，在中国还原奶需求膨胀的刺激下，进口奶粉涨价狂潮掀起。天平顿时逆转。过去被冷落的原料奶，如今成了最受欢迎的利润来源。而这时，国内的奶牛已被杀得所剩无几。

一边是奶源紧缺，另一边是许多原先用进口奶粉生产高档配方奶粉的厂家，开始在国内建设奶粉厂或委托加工，与液体奶厂商争夺奶源。

一场抢奶大战由此在 2007 年冬季火热上演，各地奶价在 2007 年 9 月到 12 月间暴涨了 50% 以上。乔富龙相信，疯狂的市场使“以奶站和奶贩为主体的掺杂使假到了最猖獗的地步”，因为乳品企业不得不降低收奶门槛，“那时如果哪家乳品企业坚持只收合格奶，那它就只有关门的份儿”。

五、行业监管

乳品行业并非没有意识到质量的重要性，近年来一再作出诚信承诺。

2004 年 5 月 22 日的《南方日报》报道：中国奶业协会七家会员单位——石家庄三鹿集团股份有限公司、内蒙古伊利实业集团股份有限公司、光明乳业有限责任公司、内蒙古蒙牛乳业（集团）股份有限公司、完达山乳业股份有限公司、北京三元食品股份有限公司和雀巢公司联名发出“规范奶业行业行为，让广大消费者吃上放心奶”的倡议。

2005年6月24日的《齐鲁晚报》报道，乳品行业发布诚信承诺宣言，宣言中提到：乳品的消费与人们的生活息息相关，消费者需要有信誉、有社会责任感的乳品厂家给他们提供健康、安全的乳产品，而我们这些乳品企业也有责任在市场出现诚信危机的时候勇敢地站出来向消费者保证，我们的产品您可以放心地喝，我们的企业是可以信赖的负责任的企业，我们要给广大消费者一个更为放心的乳品消费环境，会尽心尽力地为您的健康负责！

2008年9月23日，蒙牛、伊利、光明、圣元等全国109家奶制品生产企业和华联、家乐福、天津华润万家、苏果超市有限公司等全国207家流通企业，联合发布“中国奶制品产销企业质量诚信宣言”。

* 资料来源：作者改编自：周祖城编著．企业伦理学［M］．北京：清华大学出版社，2009：315－320.

1. 三鹿奶粉事件造成了什么危害？
2. 三鹿奶粉事件产生的根源是什么？
3. 结合三鹿奶粉事件，从社会、行业、企业和个人四个层次分析企业道德建设的途径。

第二章 企业社会责任与企业公民

【学习目标】

通过本章的学习，需要达到以下目标：

1. 了解国内外企业社会责任的发展脉络。
2. 阐述企业社会责任的含义及结构。
3. 了解与企业社会责任相关的概念。
4. 评估企业履行社会责任是否对企业有利。

【重要术语】

企业社会责任；企业公民；企业慈善；企业社会业绩；企业社会响应。

【引例思考】

百年老店同仁堂的社会责任感*

2003年2月底3月初，广东省暴发“传染性非典型肺炎”（又称严重急性呼吸综合征，简称SARS），随即非典疫情在全国蔓延。4月，疫情扩大到北京，北京市民人心惶恐，人们谈SARS色变，因为许多西药抗生素都不起作用。这时在媒体上公布了一些医药专家推荐的旨在预防“非典”的多种中医药方，一时间北京市民纷纷拥到药店抓方买药，在4月中旬抓药人数达至前所未有的高潮，市场供应呈现严重不足的状态。面对此种局面，北京市政府发出号召，要求北京各大医药企业积极行动起来，投入抗击“非典”疫情的行动中来，保证北京市抗击“非典”药品的充足供应。

同仁堂作为国有大型医药企业，积极响应政府号召，全公司全员行动，公司机关处室干部也纷纷下到一线，到同仁堂在北京的61家分支药店协助药店工作人员抓方取药，以解决药店人力不足的问题。然而，由于市场需求量远远超过同仁堂的日常供应量（最高时超出10倍以上），而且抓药程序复杂，供应速度严重不足，导致市民排几个小时的长队。在这种情况下，同仁堂公司领导报请北京市药品监督管理局批准，获准直接将药材煎制成汤剂出售，自2003年4月13日起将两条国公酒的生产线改为抗击“非典”瓶装代煎液的生产，有效地满足了广大消费者需求，同时也减少了市民的熬药之累。

同仁堂的61家药店供应了北京市场几乎近一半的“非典”预防中药。如此大量供应“非典”药，同仁堂没有赚到一分钱，反而亏损了不少钱，这是由于一方面许多中药材价格的涨价失控；另一方面是因为要遵守国家对“非典”药品的限价令。在提供“非典”预防药期间，同仁堂药材用量比平时突然高出十几倍，后期药材采购量更是越来越大，而不少药材的市场价格也水涨船高，同仁堂在“非典”预防药上已明显入不敷出。到4月底，“非典”药方中几种用量比较大的药材价格猛涨，“苍术”从原来每千克5元涨到26元，“贯众”从每千克1元涨到8元，过去每千克40元的金银花甚至被炒到了260元。政府发布“非典”预防药限价令后，实力不够的药店赔不起纷纷停售“非典”预防药，同仁堂虽然也感到压力越来越大，但是本着高度的企业社会责任感，仍从政治高度看待抗击“非典”行动，保证着北京市场“非典”预防药的充足供应，同时承受着药材价格疯长给企业带来的巨大财务压力，但他们没有退缩、没有懈怠，仍严格按照国家的限价提供着预防药，直至取得抗击“非典”的胜利。

*资料来源：作者改编自：周祖城．企业伦理学［M］．北京：清华大学出版社，2009：32.

1. 同仁堂为什么能做到这一点？
2. 分析同仁堂之所以成为百年老店的深层次原因。

2.1 企业社会责任的提出与发展

2.1.1 企业社会责任概念的提出

1916年，美国芝加哥大学的约翰·莫里斯·克拉克教授在《政治经济学刊》上发表的《改变中的经济责任的基础》一文中写道：“迄今为止，大家并没有认识到社会责任中有很大一部分是企业的责任。”这是可查实的、最早提出企业社会责任概念的文献。克拉克认为：“我们需要有责任感的经济，并且这种责任感要在我们工作的商业伦理中得到发展和体现。”如何建立有责任感的经济？克拉克认为：“首先，有责任感的经济不仅仅是依靠每个个人一起对整个经济活动和社会环境负责，而且要将个人的责任扩大为团体的责任。团体对其成员负责，成员对其团体负责，同时，团体或者联盟要对它所在的更大的团体或者联盟负责。其次，自由交易制度是无法实现有责任感的经济的。”“自由放任”的经济可以看做是一种没有责任感的经济，虽然它表面上并没有否定社会责任，但实际上在很大程度上它是忽视社会责任的。

在学术界也有人认为，英国学者欧利文·谢尔顿在1923年出版的《管理的哲学》一书中首次提出了企业社会责任的概念。谢尔顿把企业社会责任与公司经营者满足产业内外各种人类需要的责任联系起来，并认为企业社会责任有道德因素在内。

1953年，霍华德·R. 鲍恩（Howard R. Bowen）的划时代著作《商人的社会责任》一书被公认为标志着现代公司社会责任概念构建的开始，只不过他谈的是商人的社会责任。鲍恩将“商人的社会责任”定义为“商人具有按照社会的目标和价值观去确定政策、作出决策和采取行动的义务”。鲍恩关于社会责任的概念中包含三层含义：一是强调了承担社会责任的主体是现代大公司；二是明确了公司社会责任的实施者是公司管理者；三是明晰了公司社会责任的原则是自愿。

卡罗尔等许多学者对鲍恩提出的公司社会责任概念给予很高评价，他们认为鲍恩的《商人的社会责任》一书不仅标志着对社会责任思想现代研究的开始，并且还指出社会责任思想中包含了指导企业未来的真理。鲍恩的贡献不仅仅在于带动了公司社会责任的现代讨论，而且他的理念对公司社会责任往后的发展在思想上产生了巨大的影响，因此，卡罗尔（1999）将鲍恩推崇为“公司社会责任之父”。关于自愿原则，1967年，鲍恩在伊利诺伊大学召开的“公司与社会责任”研讨会上做出了新的解释，对早年提出的公司社会责任概念中的“自愿原则”进行了修正，原本他对公司自愿承担社会责任存有希望，但是随后25年的观察和经历加深了他对自愿原则的怀疑。他认为，公司与工会组织结盟、控制媒体、影响政府，其权力是如此强大，影响如此广泛，以至于自愿的社会责任已不再能有效地约束公司。究竟是企业对社会承担责任还是社会顺从企业仍然是一个尚未解决的问题。很多迫切的社会问题，如种族平等、减少污染、保护自然以及产品质量等，不能仅仅依靠公司自愿承担社会责任来解决。所以，鲍恩放弃了“自愿原则”，他转而提出公司社会责任概念的有效性应该建立在社会控制公司的基础上，“是公众而不是公司控制者”。

1960年，美国亚利桑那州立大学的管理学教授凯思·戴维斯（Keith Davis）在鲍恩的基础上进一步发展和完善了公司社会责任的概念。戴维斯指出，公司社会责任具有两面性：一面是公司社会责任的经济性，由于商人管理的是社会中的经济组织，所以他们在影响公共福利的经济发展方面对社会负有很大的责任；另一面是公司社会责任的非经济性，商人同时负有培养和发展人类价值观的责任。这是截然不同的一类社会责任，无法用经济价值的标准来进行衡量。公司社会责任意味着公司对他人具有“社会—经济”和“社会—人类”两种义务，而通常大家都忽略了“社会—人类”义务。戴维斯指出，如果深入分析公司社会责任的“社会—人类”义务，那就必须具有“责任与权力形影相随”的观点，这一观点产生了所谓的“责任的铁律”（Iron of Law）的思想。他的“责任的铁律”思想包括三个要点：一是“责任与权力是联系在一起的”；二是“责任越少，权力越小”；三是“企业的非经济价值”。戴维斯认为，即使曾经有过“经济人”，他们也已经消亡了。人们作为劳动者、消费者或者社区的公民在与企业打交道时并不仅仅是为了从企业得到直接的经济利益，因为人类并不是计算市场价值的经济机器。那么企业应该如何满足人类的其他需求？戴维斯建议企业在承担“社会—经济”责任的同时还要承担“社会—人类”责任。也就是说企业对社会的责任不仅仅局限在经济方面，还包括非经济方面。

20 世纪 70 年代，戴维斯又提出公司社会责任的五个定理，即：定理一，社会责任来自社会权力；定理二，企业应该作为一个双向开放的系统来经营，一方面接受来自社会的投入；另一方面向公众公开其经营结果；定理三，企业在进行有关活动、产品和服务的决策时应全面计算和考虑社会成本和社会收益；定理四，社会成本应计入活动、产品和服务的价格中，这样消费者就能支付他对社会的耗费；定理五；企业作为公民，除了承担社会成本外，还有责任在社会需要的地方尽其所能地参与其中。戴维斯进一步明确了公司社会责任的内涵。

20 世纪 90 年代以来，世界经济逐渐走向全球化，跨国公司开始把他们的生产与经营遍布世界各地。经济全球化给世界各国带来利益的同时，也带来了生态环境恶化、自然资源破坏、“血汗工厂”、贫富差距加大等全球化过程中的共同问题。这些问题引起了世界各国的广泛关注。企业在快速发展的同时，还承担着包括尊重人权、保护劳工权益、保护环境等在内的社会责任已经成为国际社会的普遍期望和要求，关于企业履行社会责任的倡议和活动得到了来自全世界的广泛支持和赞同。从 20 世纪 90 年代末开始，人们开始更多地关注如何才能促进企业履行社会责任问题，陆续出台了很多有影响的社会责任标准和指南。例如，1997 年 10 月，美国一家非政府组织“社会责任国际”（Social Accountability International）发布了一份社会责任标准，即 SA8000，并于 2001 年 12 月发布了 SA8000 修订版。1999 年 1 月，在瑞士达沃斯世界经济论坛年会上，时任联合国秘书长科菲·安南首次阐述了开展“全球协议”行动的构想，该协议共有九条原则，涉及尊重人权、支持结社自由和集体谈判权、禁用童工和强迫劳动、消除工作场所歧视以及环境保护等内容。后来在 2004 年召开的全球协议领导人峰会上安南提议增加了“反腐败”原则，使全球协议修改为十条原则。2004 年 6 月，国际标准化组织（ISO）社会责任标准国际研讨会在瑞典斯德哥尔摩举行，启动了企业社会责任国际标准 IS026000 的制定工作，经过长达 6 年的研究讨论修改，于 2010 年 11 月 1 日在瑞士日内瓦向全球发布了社会责任国际标准《社会责任指南：ISO26000（第一版）》。与此同时，许多企业对履行社会责任给予积极响应。

自20世纪90年代以来，企业发布企业社会责任报告的企业数量逐年增长，进入21世纪后，发布企业社会责任报告的企业数量更是大幅度增长。据毕马威2008年发布的企业社会责任报告全球调查结果，在美国销售收入最大的100家企业中有75%发布了报告，比3年前翻了一倍。世界最大的250家企业中有80%发布了报告，而2005年这个比例仅为64%。中国较大规模的企业发布企业社会责任报告是数量，从2006年的32份迅速增长到2012年的1006份，6年增长了30倍。

2.1.2 关于企业社会责任的不同观点

自从企业社会责任的概念提出以来，人们对企业应该承担和履行什么样的社会责任就一直争论不休。参与争论的有法学家、社会学家，也有经济学家和管理学家，例如，哈佛大学的法学教授多德（Dodd），哥伦比亚大学的法学教授伯利（Berle），在多所大学任教的曼尼（Manne），诺贝尔经济学奖获得者、美国经济学家密尔顿·弗里德曼（Milton Friedman），管理学大师德鲁克（Druker）等著名的学者专家均参与了关于企业社会责任的讨论。以下作一简要回顾。

2.1.2.1 关于企业社会责任的两次著名论战

在历史上关于企业社会责任的讨论有两次著名的论战，分别是20世纪30～50年代哥伦比亚大学法学教授伯利与哈佛大学法学教授多德关于管理者受托责任的论战以及20世纪60年代的伯利与曼尼关于现代公司作用的论战。

在“所有者经营、经营者所有”的传统企业中，企业管理者与所有者（股东）是统一的，不存在对管理者的约束以及管理者的责任问题，而随着现代大公司的出现，公司的所有权与经营权开始分离并且成为一种趋势，这样公司管理者在行使经营决策权时必定要负有一定责任，他们究竟应该对谁负责，是对股东负责还是对公司负责？这就是贝利与多德争论的主要焦点即“公司的管理者是谁的受托人”。1931年，伯利发表在《哈佛法学评论》上的文章《作为信托权力的公司权力》标志着这场关于公司社会责任的争论开始。伯利认为，管理者只是公司股东的受托人，而股东的利益总是在其他对公司有要求权是人的利益之上。而多德在1932年的《哈佛法学评论》上发表了《公司管理者是谁的受托人》一文，提出了一个更宽泛的受托原则。多德认为，管理者是公司的受托人，为股东创造利润绝不是公司的唯一目的，公司作为一个经济组织，在创造利润的同时也有为社会服务的功能。在明确了公司负有社会责任之后，他们就管理者是否负有社会责任展开了讨论。最后，经过长达20年的争论之后两人的观点逐渐接近融合，

1954 年，伯利出版了《20 世纪的资本主义革命》一书，其中总结了他们这场历经 20 多年的争论，最后伯利以接受多德的观点结束了这场争论，他们都认同现代公司是一个负有社会责任的社会组织，管理者负有宽泛的受托责任。

然而到了 1962 年，曼尼在《哥伦比亚法学评论》上发表《对现代公司的"激励批判"》一文，探讨现代公司的政治地位、现代公司的作用以及公司在社会感兴趣的各种价值观的分配和使用中应该起到的作用。曼尼态度鲜明地驳斥了伯利关于现代公司要承担社会责任的观点，这样伯利和曼尼又开始了一场关于企业社会责任的争论。他们的观点均发表在《哥伦比亚法学评论》上。曼尼认为，公司的管理者不具备承担社会责任的能力，让企业承担社会责任是对自由经济的极大破坏，如果推行企业社会责任，将给企业带来根本性的改变。伯利认为，在现代经济条件下，由于存在垄断，少数几百家公司主导了整个经济，三四家大公司就控制了一个行业，亚当·斯密的自由市场理论已经失去了完全竞争的市场条件，因此，用自由市场的框架去要求现代公司显然是不合适的。曼尼认为公司是个经济组织，伯利认为公司是个社会机构。他们的这场争论始终没有达成共识。

伯利和曼尼的这场争论与伯利和多德的那场争论有着根本的区别，一是问题的焦点不同。伯利和多德的讨论针对的是管理者受托责任，而伯利和曼尼的争论是以古典自由市场理论为基础的传统的企业理论与现代企业理论之争，问题更为尖锐。二是基本的立场不同。伯利和多德的出发点都认同公司是一种社会组织，利润最大化不是公司唯一的目标，而曼尼则是站在截然相反的立场上，认为公司只是一种经济组织，强调公司社会责任会危及自由市场。所以两人没有达成共识也在情理之中。

2.1.2.2 弗里德曼对企业社会责任的观点

和曼尼持有同一观点的著名学者还有诺贝尔经济学奖获得者、美国经济学家密尔顿·弗里德曼（Milton Friedman）。弗里德曼（1976）认为，"企业有且只有一种社会责任，即在游戏规则（公开的、自由的、没有诡计与欺诈的竞争）范围内，为增加利润而运用资源、开展活动。"其主要理由如下：

只有人才能负有责任，公司只是一个虚拟的人，只能负虚拟的责任。企业中哪些人应该负有责任呢，是公司员工还是公司总裁？由于企业社会责任的讨论大部分以公司为对象，所以下面着重讨论公司总裁负责任的问题。

在自由企业、私有产权制度下，公司总裁是企业所有者（股东）的雇员，他对其雇主负有直接的责任。这一责任就是按照雇主的意愿来管理企业。而雇主们的意愿通常说来都是在遵守基本的社会准则（既指包含在法律中的社会准则，又指包含在伦理习惯中的社会准则）的条件下，尽可能多地赚钱。

公司总裁作为代理人履行企业社会责任将损害他人的利益。公司总裁可以对他的家庭、他的良心、他的博爱情感、他的教堂、他的俱乐部、他的城市、他的国家承担责任。在这些方面，他是作为个人而不是一个代理人而行事的。他是在花自己的金钱、时间、力气，而不是雇主的金钱，或者已经以契约形式确定下来的、要为了他的雇主的目的而贡献的时间或力气。如果公司总裁作为所有者的代理人而履行社会责任则会损害他人的利益。例如，尽管价格的提高代表着该公司的最大利益，但为了对防止通货膨胀的社会目标作出贡献，制止产品价格的上涨；或者用于减少污染的支出，大大超过出于该公司的最大利益而应支出的数量，或超过了促进改善环境的社会目标而为法律所要求的数量；或者，为了响应减少贫困的社会目标，雇用失业的难民，而不雇用那些可以找到的、素质更好的工人。在这些情形中，公司总裁都是在为了普遍的社会利益而花费别人的金钱。如果他的那些为了履行“社会责任”而采取的行动减少了股东们的利益，那么他则是在花股东们的钱；如果他的行动提高了产品或服务的价格，那么他则是在花顾客的钱；如果他的行动降低了某些雇员的工资，那么他则是在花雇员的钱。

如果公司总裁真的这样做的话，那么实际上他一方面是在征税；另一方面又在决定如何花费这些税收收入。从政治原则的角度看，征税及税收收入的支出是政府的职能，美国已经建立起完善的宪法条款、议会制度和司法规则来控制这些职能，确保赋税的征收尽可能地符合公众的偏好与愿望。公司总裁被股东们选中的全部理由，只是这个总裁是一个服务于委托人利益的代理人。然而当这个公司总裁为了“社会的”目的而征税并花掉这些税收收入时，这一理由就不复存在了。尽管名义上他仍然是私人企业的雇员，但实际上已变成了公众的雇员，变成了公务员。从政治原则的角度看，这样的公务员是不能容忍的。如果他们想要成为公务员的话，那么必须通过政治程序来接受挑选。如果他们想要成为促进“社会的”目标而征税并确定支出的话，那么必须建立起政治机制来评估税收，并通过政治程序来决定所要服务的目标。

公司总裁有能力切实地履行他所谓的“社会责任”吗？假如人们告诉他必须为反对通货膨胀作出贡献，他如何才能知道他怎样做才能促进这一结果呢？公司总裁是企业管理方面的专家，但选择他做总裁并不能使他成为一名通货膨胀专家。

在以私有产权为基础的、理想的自由市场中没有人能够强迫其他人，所有的合作都是自愿的，参与这种合作的各个方面都能够得到好处，否则的话他们没有必要参加进来。除了个人共享的价值观与责任外，不存在其他任何的价值观和“社会的”责任。社会是人的集合体，是人们自愿组成的各种群体的集合体。

在实际中，社会责任学说通常只是一种伪装，是为了获得自身利益才这样做的。例如，某公司是一个小社区里的主要雇主，对该公司来说，将资源用于该社区做好事，可能符合其长远利益，可能会使该公司更容易吸引理想的雇员，可能会使公司降低工资的开销或减少因偷窃及破坏活动带来的损失，或者得到其他有价值的影响。

社会责任的提法会强化业已流传甚广的观点：对利润的追求是邪恶的、不道德的，必须由外部力量来加以约束和控制。一旦这种观点被采纳，那么用来制约市场的外部力量不会是武断的总裁们的社会良心（不论它发展到多高程度），而将是政府官僚的铁拳。

由于弗里德曼明确反对企业履行社会责任，强调管理者只应该对所有者负责，认为企业的社会责任就是追求利润最大化，因而，在讨论企业社会责任的文献中，他的观点常常成为批评的靶子。

但是，在评价弗里德曼的观点时，有两点需要注意：第一，需要搞清楚弗里德曼反对的是什么样的社会责任。弗里德曼反对的是为解决社会问题而从事的活动，也就是说，他所反对的社会责任与现在对社会责任的理解是有区别的。第二，需要搞清楚弗里德曼是否只考虑利润最大化。从弗里德曼对企业社会责任的定义中可以看出，他强调的是在游戏规则（一定的法律和伦理）范围内追求利润最大化，而不是没有任何约束条件的利润最大化。

2.1.2.3 德鲁克的企业社会责任观点

管理学大师德鲁克（Peter F. Drucker）在20世纪80年代也加入公司社会责任的讨论之中，并对社会问题及社会责任做出了不同于前人的解释。德鲁克认为，政府和企业都不宜承担解决社会问题的责任，应该成立一个非政府、非营利的机构，专门负责解决相关的社会问题，这样“难题”就会变成比较“容易的问题”。接着，德鲁克指出，公司在这样的社会里承担的“首要的社会责任”就是赚取足够的利润来承担未来的支出，这个支出是为了保证未来的工作机会。这里面包含了两层意思：第一，公司的社会责任是“创造足够的资本为明天的工作机会提供资金”。第二，公司实现这一使命的唯一办法就是赚取利润。因为随着经济的发展，每个工作机会所需要的资本迅速增加，与此同时，整个社会的储蓄率在下降，所以现代经济中资本的形成主要领先商业利润。德鲁克认为自己的观点既不同于公司社会责任思想的支持者，也不同于公司社会责任的反对者。“目前大部分对‘公司社会责任’的讲座都假定或隐含，赚取利润在本质上是违背‘社会责任’的，或者至少是与社会责任无关的……现今，社会责任的赞同者，很少考虑‘赚钱行善’，也就是将社会的需要和问题转化为公司的盈利机会，即使那些否定公司负有社会责任的人（如弗里德曼）也很少这样看。”

德鲁克（1984）不仅对公司社会责任提出了一个具有现实意义的新解释“赚钱行善”，而且进一步明确了公司社会责任思想与自由经济思想之间的分歧：利润最优化还是利润最大化。公司社会责任的支持者用不同的方式否定了自由经济所倡导的将利润最大化作为公司唯一目标的思想，但并没有彻底否定公司赚取利润的目的，他们提出用“利润最优化”或“满足”利润取代利润最大化，并同时追求社会目标。德鲁克认为，任何一个组织都不只是为了自身，而是为了社会而存在，企业也不例外。企业不仅是股东谋取利润的工具，更应该成为为其他利益相关者服务的工具，因为企业利益相关者的利益最大化才是现代企业的经营目的，股东价值最大化并不等于企业创造的社会财富最大化。

2.1.2.4　卡罗尔的企业社会责任观点

支持企业社会责任的专家学者主张企业应自觉承担起社会责任，企业已不再是只对股东负责的独立实体，而应是对与之有联系的相关利益者都应承担一定社会责任的组织。其中以美国阿基·B. 卡罗尔教授提出的企业社会责任金字塔模型最为知名。

卡罗尔认为，企业社会责任是指某一特定时期社会对企业所寄托的经济、法律、伦理和自由决定（慈善）的期望。卡罗尔试图将社会对企业的经济、法律期望与一些更具社会性导向（伦理责任和慈善责任）的关注联系起来。下面详细阐述其观点。

（1）经济责任。经济责任是否应列为企业的社会责任似乎是一个问题，但它的确是企业的一种社会责任。社会要求企业首先是一个经济组织，也就是说，企业的首要任务是生产社会需要的产品或提供人们所需要的服务，并以在社会看来反映了所提供产品和服务的真实价值的价格销售给用户。经济责任是企业所追求的，也是社会要求企业要做到的，如盈利、销售收入最大化、成本最小化、制定明智的战略决策、关注分红政策等。

（2）法律责任。社会在赋予企业经济任务的同时，也制定了要求企业遵守的相关法律。因此，遵守法律、依法经营是企业对社会承担的第二类责任。法律责任是社会要求企业做到的，如遵守所有与企业经营和管理相关的法律、条例、履行合同义务等。

（3）伦理责任。伦理责任也称为道德责任，它包含了超越法律规定的、社会成员所期望的活动。道德责任是与尊重和保护利益相关者道德权利相一致的社会准则。一方面，道德和价值观的变化是立法的先导；另一方面，道德责任包含和反映了新出现的、社会要求企业遵守的价值观和准则。道德责任是社会期望企业做到的，如避免不正当行为、响应法律的精神、视法律为行为的底线、按高于法律的最低要求从事经营活动、做道德表率等。

（4）慈善责任。慈善责任也称为自愿的或自行处理的责任。慈善活动对于企业或个人来说属于自愿的活动，法律没有规定，社会也没有对企业普遍提出这样的要求。慈善活动包括支持社会福利事业、为员工提供小孩日托等。慈善责任与道德责任的差别在于，前者并不是伦理上所要求的。如果企业为社会福利事业提供资金、设施和人力支持，社会会很高兴，但企业做不到这一点，也不会被认为是不道德的。慈善责任是社会期望企业做到的，如企业捐款、支持教育、志愿活动等。

卡罗尔指出，以上的四责任模型实际上是一个利益相关者模型，每一种责任对不同利益相关者的关注各有侧重。经济责任影响最大的是所有者和员工，因为，如果经济效益不佳，所有者和员工的利益将直接受到影响。法律责任对所有者来说很关键，但在当今社会中，企业面临的多数诉讼威胁来自员工和消费者。道德责任对所有利益相关者都有影响，但从企业实际遇到的伦理问题看，最常涉及的是消费者和员工。慈善责任主要影响社会，对企业员工也会有一定影响，因为，有研究表明，企业在支持慈善事业方面的表现会显著地影响员工的士气，同时也会影响到企业的声誉。

卡罗尔以较为简单、明确的方式回答了企业社会责任的内涵问题，强调了企业不仅有经济责任，而且有法律责任、道德责任和慈善责任，其观点有着广泛的影响。

值得指出的是，经济责任、法律责任、道德责任、慈善责任既不是并列的关系，也不是递进的关系，它们之间存在交叉和重叠，如生产社会需要的产品和服务（卡罗尔所说的经济责任）其实也是道德责任所要求的，遵守公正的法律同样是道德责任所要求的。卡罗尔自已也承认，这四种责任既不是相互独立的，也不是从经济责任的一端到社会责任的另一端。之所以这样概括，出于两个考虑：一是从经营实践的历史看，各种责任受重视的时间有先有后，先是经济，然后是法律，再后来是道德和自行处理的责任；二是企业行为或动机可以归入其中的一个或几个责任。

2.1.2.5 一些国际性组织关于企业社会责任的观点

（1）三个同心圆观点。在1971年出版的《商业公司的社会责任》一书中，美国经济发展委员会将公司责任定义为三个同心圆：内层是范围清晰的有效履行经济职能的基本责任，包括产品、就业机会以及经济增长；中间一层是将履行经济功能的责任与对变化中的社会价值观和主要问题的敏感性相结合，例如，环境问题、与员工的关系问题、顾客对信息的更高要求等；外层是新近出现但还不是很清晰的责任，要求公司更广泛地积极介入改善社会环境的活动中去，例如贫穷和城市问题。美国经济发展委员会用三个同心责任圈来说明社会对企业的期望。这一概念反映了大公司的高层管理人员对20世纪60年代出现的社会问题的关注和态度。公司管理者不仅意识到公司的社会责任，还积极推动公司社会责任思想和运动的发展。

（2）三重底线观点。1997年，英国可持续发展中心（SustainAbility）总裁约翰·埃尔顿（John Elkington）在《拿叉子的野人：二十一世纪企业的三重底线》一书中提出了“三重底线”概念，即企业要充分考虑利益相关方与社会的期望，以及经营活动对经济、社会和环境可能产生的不良影响。即企业的行为不仅要考虑经济底线，还应当考虑社会底线和环境底线。三重底线从经济、社会和环境的角度去衡量和报告企业的业绩，从广泛的意义上来说，它包括一系列价值观、问题和过程，企业必须分析所有这些方面以尽可能减少其活动可能带来的危害，同时创造经济、社会和环境价值。这意味着企业要考虑所有责任对象的需求，如股东、客户、雇员、商业合作伙伴、社区和公众。

（3）国际标准化组织的观点。在国际标准化组织在2006年10月社会责任指南工作草案中，对企业社会责任做了如下定义：所谓组织（企业）的社会责任是组织（企业）对其活动给社会和环境带来的影响承担责任的行为，这些行为要：符合社会利益和可持续发展；以道德行为为基础，符合适用法律和政府间的契约；融入组织正在进行的各项活动之中。

（4）世界银行的观点。世界银行对企业社会责任所下的定义为：企业社会责任，是企业与关键利益相关方的关系、价值观、遵纪守法以及尊重人、社区和环境有关的政策和实践的集合，是企业为改善利益相关方的生活质量而贡献于可持续发展的一种承诺。

（5）欧洲共同体委员会的观点。欧洲共同体委员会对企业社会责任的定义为：企业社会责任是指企业对给所有利益相关者造成的影响承担责任。是指企业对公正的、负责任的经营以及在改善员工及其家庭的生活质量、社区、社会的同时促进经济发展的持续承诺。

（6）世界经济论坛的观点。2003年世界经济论坛指出，企业公民包括四个方面：①好的公司治理和道德价值，主要包括遵守法律、现存规则以及国际标准，防范腐败贿赂，包括道德行为准则问题，以及商业原则问题；②对人的责任，主要包括员工安全计划、就业机会均等、反对歧视、薪酬公平等；③对环境的责任，主要包括维护环境质量、使用清洁能源、共同应对气候变化和保护生物多样性等；④对社会发展的广义贡献，主要指广义的社会和经济福利的贡献，例如，传播国际标准，向贫困社区提供要素产品和服务（如水、能源、医药、教育和信息技术等）。

2.1.3　企业社会责任的发展

2.1.3.1　与企业社会责任相关的概念

从20世纪70年代开始，企业社会责任受到了学术界广泛的关注和充分的讨论。虽然也有少数的反对意见，但支持的声音始终占支配地位，不再纠缠于要不要履行社会责任，而开始关注要履行什么样的社会责任、如何履行社会责任以及如何评价企业的社会表现等问题。与此同时，相继提出了企业慈善、企业社会响应、企业社会业绩、企业公民等与企业社会责任密切相关的概念。

（1）企业慈善。在20世纪初，人们所说的企业社会责任主要是指企业的慈善活动。例如，曼尼于1972年提出，公司社会责任的概念必须包括三个要素：一是公司社会责任的支出或行动给公司带来的边际回报低于其他支出的边际回报。这一要素将公司社会责任活动与“看不见的手”调节下实现社会最优的公司自利行为加以区分。二是公司社会责任的行为必须是自愿的。那些出于担心违反法律规定而采取的社会行为仍然属于利润最大化的行为，因为公司这样做是为了避免更大的成本。三是公司社会责任的行为必须是公司行为，而不是个人行为。弗里德曼所反对的企业社会责任实际上也是企业的慈善活动。

慈善行为专家罗伯特·培顿（Robert Payton）认为，慈善行为是三种相互关联的活动，即为了公共目的的自愿服务、自愿联合和自愿捐赠。他认为，慈善行为包括“提高生活质量、保证将来更好的社区行为”。通常人们视慈善为“以仁慈的做法帮助人类的愿望，对人类的爱”。但是在实际活动中，很难评价隐藏在企业或个人慈善行为背后的真实动机。现在，一般认为，慈善活动不仅不是社会责任的全部，甚至不是主要的部分，它是企业承担的自行处理的责任。

（2）企业社会响应。20世纪70年代在讨论企业社会责任的同时，企业社会响应（corporate social responsiveness）受到关注。罗伯特·阿克曼（Robert Ackerman）和雷蒙德·鲍尔（Raymond Bauer）指出“对社会要求作出响应比决定做什么要复杂得多。对已经决定了的事情怎么去做是管理者的任务，它绝不是件小事。”威廉·弗雷德里克（William Frederick）认为，企业社会响应指的是企业对社会压力作出反应的能力。他进一步指出，倡导企业社会响应就是促使企业绕开社会责任这样的哲学问题，而集中考虑更具体的问题，即怎样对环境压力作出有效反应？

从对社会要求作出反应的角度出发，一些学者提出了企业社会响应的不同策略。伊恩·威尔逊（Ian Wilson）提出了四种策略：反应性（reaction）策略、防御性（defense）策略、适应性（accommodation）策略、主动性（proactive）策略。凯恩·戴维斯和罗伯特.L. 布卢姆斯特朗概括了五种社会响应策略：退出、采取公关措施、采取法律措施、讨价还价、解决问题。

企业社会响应是企业对社会期望的反应，是企业履行社会责任的策略和过程。

（3）企业社会业绩。从20世纪70年代末开始，企业社会业绩（corporate social performance）引发了较多的讨论。1979年，阿基·B. 卡罗尔提出了企业社会业绩的三维概念模型，该模型包含社会责任维（经济责任、法律责任、伦理责任、慈善责任）、社会响应策略维（主动策略、适应策略、防御策略、反应策略）、涉及的社会或利益相关者问题维（股东、工作安全、产品安全、歧视、环境、消费者主义）。

1985年，斯蒂芬·L. 瓦蒂克（Steven L. Wartick）和菲利普·L. 科切兰（Philip L. Cochran）发表了《企业社会业绩模型的形成》一文。文中提出的模型由三部分组成：原则，即企业社会责任（包含经济责任、法律责任、伦理责任、慈善责任）；过程，即社会响应策略（包含主动策略、适应策略、防御策略、反应策略）；政策，即社会问题管理（包含确认问题、分析问题和采取对策）。

1991年，D. J. 伍德（Donna J. Wood）提出了企业社会业绩的修正模型。该模型由三部分构成：企业社会责任原则包括企业通用原则（合法性原则、企业特定原则）、公共责任原则、个人原则（管理者自行决定原则）；企业社会响应过程包括环境评估、利益相关者管理、社会问题管理；企业行为的结果包括社会影响、社会项目、社会政策。企业通用原则是指作为一个企业的一般的义务，是适用于所有企业的。这一原则指明了企业与社会的关系并规定了社会对所有企业的期望。企业特定原则是指企业应对与社会关联的在直接和间接领域产生的结果承担责任。与一个企业面临的特定环境及与环境的关系有关。公共责任系指在特定公共政策背景下组织管理的职责，企业不必对解决所有社会问题负责，但是，它们对解决由它们引起的问题负有责任，对协助解决与它们的经营活动相关的社会问题。管理者自行决定原则是指在企业社会责任的每一个领域，他们都应该运用自行决定权以取得对社会负责任的结果。

1995年，蒂纳·斯旺森（Diane Swanson）提出了由四部分组成的企业社会业绩模型：企业社会责任的宏观原则、企业社会责任的微观原则、企业文化和社会影响，认为企业是经济化和生态化的工具。经济化工具是因为企业在一定规模上为社会提供产品和服务。生态化工具是因为企业必须与社会建立合作和协助关系。企业社会责任的宏观原则在制度层面上要求考察企业经济化、生态环境化与积极责任和消极责任之间的内在联系，在组织层面上要求企业承担经济化和生态化的积极和消极责任。企业社会责任的微观原则要求公司高层管理人员必须放弃或限制将对权力的追求作为个人或公司的目标，而应该引导公司朝着经济化和生态化方向发展。

学者们试图通过企业社会业绩概念把企业社会责任、企业社会响应等概念整合起来，但从字面来看，企业社会业绩仅是企业履行社会责任的表现。

（4）企业公民。20 世纪 90 年代以来，企业公民（corporate citizenship）概念得以广泛传播。关于企业公民与企业社会责任概念之间的关系大体有以下两种观点：

一是企业公民局部观，即企业公民是企业社会责任的一部分。如爱因斯坦认为，企业公民的核心就是企业对社区的介入。“社区参与，特别是在经济上支持或采用类似的方法支持公共或非营利性机构，通常被看做是衡量公司好公民的一个重要标准。”

典型的公司好公民行为包括：为社区组织（包括教育和文化组织）提供经济和非经济的支持，提供工作培训，提供休憩场所（如公园、游乐场等），制定超出法律要求的环境标准，促进当地政治经济文化的发展等。

二是企业公民等同观，即企业公民等同于企业社会责任。如卡罗尔认为，企业公民行为不仅仅是指企业与社区之间的关系，还应该包括企业对其他重要的利益相关者的回应。企业公民和个人公民一样，应负起四种责任，即经济责任、法律责任、道德责任、慈善责任。D. 洛甘等（D. Logan et al.）认为，企业公民是企业履行对包括员工、股东、顾客、供应商以及社区在内的利益相关者责任的活动。

在目前人们对企业公民概念的实际应用上，企业公民包含的内容与企业社会责任的内涵几乎是等同的。既然如此，有了企业社会责任的概念，为什么人们还要提出一个企业公民的概念呢？范·卢杰克（Van Lujik）是这样解释的，企业界从来就不是很喜欢商业伦理的一些用语，无论是“企业道德”还是“企业社会责任”，都暗含着企业缺乏“道德”或者反对“责任”。这些词常常被用来提醒企业应该甚至必须去做一些额外的事情。相反，“企业公民”对企业来说却有不同的含义。企业公民这个词让公司看到或者是重新意识到公司在社会中的正确位置，它们在社会中与其他“公民”相邻，公司与这些公民一起组成了社区。

2.1.3.2 关于企业社会责任的定义

从上面的分析可知，企业社会责任要求企业考虑其行为给社会、给利益相关者带来的影响，要求企业维护和增进利益相关者的正当利益。正如埃德温·M. 爱因斯坦（Edwin M. Epstein）所说，“企业社会责任就是要努力使企业决策结果对利益相关者有利的而不是有害的影响。企业行为的结果是否正当是企业社会责任关注的焦点。”

企业要维护和增进利益相关者的正当利益，就是要求企业既要合乎法律又要合乎道德地对待利益相关者，而不能仅仅做到合乎法律地对待利益相关者，更不能只考虑企业利益而不顾利益相关者的利益。然而法律与道德的关系并非泾渭分明，两者很多时候是重叠的。例如，法律禁止的自然也是道德禁止的，法律允许的不一定是道德允许的。但是，由于法律存在一定的滞后性，它不可能面面俱到，所以也会出现符合字面上的法律条文但是明显损害利益相关者的正当权益的情形，在这种情况下，是以法律条文为准还是伦理道德要求为准呢？当然要以更高的伦理道德要求为准，因为企业社会责任要求企业维护和增进利益相关者的正当利益。

强调合乎伦理道德地对待利益相关者并不是否认企业有经济责任和法律责任。恰恰相反，企业为社会提供人们需要的产品和服务，不断提升企业的竞争力，给投资者应得的回报，不仅是企业经营者道德所要求的，更是生存和发展所要求的。

因此，我们认为，企业社会责任是指企业应该考虑自身的行为对社会、对利益相关者的直接或间接影响，遵守法律乃至合乎道德地对待所有利益相关者，维护和增进所有利益相关者的正当权益，从而营造公平和谐的社会环境的义务。

实际上，企业社会责任的概念经历了一个从狭义到广义的发展演变过程。沈洪涛和沈艺峰在其所著《公司社会责任思想起源与演变》一书中认为，20 世纪 50 ~ 70 年代提出的传统的“公司社会责任”概念称为狭义的公司社会责任，它着眼于寻求公司社会责任的原则；将 20 世纪 70 年代出现的“公司社会回应”看做狭义的公司社会责任概念的补充与发展，它强调公司与社会之间的互动关系；认为 20 世纪 80 年代形成的“公司社会表现”则是包含了道德维度和管理维度的一个内容宽泛的主张；进入 21 世纪后提出的“公司公民”触及了公司与社会关系（或公司在社会中）的本质问题。因此，他们将包含这四个概念在内的公司社会责任称为广义的公司社会责任。

2.2　企业社会责任的主体与客体

要全面理解企业社会责任，就要搞清楚三个问题，一是企业社会责任的主体是谁？二是企业社会责任的对象（客体）是谁？三是主体应该对客体负什么样的责任？怎么负？

2.2.1 企业社会责任的主体

企业社会责任的主体当然是企业。尽管许多企业行为不是单个人的行为，而是集体行为，但企业是由人组成的，企业的行为归根到底是人的行为，因此，要求企业履行社会责任，实际上，必然要求企业所有成员，尤其是企业经营者履行相应的社会责任。从这个意义上说，企业社会责任的主体是企业经营管理者，当然也包括企业的其他成员（员工等）。

2.2.2 企业社会责任的客体

关于企业社会责任的对象是谁，即对谁负责问题，有三种不同的观点。

第一种观点认为，企业应该而且只对所有者负责。这种观点从企业内部来看似乎是合情合理的，但从社会的角度来看就存在一定问题：首先，社会之所以允许企业存在，不仅仅是因为它能给所有者带来好处，而且还因为它的存在对社会是有益的；其次，所有者固然与企业利益密切相关，但是企业员工、顾客、供应商、社区、政府等同样与企业利益相关，因此，企业除了对其所有者尽责外也应该对所有者以外的其他利益相关者尽责。

第二种观点认为，企业应该对社会负责。这种观点的支持者通常把企业社会责任等同于企业协助政府解决社会问题或支持社会公益事业，如增加就业、环境保护、资源循环利用、缩小贫富差距、支持文化、教育、体育、福利事业等。简言之，就是从事公益活动。把企业社会责任等同于从事公益活动是有一定片面性的。试想，如果一家企业对工作场所安全漠不关心，员工的工作环境很恶劣，导致员工身体虚弱、丧失劳动能力，企业赚了钱，并捐一笔钱给慈善事业，这样的企业有社会责任感吗？答案当然是否定的。

第三种观点认为，企业应该对所有利益相关者负责。M. 克拉克森（M. Clarkson）指出，企业社会责任、企业社会响应、企业社会业绩这几个概念之所以失败、混乱和令人误解，主要是“社会”一词含义不清。

D. J. 五德（D. J. Wood）和 R. E. 琼斯（R. E. Jones）指出，企业社会责任研究中最紧要的问题之一是回答“企业应该对谁承担责任”，利益相关者理论即为其答案。根据伍德和琼斯的看法，利益相关者在企业社会责任中至少发挥如下四个方面的作用：①利益相关者是企业社会业绩预期的来源；②利益相关者是公司社会行为的接受者；③利益相关者评价公司社会行为对利益相关者和公司所处环境的影响，以及公司是否满足利益相关者的预期；④利益相关者根据他们的利益、预期、承受程度和评估结果采取行动。

利益相关者会受到企业的政策、决策、行为的影响，企业的政策、决策、行为也会受到这些利益相关者的影响。利益相关者与企业之间存在着双向的交互的影响。既然企业与利益相关者有密切的利益关系，那么，企业就不应该仅仅对所有者负责，还应该对除了所有者之外的其他利益相关者负责。

我们还可以从另外的角度来看待这个问题。试问，出现什么企业行为会让我们感到该企业是不负责任的呢？虚假广告、短斤少两、假冒伪劣产品还是歧视、克扣工资？是隐瞒重大事项、披露虚假信息还是恶意拖欠货款、不正当竞争？是偷税漏税还是环境污染？其实，出现以上任何一项行为，都会让我们感到该企业是不负责任的。而这些行为是分别针对顾客、员工、投资者、供应商、竞争者、政府、社区的。可见，一个有社会责任感的企业应该对所有利益相关者负责，对任何利益相关者的不负责任，都不能算是一个有社会责任感的企业。

也有学者指出，平衡所有利益相关者的利益是一个不切实际的目标。公司对所有利益相关者承担责任，理论上看似合理，实际上缺乏可操作性，因为对所有参与者都负责，可能造成对所有人都不负责或都负不了责的后果。但是，平衡所有利益相关者的利益有难度，不能作为企业不应该对利益相关者承担责任的理由。

1994 年，美国一家大型研究机构——沃克信息公司（Walker Information）的前身沃克集团（Walker Group）实施了一项问卷调查，回收问卷 1037 份。其中一个问题是关于公众对有社会责任感的企业的活动或特点的看法，调查结果显示：有社会责任感的企业的前 20 项活动或特点分别是：生产安全的产品，不污染空气和水，在经营的各个方面遵守法律，促进员工的道德行为，保证安全的工作场所，不使用误导性的或欺骗性的广告，坚持禁止歧视的政策，使用“环境友好”的包装，保护员工免受性骚扰，公司内的循环利用，没有不良行为的记录，对顾客的问题反应迅速，持续实施减少废物计划，承担部分医疗费用，促进能源保护计划，帮助安置下岗员工，捐款给慈善事业或教育事业，只使用可以生物分解或可以循环利用的材料，雇用友好的、讲礼貌的员工，不断努力改善质量。这项调查也反映出公众关心的不只是企业是否做了慈善，而且还关心企业是如何对待利益相关者的。

2.2.3　主体对客体应负的责任

企业怎样做及做到什么程度才算是尽到了对利益相关者的责任呢？这是企业社会责任履行中最难回答的问题。例如，企业应该给消费者提供安全的产品，但提高安全性会增加成本，那么，多大程度的安全是可以接受的、合理的和公正的？企业应该给员工支付公平的报酬，那么什么样的薪酬水平、多大的收入差距是可以接受的、合理的和公正的？企业应该注重环境保护，然而，做到什么程度才算是尽到了环境保护责任了呢？在国家遭受重大灾难时，企业应该出一份力量，那么做什么、怎么做、做到什么程度才算是尽到了责任？诸如此类问题，不胜枚举。

著名管理学家哈罗德·孔茨（Harold Koontz）和海因茨·韦里克（Heinz Weihrich）在其《管理学》一书中指出“公司的社会责任就是认真地考虑公司的一举一动对社会的影响”。因此，企业对利益相关者负责，不能从单个企业的角度去分析，而应该从社会角度去思考。从社会角度来看，企业之所以要履行社会责任，是因为企业对社会有巨大的影响力。既然企业行为对社会有影响，社会理所当然会对其提出一定的要求。社会是由众多的利益相关者组成的。社会期望因为企业的存在，社会会变得越来越好。

那么，企业怎样才能做到这一点呢？

有的学者认为，在市场机制条件下企业追求自身利益最大化，整个社会能得到最大的好处。换句话说就是企业在追求自身利益的同时就履行了它应负的社会责任。

有的学者认为，市场机制有一定的局限性，仅仅依靠市场机制的调节是远远不够的，还应该遵守法律，企业的社会责任就是在守法条件下追求企业自身利益最大化。

还有的学者认为，市场机制和法律都存在一定的局限性，要使企业对社会产生尽可能好的的影响，不仅需要完善的市场机制和法律，还需要企业遵守一定的经营道德。也就是说，企业的社会责任是合乎法律和道德地对待社会和所有利益相关者。

这些观点分别回答了企业应该对社会负什么责任的问题，不仅对于我们理解什么是企业社会责任至关重要，而且，对于学习企业伦理学的必要性也至关重要。

2.3 中国企业社会责任运动的发展

2.3.1 中国社会责任思想的渊源

综观具有几千年历史的儒家思想，其中均要求对己、对人、对家庭、对社会、对国家要负责任，它的理想境界就是“以天下为己任”。

儒家思想的创始人孔子在其《论语》中所说的“孝悌”是其“仁之术”，也就是说孝顺父母，爱护晚辈是一个人为人之本。孔子所说的“忠”，就是一个人要对国家忠诚。孔子说与朋友交往要“不信不立”、“人而无信不知其可也”，这就是对朋友的一种责任。可见，《论语》中所阐述的就是一个人对家庭、对社会和对朋友应该担负的责任。孔子的学生曾子说：“任重道远。仁以为己任，不亦重乎？死而后已，不亦远乎？”可见，其把推行仁道于天下，引导万民于正途作为自己终生的职责。

《中庸》说：“大古之欲明明德于天下者，先治其国，欲治其国者，先齐其家；欲齐其家者，先修其身；欲修其身者，先正其心；欲正其心者，先诚其意，先致其知在格物。”后来，人们用“格物、修身、齐身、治国、平天下”反映儒家志士的理想追求与人生目标。

《孟子·公孙丑下》说：“如欲平治天下，当今之世，舍我其谁也。”充分表明了孟子“平治天下，舍我其谁”的社会责任感。

宋代学者范仲淹在其《岳阳楼记》中说：“居庙堂之高，则忧其民；处江湖之远，则忧其君”及“先天下之忧而忧，后天下之乐而乐”。顾炎武在《日知录》中说：“保天下者，匹夫之贱，与有责焉”，后人演化为“天下兴亡，匹夫有责”。

在我国的传统文化中，许多仁人志士们所具有的历史使命感和高度的社会责任感影响着激励着我们的后人在做人、做事乃至经营企业的方面行为与规范。这些思想可以说是我们中国社会责任思想的文化起源，对中国企业社会责任运动的兴起起着潜移默化的作用。

2.3.2　中国企业社会责任运动兴起

在我国，虽然社会责任思想可以追溯到儒家思想的产生，但是企业社会责任运动的兴起却是近代几百年以来的事情。有人说，中国真正经商做企业要从历史上的晋商、徽商谈起，他们中的许多经商故事，可以说是为我们后人树立了仁心待人、义利并举、质量至上、诚实守信、回报社会的典范，也可以说是履行了一定的社会责任。虽然当时他们所经营的商号还不叫公司或企业，但是他们已经是在按照现代企业来经营了。

19世纪末20世纪初，中国的许多民族资本家开始向西方学习企业经营之道，他们在学习借鉴西方企业先进的经营管理经验的基础上，不忘发扬中华民族的传统美德，在企业的经营过程中，诚实经营，遵守商业道德，涌现出像范旭东、卢作孚、荣宗敬、荣德生等一批优秀的民族企业家，为企业成长和社会发展作出较大贡献。

新中国成立以来，特别是改革开放以来，中国许多企业，尤其是国有企业肩负着经济发展和民族振兴的双重责任，为推动社会主义现代化事业作出了巨大贡献。进入21世纪以来，企业社会责任受到企业、政府和社会的广泛关注。我国在推动、实践企业社会责任方面做出了许多努力，主要表现在以下几个方面：

（1）制定相关政策、法律与标准。

2006年1月1日正式实施的《中华人民共和国公司法》明确规定，“公司从事经营活动，必须遵守法律、行政法规，遵守社会公德、商业道德，诚实守信，接受政府和社会公众的监督，承担社会责任。”

2006年9月25日，深圳证券交易所发布了《上市公司社会责任指引》（征求意见稿），内容包括总则、股东和债权人权益保护、职工权益保护、供应商、客户和消费者权益保护、环境保护和社会公益保护、制度建设与信息披露等。

2006年10月，党的十六届六中全会审议通过的《中共中央关于构建社会主义和谐社会若干重大问题的决定》中，明确提出了“广泛开展和谐创建活动，形成人人促进和谐的局面。着眼于增强公民、企业、各种组织的社会责任”。

2008年1月4日，国资委发布《关于中央企业履行社会责任的指导意见》，要求有条件的中央企业要定期发布社会责任报告或可持续发展报告，及时了解和回应利益相关者的意见建议，主动接受利益相关者和社会的监督。

2008年5月14日，上海证券交易所发布《关于加强上市公司社会责任承担工作的通知》，引导各上市公司积极履行社会责任，重视利益相关者的共同利益，为构建和谐社会、促进社会经济的可持续发展贡献力量。

（2）举办企业社会责任论坛。

近十年来，先后举办了一系列全国性的企业社会责任论坛。例如，2002年9月，联合国开发署、中国光彩事业促进会、中国企业联合会在西安共同举办了“21世纪中国企业社会责任论坛”。2004年6月，成立于1994年的非营利性民间组织——环境发展研究所举办了“企业社会责任圆桌会议”。2004年11月，中国企业联合会可持续发展工商委员会主办了“企业社会责任高层圆桌会议”。2006年2月，由国务院侨务办公室、中国新闻社指导，《中国新闻周刊》杂志社主办的“中国·企业社会责任国际论坛”在北京隆重举行。2007年7月，由商务部《WTO经济导刊》、中国可持续发展工商理事会（CBCSD）及中德企业社会责任项目（GTZ）联合主办的“首届中国企业社会责任报告国际研讨会”在北京举行。2008年4月，由商务部《WTO经济导刊》、中德贸易可持续发展与企业行为规范项目主办的中国企业社会责任国际论坛暨“金蜜蜂企业社会责任·中国榜”发布典礼在北京举行。至今，这些论坛已经举办了多届，对推动企业社会责任发展起到了积极的促进作用。

（3）评选优秀企业公民。

由《21 世纪经济报道》和《21 世纪商业评论》发起于 2004 年首次进行的“中国最佳企业公民”评选，至今已经举办了 9 届。第九届中国企业公民论坛以“生态文明下的企业成长之路”为主题，探讨在当前生态文明建设宏观背景下，企业如何顺应时事，实现自身发展与社会环境和谐统一，在贡献社会的同时，提升可持续竞争力。论坛之后的颁奖典礼揭晓了“2012 年度中国最佳企业公民综合大奖”和“2012 年度最佳企业公民最佳单项奖”的获奖榜单：获得 2012 年中国最佳企业公民综合奖的是：上海大众汽车有限公司、巴斯夫中国有限公司、华润（集团）有限公司、苏宁电器股份有限公司、中国农业银行股份有限公司、思科系统（中国）网络技术有限公司、标致雪铁龙（中国）汽车贸易有限公司、万科企业股份有限公司、招商局（集团）有限公司、中国平安保险（集团）股份有限公司；获得 2012 年中国最佳企业公民单项奖的是：中国最佳企业公民最佳创新发展奖：上海通用汽车有限公司；中国企业公民最佳低碳贡献奖：保利房地产（集团）股份有限公司、中兴通讯股份有限公司；中国企业公民最佳公益创新奖：碧桂园集团、光大永明人寿保险有限公司；中国企业公民最佳公益管理奖：中信银行股份有限公司；中国企业公民最具诚信奖：阿斯利康制药有限公司；中国企业公民最佳雇主奖：夏普中国投资有限公司、中联重科股份有限公司；中国企业公民最佳环境之友奖：爱普生（中国）有限公司；中国企业公民最佳实践奖：中国太平洋保险（集团）股份有限公司；中国企业公民最佳企业文化奖：青岛啤酒股份有限公司、无限极（中国）有限公司、广发银行股份有限公司；中国企业公民最佳商德奖：苏州金螳螂建筑装饰股份有限公司；中国企业公民最佳伙伴关系奖：爱立信（中国）通信有限公司、百度公司、工银金融租赁有限公司、赛诺菲（中国）投资有限公司；中国企业公民最受消费者信赖奖：招商局地产控股股份有限公司。

（4）发布企业社会责任报告。

2006 年，国家电网公司发布了中国企业的第一份社会责任报告，而从此开始，发布企业社会责任报告逐渐成为一种潮流，截至 2007 年 10 月，在中国发布企业社会责任报告的企业已超过 50 家。一些企业以在行业内率先发布社会责任报告为荣。例如，2007 年 5 月，中国建设银行发布了国有控股商业银行中的首份企业社会责任报告。2007 年 9 月，中国人寿股份保险有限公司发布了保险企业的首份企业社会责任报告。2007 年 12 月，阿里巴巴发布了国内互联网行业的首份企业社会责任报告。2008 年 3 月，广州白云山和黄药业公司发布了制药企业的首份社会责任报告。2008 年 4 月，汇源集团发布了果汁行业的首份企业社会责任报告。2008 年 5 月，中国进口汽车贸易有限公司发布了汽车流通行业首份企业社会责任报告。

2.3.3 中国企业社会责任的发展阶段

我国企业社会责任的发展大致可以分为三个阶段：第一个阶段，1949～1977 年，计划经济阶段；第二个阶段，1978～1999 年，有计划的商品经济阶段；第三个阶段，2000 年至今，社会主义市场经济阶段。

（1）计划经济阶段的企业社会责任（1949～1977 年）。

自 1949 年新中国成立到 1978 年改革开放以及 1984 年经济体制改革前，由于中国实行的是计划经济体制，整个国家的经济运营都是由国家有关部门进行直接操控，企业只是政府作为社会经济基本运转需求的加工厂。企业的经济运行主要是按照中央或地方政府的指令性计划进行。企业的运行基本上并不是真正的经济性运营，因此，在这一阶段，企业实际上并不存在真正意义上的社会责任，如果说企业有社会责任的话，那就是企业按照政府的指令性计划完成生产任务满足人民群众的基本物质文化需求。

（2）有计划的商品经济阶段的企业社会责任（1978～1999 年）。

1984 年中共十二届三中全会出台了《中共中央关于经济体制改革的决定》，通过计划经济体制改革使计划经济走向有计划的商品经济，开始实施政企分开，使企业成为独立的商品生产者和经营者。在这一阶段，企业从只注重应付竞争、只关注利益最大化、只关注自身的发展，不重视其对环境、社会造成的破坏和影响，随着企业的法人地位的确立和社会的法律环境的形成，企业开始关注法律责任和一定的经济责任。同时在学术研究上第一篇论文为《新时期商业工作的社会地位和社会责任》（杨春旭，1982）和第一本专著为《企业社会责任》（袁家方，1990）；在企业社会责任运动方面，部分企业开始承担扶贫和捐赠的社会责任，其标志为 1989 年启动的“希望工程”，1994 年成立的中国光彩事业促进会和中国慈善总会。希望工程以民间方式广泛动员海内外财力资源，建立基金，促进贫困地区基础教育事业的发展；光彩事业面向中西部的“老、少、边、穷”地区，以项目投资为中心开发资源、兴办企业、培训人才、发展贸易，并通过包括捐赠在内的方式促进贫困地区的经济发展和教育、卫生、文化等社会事业的进步；中华慈善总会的宗旨是发扬人道主义精神，弘扬中华民族扶贫济困的传统美德帮助社会上不幸的个人和困难群体，开展多种形式的社会救助工作。

（3）社会主义市场经济阶段的企业社会责任（2000 年至今）。

进入 21 世纪，尤其是 2001 年我国加入世界贸易组织（WTO）以来，中国企业履行企业社会责任的意识不断增强，企业社会责任的实践步伐加快。这一阶段的特征是：

第一，中国企业社会责任纳入国家政策法律范畴。2006 年颁布的《中华人民共和国公司法（修订案）》明确提出公司要承担社会责任，总则中的第五条明确规定公司从事经营活动，必须遵守法律、行政法规，遵守社会公德、商业道德、诚实守信，接受政府和社会公众的监督，承担社会责任。与之相适应，《环境保护法》、《工会法》、《劳动法》、《消费者权益法》、《捐赠法》规定企业的基本法律责任，形成了企业履行社会责任的法律基础与底线。2006 年 10 月《中共中央关于构建社会主义和谐社会若干重大问题的决定》明确要求"广泛开展和谐创建活动，形成人人促进和谐的局面，着眼于增强公民、企业、各种组织的社会责任"，把企业社会责任和和谐社会建设有机地联系起来。国务院国资委 2008 年 1 月发布《关于中央企业履行社会责任指导意见》促进了企业自觉遵守法律法规，充分体现企业价值和追求高尚的道德伦理。

第二，中国企业社会责任与国际接轨。随着全球化进程的加速，国际市场国内化、国内市场国际化是大势所趋，不仅外资企业在中国发展迅速，而且更多的国内企业融入全球经济一体化，履行企业社会责任成为中外企业不可回避的义务。特别是中国加入 WTO 及国际社会迈向企业社会责任运动发展的高潮，跨国公司通过供应链责任管理以及 SA8000 的推广，对中国企业提出了劳工议题等要求，引起了外向型经济企业的重视及响应。1998 年以来，有 10 万家以上的出口企业进行了符合 SA8000 的劳工议题管理及企业社会责任审核或认证，有 73 家企业加入联合国所倡导的"全球契约"，在苏、浙、闽一带的民营企业，众多企业采用了相关的社会责任标准或跨国公司供应商守则来履行社会责任等。

第三，企业社会责任学术研究工作蓬勃展开。企业社会责任得到学术界的广泛关注，专家、学者、教授、企事业单位等纷纷参与企业社会责任研究，发表了大量的学术论文和出版了有一定质量的研究著作，研究议题也更加广泛深入，理论联系实际地将企业社会责任与和谐社会建设、科学发展观及提升企业国际竞争力相结合。

第四，企业社会责任运动开始向纵深、系列化发展。一方面各级政府、立法等部门以及地区开始积极地参与推动企业社会责任运动；另一方面，各种相关组织和机构发起和组织了更多的系列性论坛和活动，与国际相关机构的合作更加广泛和频繁，一些行业的企业社会责任进一步深化，证券市场也对上市公司提出了社会责任的引导和要求。据《2010 年中国企业社会责任发展报告》介绍，国内企业社会责任进展情况是：中央政府高度重视企业社会责任，各地政府成为推动企业社会责任的主导者，责任投资日益成为推动企业社会责任的新力量中国特色的企业社会责任特征更加明显，突出的特点有两方面：一是积极吸纳就业成为社会责任的重要体现；二是企业已经成为我国慈善捐助事业的中坚力量。

根据企业社会责任蓝皮书《中国企业社会责任研究报告（2009）》及《中国企业社会责任研究报告（2010）》，我国企业社会责任发展的阶段性特征表现在以下六个方面：

①中国企业社会责任发展指数整体水平低下。中国社会科学院经济学部企业社会责任研究中心根据经典社会责任理论和国外典型评价体系，结合中国实际构建了一套覆盖全面、结构一致、可行可比的中国 100 强企业发展指数（2009 年），其信息披露认为，发展指数平均为 317 分，整体处于“起步”阶段，其中，1/5 的企业刚刚起步，2/5 的企业仍在“旁观”。到 2010 年，已有 1 家处于卓越者地位，13 家处于领先者阶段，32 家处于追赶者阶段，36 家处于起步者阶段，218 家仍处于旁观者阶段。

②责任管理落后于责任实践，在责任实践中市场责任领先于社会责任和环境责任。

③中央企业和国有金融企业的社会责任指数远远领先于民营企业、其他国有企业和外资企业。

④企业规模与社会责任指数成正比，企业规模越大，社会责任指数越高。

⑤电网、电力行业处于领先地位，多数行业处于参与阶段，通用设备制造业、食品业、农业、纺织业等行业处于旁观阶段。

⑥2010 年较 2009 年，有 129 家企业排名有所上升，其中外资企业占比较大，有 137 家企业排名有所下降数十家企业的企业社会责任信息披露不及时。

【本章思考题】

1. 企业社会责任是在什么情况下提出的？
2. 企业社会责任的含义包括哪几个方面？
3. 关于企业社会责任的争论焦点在什么地方？
4. 什么是企业慈善？它与企业社会责任是什么关系？
5. 什么是企业社会响应？它与企业社会责任是什么关系？
6. 什么是企业社会业绩？它与企业社会责任是什么关系？
7. 什么是企业公民？它与企业社会责任是什么关系？

【案例分析题】

巨人网络游戏，企业的责任在哪里？*

网络游戏是一种通过互联网而进行的对抗式电子游戏。网络游戏的乐趣是人与人之间的对抗，而不仅是人与事先设置的各种程序的对抗，所以网络游戏比普通电子游戏更具生命力，更具诱惑性。截至2007年11月，中国网络游戏研发公司数量已达126家，与2006年的93家相比增长35.5%。网络游戏用户已经达到1.2亿人，网络游戏用户平均玩网络游戏的时间是7.3小时/周，其中21.3%的网络游戏用户玩网络游戏时长超过10小时/周。其中，青少年玩网络游戏比例惊人，网民的年龄越小，玩网络游戏的比例越高。

上海巨人网络科技有限公司，是一家以网络游戏为发展起点，集研发、运营、销售为一体的综合性互动娱乐企业，于2007年11月在美国纽约交易所挂牌上市。《征途》成为其全球第三款同时在线人数超过100万的网络游戏，巨人网络也一举成为中国第一家登陆纽交所的IT企业。在营销策略上，巨人网络首先抢占二、三级城市网吧市场。依靠史玉柱在保健品行业的营销网络，《征途》迅速建立起强大的营销队伍，将海报地毯式地铺设到各个网吧中，快速抢占市场份额。

为了拉动人气，史玉柱采取不仅游戏免费，还给玩家发“工资”的手段，在线时间长的玩家每月最多“工资”可达100元，这对于玩家有着巨大的吸引力。此外，还不定期地举行抽奖活动，奖金最高达5000元。2007年11月巨人上市时，史玉柱又策划了送虚拟股票、当巨人股东等活动。巨人网络依靠这些手段汇聚了众多人气。巨人利用现实生活中平常人想做“超人”的欲望，在游戏中设置了更多卖点，吸引高端玩家掏钱，使游戏的商业化更为彻底。在收费游戏中，玩家要获得更高的级别和装备，主要依靠持续的时间投入，游戏时间多的玩家往往级别较高、装备较好。在免费的《征途》等游戏中，史玉柱不仅设置了不同的装备，还增加了造装备的材料这一环节，要打造装备必须先买材料，装备分级别，材料也分三六九等，要想在游戏中威风八面就要花钱购买。很多游戏中，玩家打怪时可以获得装备，《征途》却把这些装备装进了“密银宝箱”。每个周末，《征途》游戏里都会刷出一批名叫“吉祥三宝”的怪物，杀掉怪物后玩家有100%的概率得到“密银宝箱”，打开宝箱有可能爆出好装备，但开宝箱的钥匙只有在网络商店里才能买到，1把钥匙1元钱。2008年2月推出“密银宝箱”，3月其财务报表就显示营业额为1.8亿元。

《征途》中有类似赌球的“国战竞猜”，每次下注封顶10万个“紫金丹”

（一种游戏道具）来赌两个虚拟国度之间战争的胜负，由于赔率高达20～60倍，对玩家有很大的吸引力，但买一瓶“紫金丹”需要10文金子。由于《征途》对下注征收10%的税收，所以下一次注其实需要11文金子。此外，在《征途》中还可以购买保险：玩家只要投入足够的人民币，就可以在游戏里达到天下无敌的境界。

《征途》中还有一个有奖竞猜的功能，游戏中随机刷出0到9十个数字中的一个，玩家来押大小，也可以押个别数字，这个功能一度非常火爆。《征途》对这个功能的解释是根据国家法律，投注金额在一定数量以下不算赌博。征途的有奖竞猜功能对每个玩家的单日投注金额限制在国家规定范围内，因此不算赌博。

史玉柱宣布要将《巨人》打造为一款美女玩家最多的网络游戏，“《巨人》男女玩家比例至少要达到6:4，让所有男玩家都找到游戏里的‘太太’”。根据新的游戏规则，在游戏中，男玩家可以抱女玩家。而女玩家只要携带身份证到全国各地的巨人网络办事处现场认证，符合“五官端正、身材匀称”八字标准，便认可为“美女”，同时获得6000元的游戏充值。

游戏中赫赫有名的“天上人间”休闲中心被设计得灯火阑珊，内部装修非常精致。游戏人物要求接受“异性服务”，一位身材火辣穿着性感比基尼的游戏美女在豪华洗浴中心给游戏人物“做按摩”。而这名性感美女居然也是一名玩家，属于另一个团队，被安排在该休闲中心提供服务。整个浴池中不断有玩家申请“异性服务”，并在按摩过程中和性感美女聊天打趣。

为了规范我国网络游戏市场，我国有关部门已经先后制定了一些规章，对加强我国网络游戏市场管理起到了一定的作用。2000年9月25日国务院颁布了《互联网信息服务管理办法》。该办法第十五条的规定，互联网信息服务提供者不得制作、复制、发布、传播含有下列内容的信息：①反对宪法所确定的基本原则的；②危害国家安全，泄露国家秘密，颠覆国家政权，破坏国家统一的；③损害国家荣誉和利益的；④煽动民族仇恨、民族歧视，破坏民族团结的；⑤破坏国家宗教政策，宣扬邪教和封建迷信的；⑥散布谣言，扰乱社会秩序，破坏社会稳定的；⑦散布淫秽、色情、赌博、暴力、凶杀、恐怖或者教唆犯罪的；⑧侮辱或者诽谤他人，侵害他人合法权益的；⑨含有法律、行政法规禁止的其他内容的。

2002年11月15日国务院颁布了《互联网上网服务营业场所管理条例》，该条例第十四条列出了互联网上网服务营业场所经营单位和上网消费者不得利用互联网上网服务营业场所制作、下载、复制、查阅、发布、传播或者以其他方式使用含有十个方面内容的信息，其中九个方面与《互联网信息服务管理办法》第十五条的规定基本一致，补充的一条是：危害社会公德或者民族优秀文化传统的。

新闻出版总署、中央文明办、教育部、公安部、信息产业部、团中央、全国妇联、中国关心下一代工作委员会于2007年4月15日联合发布了《关于保护未成年人身心健康实施网络游戏防沉迷系统的通知》。通知指出，针对未成年人过度沉迷于网络游戏，并对身心健康造成不利影响的情况，制定《网络游戏防沉迷系统开发标准》，目的是向未成年人普及健康游戏时间概念；对不健康游戏时间内的游戏收益进行削减；科学控制游戏的间隔时间，使未成年人获得充分的休息、学习时间；使未成年人不再依赖于“长时间在线”来获取收益，促进他们养成健康的游戏习惯；以信息提示、警示方式提醒未成年人健康使用游戏。

网络游戏防沉迷系统及配套的《网络游戏防沉迷系统实名认证方案》从2007年7月16日起正式投入使用。定义未成年人累计在线游戏时间3小时以内的为“健康”游戏时间。定义未成年人累计在线游戏3小时之后，再持续下去的2小时游戏时间为“疲劳”游戏时间。定义未成年人累计在线游戏时间超过5小时的为“不健康”游戏时间。网络游戏使用者最为注重游戏中的收益，这也是导致未成年人长时间沉迷网络游戏的重要原因之一。

2006年9月，中国青少年网络协会根据《中国青少年网络协会绿色游戏评定标准》对《征途》等几款游戏进行了综合评定，该报告指出，由于在“暴力度”、“恐怖度”、“社会道德度”等方面存在严重问题，《征途》游戏为唯一一款评定为危险级的游戏，并希望政府主管部门能及时要求《征途》的运营公司加以改正，以免造成整个游戏产业都滑向只顾经济效益、完全不顾社会效益和政治导向的地步。

批评者认为，《征途》正在触及道德底线。《征途》传播一种暴力文化，教导玩家如果对人有仇恨该怎么解决，是一种金钱至上、强权至上的价值观。这和我们在现实世界里提倡的价值观完全颠倒，这种影响是潜移默化的，无论是对未成年人还是对成年人，行为规则都会产生变化。

但也有人并不认同《征途》触及道德底线的说法，在他们看来，有时在现实社会中被认为不道德的行为，到了虚拟社会就不再是不道德了，如杀人。有时在现实中被认为道德的，可能到了游戏里成为不道德的了。虚拟的游戏社会，那是另外一个世界，和现实生活不一样，没有必要要求一款网络游戏能够带来全体玩家精神世界和道德观的显著提升。衡量史玉柱是不是有社会责任感，主要还是要看他是不是依法赚取利润、依法纳税、在公司里和生活中注意环保、积极支持慈善事业等。

史玉柱也认为，关于社会责任和商人逐利，追求利润是一个企业的第一要务。网络游戏本质上属娱乐行业。好玩的网游往往使人流连忘返，未成年人不具备判断力和自制力，难免沉迷其中。但是《征途》里未成年玩家人数比例已控制在0.5%范围内，远低于40%的行业平均水平。以下是《征途》中采用的预防措施：其一，未满18岁未成年人不能注册；其二，登录界面标识禁止未成年人进入；其三，在游戏中发现玩家有未成年人，GM劝其离开或踢出游戏；其四，游戏内容按照成年人喜欢的方式设计。并且提供带有提醒功能的宠物。史玉柱亲自执笔致信全国玩家，呼吁“中国成年玩家，奉劝身边未成年人远离网游”。他还建议国家给游戏分级，认为分级会解决这些问题。如果实施游戏分级，《征途》将直接申请为三级游戏，让未成年人远离《征途》。

争论还会持续下去，因为，网络游戏到底如何影响玩家的心智人格（包括短期影响和长期影响），乃至社会的价值观，如何真正有效地防沉迷（包括青少年和成人玩家），如何建立一套科学、有效的监管体系，都需要进行有针对性的更深入的研究。但无论如何，这是一个摆在我们面前迫切需要思考和解决的问题。

*资料来源：作者改编自：周祖城．企业伦理精品案例［M］．上海：上海交通大学出版社，2010：3－11.

1. 网络游戏有哪些利益相关者？
2. 网络游戏对利益相关者有哪些积极的影响？有哪些消极的影响？
3. 企业在游戏产品开发和促销上应该怎样做才算尽到了社会责任？
4. 经济利益和社会责任冲突时，企业应该怎么办？

第三章　企业伦理原理与理论

【学习目标】

通过本章的学习，需要达到以下目标：

1. 掌握功利主义分析问题的方法。
2. 了解道德权利论的内涵。
3. 了解道德公正论的类型及原理。
4. 了解道德关怀论的道德要求。
5. 了解美德论及其在道德评价中的作用。
6. 理解企业伦理原则与道德准则。

【重要术语】

道德发展阶段；结果论；非结果论；功利主义；道德权利；道德公正；关怀论；美德论。

【引例思考】

伯勒斯公司艾滋病药品定价*

美国伯勒斯公司具有研究疑难病症的传统，它总是把普通的病留给其他公司。1984 年，当其他研究者发现了引发艾滋病的不同寻常的病毒后，该公司全心投入，研究该病的治疗方法。

山姆·布罗德尔是国家癌症研究所的一名高级研究员，强烈要求制药公司将有发展前景的药品交由他们检测。伯勒斯公司送了约 50 种药品。1985 年 2 月，布罗德尔的研究人员报告说其中的一种，即 AZT 是最有效的。布罗德尔的加入使得 AZT 的开发缩短了几个月甚至几年，因此也就大大减少了伯勒斯公司的研究费用。

AZT 刚开始用于人体的试验非常令人难忘：19 个濒死的艾滋病患者中有 15 人病情有所好转，体重有所增加。下一步就是将药品扩展到数百人身上做试验。这时公司陷入了左右为难的严重处境。垂死的艾滋病患者吵嚷着要 AZT。然而通常的药物研究过程要求一半的患者服用无效对照剂——也就是不起作用的药，即安慰剂。鉴于 AZT 开始表现出来的希望，为挽救生命，人们对伯勒斯公司施加压力，要求其放弃采用安慰剂的做法。尽管艾滋病患者的积极活动者们指责该公司对人们的生命漠不关心，但1986年，伯勒斯公司仍强硬地坚持采用无效对照剂的试验。

AZT的临床实验极为成功。137个服安慰剂的病人中19人死亡，而在服用AZT的病人中，只有1人死亡。1987年3月，FDA（美国食品和药物管理局）批准该药品销售给病情严重的病人，使AZT成为有史以来最昂贵的药物之一。现在销售可以开始了，但关键的决策是价格应为多少。

公司的定价使AZT的使用者每年花费1万美元。公众害怕致命的传染病，因此伯勒斯公司这种看似“救星”的药品的定价遭到了广泛的谴责。这又一次激起公众对制药业价格欺骗的蔑视和愤怒。AZT的高昂价格在伯勒斯公司高层管理者看来似乎完全合理。就如他们在国会听证会上解释的那样，他们的理由是这样的：AZT起初的市场很小——严重患者不到5万人。直至1990年3月5日，FDA才批准AZT可以用于未出现症状的病毒携带者。公司仍不清楚大规模生产该药品的成本，但它估计要花数千万美元，来购买原料和成套设备。另外，公司完全相信AZT对市场的占有是短期的，因为其他制药公司已经在试制自己的治疗艾滋病的药品。由于AZT有严重的副作用，而且并不能真正治愈艾滋病，当然经不起竞争。

伯勒斯公司的定价决策不但是为了尽可能快、尽可能多地补偿其研究开发AZT和其他不成功药品的费用，而且是为了支持将来的研究开发计划。在AZT投入市场的前五年，伯勒斯已经在其研究方面花费了7.26亿美元，然而却一无所获。

这种解释难以平息人们对公司的批评。然而，公司领导们却拒绝公开公司的账目，解释其生产成本。

1987年12月，在国会听证会召开9个月后，伯勒斯公司将AZT的价格下调20%，并解释说生产成本下降了，但还是难以平息公众对它的批评。

伯勒斯公司的行为还给自己树了其他敌人。伯勒斯公司对与公司一起合作的政府及大学中的研究者给予的荣誉太少，其中一些人成为公司的强烈批评者。

1989年9月，伯勒斯公司又一次将AZT的价格下调20%，但研究者已经发现这种药品如果剂量减少一半，药效却可保持不变。到1992年，用这种药治疗艾滋病的费用降至每年3000美元。

尽管收入和利润有所增加，但伯勒斯公司低于24%的利润回报率在药品公司中居于末流，远在利润回报率为40%的默克（Merck）公司和60%的美国家庭用品公司之后。

*资料来源：[美] 罗伯特·F. 哈特利. 商业伦理 [M]. 胡敏等译. 北京：中信出版社，2000：213－216.

1. 为什么伯勒斯公司将药品价格下调后人们还是对其不满意？
2. 伯勒斯公司在药品定价过程中违反了哪些伦理道德原则？

3.1　企业经营为什么要讲伦理道德

3.1.1　人类道德发展的三个层次

伦理道德是以善恶评价的方式调整人与人、人与社会之间相互关系的准则和规范的综合，也包括与这些准则和规范相关的行为与活动。

已故的美国心理学家劳伦斯·科尔伯格（Lawrence Kohlberg）对道德发展的层次进行过广泛研究，认为在个人道德发展方面，遵循由低到高的发展序列，经历三个进化层次，每个层次都表征了个体社会道德视野的基本转变。每一个层次均包括两个阶段。

第一层次：也称前传统层次（preconventional level）。这个层次是说婴儿刚开始长大时，他们会经历一个还没有道德的阶段，在他们道德发展的第一层次的第一阶段，他们对惩罚反应比较敏感，因为当他们在房间的墙上乱涂乱画时就会受到父母的责骂或惩罚。他们尽量避免在墙上乱画是因为知道在墙上画画这种行为和挨骂、受罚是相关联的。在这一层次的第二阶段，他们则希望得到奖励，寻求父母的表扬，这样他们会获得最大的愉悦。这种惩罚和奖励带来的反应让孩子明白某种行为是不受欢迎的，而另一种行为是获得允许的，孩子们因此学会什么该做，什么不该做。但他们并不是因为某种行为是正确的才遵守规则，他们对道德的含义还没有一个成熟的想法。

第二层次：也称传统层次（conventional level）。这个层次的道德是传统的角色遵守的道德。他将第二层次的第一阶段称为“好孩子道德”，在这个阶段，人们按照父母或者同伴的期望行事，遵守家庭、学校或者教堂教给人们的准则。这个层次人们的行为动机比第一层次微妙——开始明白什么是道德标准、道德准则，了解好孩子应该有怎样的行为。在第二阶段，这种角色遵守发展成为对社会法律的服从，劳伦斯·科尔伯格称之为“法律和秩序”阶段。在这个阶段，个人被社会同化，知道作为一个好公民应该怎样做，也根据其在社会中的角色，遵循该角色涉及的各种传统规则行为和生活。

第三层次：也称后传统层次（postconventional level）。这个层次的道德原则是自我接受的，即我们接受某些道德原理并非因为社会认为它们是正确的、可以接受的，而是因为我们知道它们哪里正确以及为什么正确。第三层次的第一阶段是合约与个人权利阶段，我们谈论和理解的道德都是建立在个人权利以及成年人达成共识、形成协议的基础之上的。在第三层次的第二阶段或最高阶段，我们对指导我们行动的道德准则是可以给出合理解释的，道德的行为者是了解了某个道德准则才去遵从它，不是因为希望得到奖励或害怕被惩罚，也不是因为听从别人的观点，道德准则是被他们主动接受的，而不是别人从外部强加给他们的。

在科尔伯格的道德发展认知阶段理论中，道德最显著的特点是人的分析能力。道德建立在人的分析能力的基础之上，理性成为道德的核心。现实生活中，我们常常听人这样讲，“这个人不讲道德”、“这样做不应该”，显然这是在做道德评价，我们每个人都在做着诸如此类的道德评价。然而，在评价同一种行为是否道德时，不同的人把该行为和他们的标准观念进行对比后，可能会得出不同的结论。那么，试问一下“你的评价依据是什么?”答案恐怕是形形色色的。因为，与伦理密切相关的价值观，以及个人情感、个性特点、自我意识、道德体验等其他道德因素，都在影响着对道德的判断。尽管如此，在经过理性的自我分析和内省后，最终会提供给我们有用的道德推理和道德判断。我们或许还可以从科尔伯格那里推导出“为什么要做道德的事”。

3.1.2 企业经营需要讲伦理道德的原因

企业经营活动中的绝大多数评判是基于一些公认的伦理原则或规范，如诚信、公平、公正等。既然如此，我们为什么还需要伦理学理论？主要有以下三方面原因：

第一，在很多情况下，一般伦理规范是有用的并且是可应用的，然而也存在一些无能为力的情况。对于包含几种伦理规范、几种来源的标准发生冲突的情境，对于某些行为所遵循的伦理规范可能会导致不道德的情形，对于新出现的现象、行为，我们应当如何作出评价和选择呢？伦理学理论指导我们：“在这种情况下，我应该怎么办”。伦理学理论对行为对与错的判断理由加以解释，为具体的、有争议的道德问题的解决提供依据，对那些确实想进行最佳伦理决策的人提供伦理判断的指南。

第二，对于一些常常需要做出道德评价的人来说，掌握道德推理的一些理论原则有助于了解我们自己的行为以及我们周围人的行为，还有那些我们要管理的人的行为。管理者在聘用、奖励或处罚员工时，其行为的公正性可能会受到质疑，在这种情况下，简单地以“我们认为这样做很公平”作为理由显然是不够充分的，因此，有必要列举出种种具有说服力的理由和观点为自身行为进行辩护，而这就是道德推理的过程。建立在道德判断基础上的伦理决策，在企业内部营造一种伦理环境和伦理文化，对企业的名誉和企业在社会的成功会带来积极的影响，对全社会的伦理文化氛围也会产生重要意义。

第三，伦理道德作为一种社会意识形态，是在人类社会的一定生产方式或经济关系的基础上产生的，并受物质生活条件特别是社会经济关系的决定和制约，并且随着社会生产关系的变革而发生变化。伦理学以社会道德现象作为研究对象，致力于对传统道德合理性的探讨，并要在社会实践的发展过程中，反映一定时代的要求，解决社会生活提出的新的道德课题。从这个意义上讲，伦理学理论体现出了其批判性和时代性的特征。借助于伦理学理论，我们可以解释为什么一些内容应当被接受，而其他一些内容要做必要的修正或摒弃。

总之，伦理道德原则无论是对个人还是对社会都具有普遍的现实意义。人有自然的欲求，需要考虑个人的利益和幸福的问题；同时人是社会中的人，在社会这个大的框架中，个人与社会密切联系。所以，个人在满足自身的各种愿望的同时，如何处理与他人利益的协调问题、与他人正当权益的尊重问题，在当今社会显得尤为重要。我们的社会又是由各种各样的利益相关者组成，在企业和社会的关系中，许多与社会和伦理有关的一般问题一直存在。所以，在企业生产和经营管理中，管理者必须更多地从利益相关者视角，把传统意义的经济考虑与伦理道德上的考虑结合起来，除了“做什么”，还有“怎样做”和“不能做什么”。

3.2 伦理道德原则和理论

伦理学主要探讨决定正确行为的基本原则问题，并且追问决定正确行为的基本原则的基础。一种道德判断是否成立，取决于道德推理的合理性和有效性。

对行为的道德评价理论，归纳起来有两大流派，即目的论或结果论和义务论或非结果论。

目的论主张以行为所造成的结果作为评价行为对和错的标准。义务论则主张以义务作为评价道德的依据，认为义务独立于行为结果而存在。一般来说，我们可以按照“价值的所在地”来区分。目的论认为价值的所在地是行动的后果或结果；义务论认为价值的所在地是行为或者行为类型。在目的论的体系中，一个行动的道德正确性标准，在于通过行动来产生的某个非道德的价值；在义务论的体系中，履行或者抑制一个行动本身就具有内在的价值，也就是说不依赖于它所产生的结果而具有价值。例如，一个目的论者将按照撒谎所导致的后果来判断撒谎是否是道德的，而一个义务论者则认为，不管撒谎会导致什么样的后果，这种行为本身就是错误的。

下面从功利主义、权利论、公正论、关怀论和美德论五个方面来讨论道德评价理论和伦理道德的问题分析方法。

3.2.1 功利主义

功利主义在目的论的道德理论中，影响最大、发展也最为系统。由边沁开创的功利主义体系，一直对哲学家们充满了吸引力，也一直生存于批评与辩护之中。密尔、西季威克等人就是在与功利主义的批评者论战中发展了功利主义，使其成为一套以伦理学为基础包括法理学、政治学、经济学、教育学、逻辑学等在内的完整的学说体系。

在中国思想史中，墨家是中国古代最大的功利主义学派。墨家把“仁义”具体化为“兼相爱，交相利”的道德原则，认为“天下莫贵于义”。“义”就是“利天下”、“利他人”，“不义”就是“亏人自利”、“害天下”。一切行为或善或恶的道德价值，就在于行为本身对于他人和天下所产生是利还是害的功效。墨家还把“利”贯彻到忠孝等各个方面。所谓“忠”，就是不利子、不顾家，利乎天下。所谓“孝”就是要“利亲”、侍父母。还提出了“利之中取大，害之中取小”的原则。中国古代功利主义是沿“义利之辩”这条理论线生长、延续、扩展的。中国古代的功利主义不像西方传统功利主义那样系统化，未形成完整的理论体系。其中一个重要原因是，中国古代功利主义的理论生长点是“义利之辩”，理论视角较狭隘。

3.2.1.1 功利主义原则

功利主义原则是：最大多数人的最大幸福原则。

功利主义在个体层面以最大幸福（快乐、利益或功用）作为最高价值原则，在社会层面以最大多数人的最大幸福（快乐、利益或功用）作为最高道德原则。所以，功利主义既被看做是一种个人伦理学说，也被看做是一种社会正义理论。最大多数人的最大幸福原则构成了功利主义的目标要素；平等地对待和尊重受该行为影响的所有人（包括行为人）的利益、幸福，构成了功利主义的形式要素；个人利益与公共利益和谐一致是功利主义理论提出的预设前提。

功利主义坚持人性论，认为趋乐避苦是人的本性，快乐是人的最终目的，人类应当是追求快乐的。那么快乐是自我快乐还是他人快乐，或者是共同体的快乐？“最大多数人的最大幸福”的命题，注解了幸福不仅仅限于个人的幸福，而是全体利益相关者的幸福。行为者在他自己的幸福与他人的幸福之间，应当像一个公正无私的仁慈的旁观者那样，做到严格的不偏不倚。所以说功利主义具有普遍的快乐主义内涵。

追求最大多数人的最大幸福必然涉及对于快乐或幸福的计算。功利主义认为各种各样的快乐之间存在量的区别，因而是可以衡量的。为了更精确地计算快乐和痛苦，给出了可能影响快乐和痛苦的七种影响因子：①强度，即行为所带来的快乐感觉的强烈程度；②持续时间；③确定性或者不确定性；④邻近或偏远的，即快乐是眼前可以获得的还是将来才能得到的；⑤丰度，即一种快乐或痛苦中能否随之产生另外的快乐或痛苦；⑥纯度，即一种快乐会带来相反的痛苦的可能性多大，或者相反；⑦广度，即快乐所影响到的人数的多少。这七种因子中强度和持续时间是最重要的。在快乐和幸福的计算过程中，要遵守一个准则，即边沁的著名格言："每个人只能作为一个，没有人可以作为两个或更多。"它意味着在衡量多个人或者社会整体幸福的时候，应当将每一个个体的快乐和幸福都看做具有相等的分量。快乐不仅有量的区别，也有质的区别，精神的快乐高于感官的快乐。

功利主义原则的"最大幸福"并不是说不考虑痛苦。如果几个行为都既有快乐又有痛苦，那就选择快乐最大的那个行为；如果几个行为都只有痛苦没有快乐，而且没有别的选择，那就选痛苦最小的那个行为。功利主义原则所说的快乐或痛苦不仅仅指行为产生的直接的、眼前的快乐或痛苦，也包括间接的、长远的快乐或痛苦。在特定情形中所有可供选择的行为中产生效用最大的行为才是道德的行为。

功利主义属于结果主义的范畴，因为功利主义者认为只在当一个人的行为是趋向于增加利益相关者的幸福时，它才是合乎功利原则的，才是道德上正当的行为。而判断其行为是否趋向于增加利益相关者的幸福，不是看行为的动机，而是从其结果上来判断的。功利主义者承认我们常常不能确切地知道行为的未来结果，因此，我们必须尽量使期望的利益最大化。一个行为是否能产生最大利益，这需要和其他的行为相比较才能得出答案。有时我们只要比较两种正反的行为即可。

功利主义的吸引力是它迫使我们考虑大众的利益，还迫使我们考虑利益相关者，在我们的决策中，什么能够产生最大程度的善？功利主义在思想方法上为决策提供了一种自由的范围，在这个范围当中，它不以具体行为本身的善恶为考量，而是使功用最大化来适应复杂环境。

3.2.1.2　对功利主义的批评

在功利主义所遭受的批评中，有两项是大家共同认识到的，一是，最大化原则的实行可能会导致一些违背基本道德原则的行为发生；二是，功利主义所主张的快乐、幸福或者福利等计算和比较方面遭遇到理论上和实际上的困难。

对功利计算的困难，主要有两个原因：一是人的理性能力的有限性及社会生活的复杂性；二是快乐自身的不可通约性。在功利主义的体系中存在着两个判断过程：根据行动的后果来判断这一行为的正当性和行动者对于自身行为结果的预判。换言之，最大多数人的最大幸福原则是以这样一种预设为前提的，即任何一项行动所具有的所有特定且具体的结果都是能够为行动者本人所知晓的，而这种关于人是全知全能的预设在现实生活中是不可能实现的。不可通约性的含义是：各种不同善之间的价值是无法权衡也是无法比较的。功利主义在社会层面以最大多数人的最大功利作为衡量道德的最高原则，这就要求人们在履行道德行为时要将行为所涉及的一切相关者的功利都考虑在内，对不同人之间的功利进行度量和比较。但是，功利原则遭遇到实践上的困难，很明显难以用可比较单位来衡量不同人的功利大小，更难以对之进行汇合加总以计算功利的最大值。批评者还指出，所有的伦理生活都服从于功利的计算，会导致人类伦理生活所包含的某些最深层的冲突失去意义，使得伦理生活贫困化。由于善的不可通约性，试图对人类幸福的内容作出一致性的阐述，追求一种道德生活的一致性理想，也是不可能的。

这是功利主义所遭遇的最深刻的批判之一。的确，无论是理性能力的有限性还是快乐和善的不可通约性都说出了一个正确的事实。但是，功利主义者认为它们并不足以完全颠覆功利主义理论。功利的计算并非在任何情况下都是不可能的，功利的计算一定是有限的，而不是无限的，不能因为功利计算不可能无限准确，而认为功利的计算完全没有必要。尽管一个人不可能会完全明了其行为的后果，但是根据生活的常识和他的理性还是能够得出一个基本的判断，除非其行为并不是日常生活中人们的实践。快乐和善的不可通约性也并非绝对，某种特定语境下不同善的价值是可以进行比较的。即使财富和友谊（或爱情）人们无法衡量其中的高下之分，但是对于财富与贫困还是能够得出哪一个是更为人们所赞赏的。其实我们每个人每时每刻都在进行功利的计算，把眼前的利益与未来的利益做权衡，将一种价值和另一种价值进行对比。

功利主义另外一个重大难题，即它的最大化原则的正义性问题。对功利主义的批判中，持力最甚的就是权利论者基于权利对功利主义的批判。他们认为：功利主义只考虑行为结果而不考虑行为本身，如果完全按照功利主义原则行事，可能导致超过任何一个有良知的人所能容忍的欺骗、说谎等违背基本道德原则的行为；功利主义关心的是利益的总和，而不考虑利益怎么分配，这就可能产生不公正的结果；功利主义强调最大多数人的最大幸福势必会侵害到个人权利，尤其是在人权话语如此强势的今天。

功利主义者承认这一点，为了最终实现普遍功利的目的，个人可能作出某种牺牲，但是，无须将这一点夸大成为容忍个人权利的侵害。在功利主义中，这一点被称为行善原则。行善原则的要求是当我们只冒着最小的风险或最小的不利而能如此做时，应当直接帮助别人，增进他们的重大的合法的利益。行善原则绝非意味着将自身的利益置于不顾，而去为了他人的利益而行动。也就是说，它绝非是要求一个不会游泳的人冒着自己的生命危险去拯救一个落水的儿童。功利主义的"每个人只能算作一个，而不能作为更多"，它意味着在人与人之间或每个人的价值之间一视同仁，这是功利主义的平等箴言。功利主义者认为正确的行为是被道德准则所允许的，而这种道德准则对行为者所处的社会来说是最优的。

因此，功利主义在个人权利的保护等方面是存在缺陷的，即使是功利主义阵营内部之间对于以快乐作为道德判断的基础也是有争论的。功利主义在后来的发展中，规则功利主义、偏好功利主义、理想功利主义等不同派别的出现，正是试图弥补功利主义某项缺陷努力的结果。规则功利主义不提倡猜测未来可能性会发生什么，因为人类历史已经提供了大量资料。从人类经验中我们不难理解为什么人们总是遵从一些普遍的道德规则。

3.2.1.3　功利主义分析步骤

功利主义分析包括以下几个步骤：

第一步，首先明确要分析的具体行为是什么。既然要进行道德性的分析，就意味着这个行为的道德性未知，或者仍存有异议。行为一旦明晰，最好用中性的语言加以描述。例如，与"谋杀一人"相比，"杀死一人"就是相对中性的描述，因为"谋杀"本身就表明了行为有非正义的特征。

第二步，必须确定受该行为影响的所有人群。任何行为的产生都有其社会环境，企业伦理学最关注的也正是发生于社会环境中的行为。

第三步，认真而又客观地列举所有受影响者得到的利益和受到的损害。首先关注问题的主要方面和显著后果，而无需立刻细化到每一个人得到的"益"或"损"。比如哪些是最关键的因素？是否存在某些特别重要的后果，以至于我们无需对其余的结果一一进行具体分析？如果存在相当严重的后果，以至于已经可以作出评判，就不必对所有后果逐一分析了。

道德计量无法做到数学计算那样精确。相对权重、益损相加或对比都只能得到相对粗略的准确值。我们只能尽可能地接近准确，并且使之尽可能地明确。当确定了某个行为对其主要影响者产生的所有损益结果后，就可以将这些结果进行比较。如果益或损占了绝对优势，那么就没有必要继续进行计量。如果益损结果接近，我们就要对间接产生的影响进行合理的细化并继续计量损益。将所有的益损相加并以所有的影响者和所有的结果进行分析之后，就可以得到该行为是否合乎道德的结论。如果结果损大于益，那么一般来说是违背道德的行为；如果益大于损，一般来说就是合乎道德的行为。

如果选择不是非此即彼，就必须对各个选择逐一进行评估。利益产出最大的行为即为最优的行为。

3.2.2 权利论

权利不仅是一个法律概念，更是一种文化现象。权利与人和人类社会共生共长，权利的内容随着社会的发展在逐渐拓展。在当今世界，恐怕只有一个词语最能够表达人们的普遍心声、社会理想和法哲学，那就是人权。在任何情况下，权利都只是对生存方式和生存条件的基础性、一般性要求，而不是对特权的要求。

权利，首先是一种道德权利。道德的本质在于关心或顾及他人的利益。“一个人有责任不仅为自己本人，而且为每一个履行自己义务的人要求人权和公民权。”道德权利是作为道德主体的人依据一定的道德原则、道德理想而享有的能使其利益得到维护的地位、自由和要求，必要时借助于一定的道德评价形式（如社会舆论）协助实行一定的道德权益。其次是一种法律权利。法律权利的产生是道德权利保障需要的产物，是由国家强制力所保障的权利，是法律关系主体依法律规则享有的某种权能或利益。法律权利的真正作用、真正目的指向是对权利主体以外的他人的行为禁止、约束。

3.2.2.1 道德权利的特点

道德权利主要有以下几个特点：

第一，道德权利与义务紧密联系。权利和义务总是相对应的，没有不享受权利的义务，也没有不承担义务的权利。一个人的道德权利意味着其他人的道德义务，这种义务可以是不干涉的义务，也可以是采取积极行动的义务。如小孩有受教育的权利，家长有义务让小孩接受教育。道德义务不一定针对某个人，有时是针对整个社会。如一个人有工作的权利，但不是说这个人所在的单位有道德义务给他工作岗位，而是说社会中所有成员，通过公共机构，有义务给工人提供工作岗位。当个人无法以自己的力量维持生存的时候，政府或他人在必要及可能的情况下必须承担向其提供生存必需品的义务。然而，在请示政府提供帮助之前，个人还有尽自己最大的可谋求生计的义务。只有当自己无能为力的时候，他人才有义务给我们提供帮助。由此可见，每个人都既是道德权利的主体，又是道德义务的主体，是权利和义务的统一体，这种统一只有通过道德规范体系这个中介才能达到。道德权利与义务的紧密联系是道德崇高性的体现，是和谐社会不可或缺的道义力量。

第二，道德权利赋予个人自主、平等地追求自身利益的权利。道德权利具有主体性和自律性，承认一个人的道德权利，就是承认在权利允许范围内，我的意志不能强加给他，他的利益并不从属于我。也就是说，在一定范围内，我们是自主平等的关系。人作为平等和独立的道德主体，有着自身的人格和尊严，应当受到社会以及社会中的其他成员的尊重。

第三，道德权利是证明一个人行为正当性及保护或帮助他人的基础。道德权利主要规定一个人能做、拥有、享受什么，这对行为主体的利益来说是有重要意义的。如果我有道德权利做某件事，那么我做那件事在道德上是正当的，他人干涉我做这件事是不正当的。相反，我有道德权利不做某件事，那么他人阻止我不做那件事才是正当的，或者他人有义务帮助我行使我的权利。道德权利实际上是人们正确对待他人的具体方式。道德权利的重要作用在于它具有一种强大的道德力量。

3.2.2.2　道德权利的基础

在功利主义中，权利相对于功利是处在次要的服从的地位，而在道德权利理论中，权利却是处于核心的基础地位。权利论的道德原则是：当行为人有道德权利从事某一行为，或从事某一行为没有侵害他人的道德权利，或从事某一行为增进了他人的道德权利时，则该行为是道德的。在我们的社会中，安全利益是不管什么人都必须需要的，防止他人侵犯的安全，以及人们追求其个人福利的自由不被干涉的安全。我们之所以将某些要求规定为权利，是为了体现其重要性。例如，承认人类的生命权就排除了为获得利益而杀人的可能。同样，如果承认平等权，就不可能说因为歧视带来的益大于弊，因此歧视是符合道德的行为。我们拥有权利而他人有义务不得侵犯这些权利的思想，是我们存在根基的安全保障。对于安全的这种需求，正义法则在一个特别的层面尊重和遵守它。

（1）康德的绝对命令。

关于人的道德权利的基础，德国哲学家康德的观点是最重要和最有影响力的解释之一。

根据康德的观点，有道德的人即是理性的人，如果我们选择了理性，我们同时也就选择了道德。陈述理由、提出疑问或者被理由说服等都是理性的行为，是建立在理性存在的基础之上的。由于道德规范存在于理性行为之中，当我们的行为符合道德规范时，我们就是自觉地选择了以理性的方式行事。

道德法则是一种法则，因而它是命令式的，这种指令是无条件的，因为这是一种理性的命令，所以人人都必须按照指令行事。人们不能根据自己的目标选择遵循或者不遵循道德法则。无论人们拥有怎样的目标，都必须受到道德禁令的约束。道德法则具有无条件的约束力，康德称其为绝对命令。

康德的绝对命令主要有三个公式：

第一个公式是："要只按照你同时认为也能成为普遍规律的准则行事。"康德指出，指导行为的准则必须普遍化，也就是说该行为准则不能仅仅被自己接受，也要被其他人接受，被其他人所接受的行为准则才能成为普遍的道德法则。在我们为了满足自己的爱好而行动之前，先要检验一下指导这种行为的准则能不能获得人们的普遍同意，而不是随着个人的偏好行事。符合道德规范的行为，其结果不仅是对自己有益，还应对类似情形下的所有人都有益。康德强调了道德法则的普遍性，实际上是对他人权利的尊重。取得别人的赞同，实际上就是对别人的尊重，就是对别人权利的一种强调。假设因为不喜欢某一雇员的肤色，我正在考虑是否解雇他。根据康德的原则，我必须先问问自己，我是否愿意一个雇主在任何时候仅仅因为不喜欢某个雇员的肤色而解雇他。特别是，我必须问问自己，假如雇主不喜欢我的肤色，我是否愿意被解雇。如果我不希望每个雇主都这么做，那么，我这样对待他人是不道德的。因此，一个人从事行为的理由必须是可逆的，即一个人必须愿意其他所有人也用这样的理由，这是对平等权的强调。因此，第一条绝对命令包含两个规则：普遍性：一个人的行为理由必须能够成为每个人的行为理由；可逆性：一个人的行为理由必须是他愿意其他人也遵循这样的理由反过来对待他。

第二个公式是："每个有理性的东西都须服从这样的规律，不论是谁在任何时候都不应把自己和他人仅仅当做工具，而应该永远看做自身就是目的。"怎样才能做到既把人当做手段又把人当做目的呢？当我们在使用、利用别人的时候，也就是当我们将别人当做手段的时候，一定要征得对方的同意，一旦征得了别人的赞同，这就是将自己的目的同时也转化成了别人的目的。在我们征求别人的意见时，别人就会认真考虑行为的性质、后果，一旦他接受了这样的行为，也就是将这个行为当做自己的目的了。把人应该同时看成是目的，并不意味着不能让员工从事艰苦的甚至是危险的工作。如果这位员工事先知道该工作的性质和内容，且自愿承担该工作，那么让员工从事艰苦的甚至是危险的工作是完全可以的。但是，如果事先并不告之员工危险，或者员工不是自愿地从事这种工作，则是不道德的。康德强调的仍是对人及其权利的尊重，人与人之间的平等。每个人拥有同样的尊严，因而不应该被操控、欺骗、强迫和利用，也就是说，不能把人当做不会进行自由选择的物一样来对待。

第三个公式是："每个有理性的东西，在任何时候，都要把自己看做一个由于意志自由而可能的目的王国中的立法者。他既作为成员存在，又作为首脑而存在。”康德的目的王国是一个由普遍规则约束起来的、不同的有理性的东西体系。这个公式强调了人不仅是目的王国的成员，而且是目的王国的首脑。作为成员而言，我们要遵守目的王国的规则，作为目的王国的首脑来说，我们能够自己为自己立法，因此体现了人的自由、独立、不受他人干涉的权利。康德一直在呼唤人的主体意识的觉醒，呼吁人们自己要敢于运用自己的理性，要自觉意识到自己就是自己的主人。他呼吁人要有公开使用自己理性的自由，并要有勇气使用自己的理性。一个人不能拒绝缴纳规定于他的税额，但是他可以公开发表自己的见解，抗议这种课税的不适宜与不正当；一个员工要遵守他所在公司的规范，但是他也有自由对公司的管理进行评论，或提出意见。我们每个人自身有识别对和错的能力，这种能力就驻扎在我们的理性之中。

总之，在康德所阐述的体现善良意志的绝对命令中，其判断善恶所依据的价值基础是权利，这种权利是以自由权为核心，同时也体现了平等权和独立权。康德的观点和孔子的“己所不欲，勿施于人”的思想有异曲同工之处。

（2）对康德绝对命令的批评。

如功利主义遭受到权利论的批判，权利论同样受到功利主义的批评，是功利至上还是权利至上，人们往往把功利论和权利论对立起来。

功利主义批评康德的纯粹理性太过主观。康德虽然极力反对将道德判断的根据奠定在功利的基础之上，但是他所谓的规则的普遍性其实就是要取得人们的普遍同意，而人们的同意实际上就是以功利为基础的。一个行为的效果通常不可能与行为自身的性质相分离。

康德的道德理论有时无法解决道德规则的相互冲突问题。人与人之间发生权利冲突时，由谁裁决，依据是什么，依据的合理性标准又是什么，每个人的权利如何才能得到保证和实现，权利理论难以回答这些问题。权利作为一种道德原则，往往制约着利益要求。康德的人是自己的主人的思想，“人是目的”的命题，也受到质疑。

没有任何一种权利理论可以一劳永逸地解决所有的权利问题，即使是一种具有完美的逻辑体系的权利理论，也不可能在长的历史时段和宽的地理区段中使所有的权利问题都能够获得完全正确的解决。在面对一些道德规则的冲突时，只要我们从尊重权利的基础出发，就有可能得到解决。比如撒谎是不对的，因为它违背了别人的知情权，但是如果撒谎是出于保护他人的生命，那么，撒谎就可以是允许的，至少说是能够得到原谅的，因为生命权大于知情权。所以，如何既能充分尊重人，强调人的主体性，又能注意现实生活中的复杂性，这是摆在我们面前的一个重要课题。

3.2.2.3 权利论分析步骤

在当今社会的权利革命中，个人和群体所主张的权利越来越多，面对人们主张的各种权利，哪些道德权利应该受到保护？应该受到多大程度的保护？哪一个权利比其他权利更重要？决策者会发现，在个人利益和公众利益之间进行协调变得越来越困难了。以下的权利分析步骤提供参考。

第一步，你有这样做的道德权利吗？从可逆性、普遍性、尊重与自愿同意三个方面考虑。

第二步，利益相关者有哪些道德权利？从利益相关者利益的角度来考虑。

第三步，你的道德权利和利益相关者的道德权利之间存在冲突吗？如果有冲突，则需要明确谁的权利更为重要。例如，冲突的权利各自保护了什么利益？哪一种利益更重要？优先考虑保护更重要利益的权利。

第四步，找出处于主导地位的权利后，考虑该权利是否会受到其他因素的制约和支配。如果是，则对这些因素进行分析；如果不是，则用该权利解决问题。

3.2.3 公正论

亚里士多德说："在各种德性中，人们认为公正是最重要的。"公正是实现道德目的的最重要最有效的原则，因而具有最重要的道德价值，是最重要的道德原则。就道德价值的高低来说，公正远远低于仁爱和宽恕，但就道德价值的大小轻重来说，却远远大于、重于仁爱和宽恕，也远远大于、重于其他一切道德。因为要达到道德目的，从而保障社会和利益共同体的存在发展、最终增进每个人利益，必须一方面避免人们相互间的伤害；另一方面则必须使每个人努力增进社会和他人利益。

公正原则涉及公平对待每一个人，然而，对每一个人来说，如何决定什么是公正的呢？公正最基本的概念就是每个人都应获得其应有的权益。"等利害交换"是衡量一切行为是否公正的公正总原则。等利交换和等害交换是公正的两大类型，然而，不等利（害）交换的行为与不公正的行为却不是同一概念。因为不等利（害）交换行为并不都是恶的。比如："无偿给予"和"得小利而报答以大利的不等利交换"，是道德的、应该的、善的，是仁爱；"以德报怨"符合道德目的，因而也是道德的、应该的、善的，是所谓的宽恕。遭受小害而报复以大害的不等害交换，不符合道德目的，也是不道德的、不应该的、恶的。

在不同的历史阶段，人们对于公正有着不同的理解，而且，随着历史进程的推进，公正的含义也在逐渐地丰富并与人的"本性"越来越接近。平等、自由、社会合作等现代社会的基本理念，构成了现代意义上公正的理念依据，而这又是由现代化的历史进程和市场经济的实际状况予以推动的。有关公正的基本内容包括交易公正、程序公正、分配公正、惩罚公正、补偿公正五个方面，下面逐一进行讨论。

3.2.3.1 交易公正

交易是人类社会最基本的实践活动，交易活动的发生，有赖于社会的分工以及由此产生的人们之间的彼此依赖，而人们彼此之间的交易行为有利于满足人们的需求目的和互利要求。当某一个体与另一个体达成交易协议时，就产生了契约权利和义务。而且只有在具体的个体之间产生特定的交易关系，才出现契约权利。契约权利和义务取决于公众接受的指导交易的一套规范。如果没有契约的社会规范，任何一方都不愿意相信另一方的口头承诺，交易就不会发生。契约规范是保证个体信守诺言的一种途径，使得企业活动得以开展。

在商业活动中，交易公正至关重要。商品的售价必须与其价值一致，价格虚高是对消费者的欺骗，属于不公正行为。在人们彼此合作中，每个人都是合理的功利最大化的追求者，但是，单纯基于个人的功利最大化追求的倾向并不会导致总的、合理的功利最大化的结果。因此，应该对个人功利最大化追求的倾向进行一种合理的道德约束，以达到一种使每个人的功利最大化的要求都能得到保障的互惠的结果。交易公正成为处理、调节利益主体之间关系的“应当”之理。在交易活动中，交易公正是对主体的交易行为、交易过程、交易内容等所进行的公正与否的价值评判和追问。

交易公正的价值规范：①交易主体的正当性；②交易内容的合理性；③交易比例的等价性；④交易程序的规范性。

理查德·T. 德·乔治指出，一项公平的交易应该具有三个特征：第一，交易信息对交易双方充分透明；第二，交易双方出于完全自愿的目的进行交易；第三，交易双方均可从交易中获取利益。

3.2.3.2 程序公正

程序的目的是管理和决定的非人情化，以期限制恣意，保护个人的基本权利。程序公正是一种行为过程的公正，关注做出决定过程的独立价值和道德意义。程序公正不仅要研究个体的道德决策问题，更重要的是要研究集体的道德决策问题。程序公正对于确保社会公正理念最大限度地实现，对于社会的安全运行和健康发展有着不可替代的作用。

程序公正对人们的信任感、责任感等较高层次的态度有正面影响。许多企业管理学家认为：对企业责任感较强的员工更可能认同企业的目标，更可能尽力实现企业的目标。程序公正性引起的信任感会影响员工合作自觉性。员工相互信任，才会相信同事的意图和行动，增强员工的合作精神。

程序公正的原则：①自主原则；②中立原则；③平等原则；④理性原则。

程序公正的基本特征：①普惠性；②公平对待；③多方参与；④公开性；⑤科学性。

3.2.3.3 分配公正

当不同的人对社会利益和负担有不同的要求，且这些要求无法同时满足时，就出现了怎样分配才公正的问题。什么是分配公正呢？在人类社会发展史上，从来不存在也不可能存在最终的、绝对的、永恒的分配公正。作为一个历史范畴，分配公正在不同的社会制度下具有不同含义和性质。即使是同一社会制度下的不同历史阶段，也有不同的内容和特点。

美国哲学家约翰·罗尔斯认为，“所有的社会基本善——自由和机会、收入和财富及自尊的基础——都应被平等地分配，除非对一些或所有社会基本善的一种不平等分配有利于最不利者。”为了具体解释上述基本准则，罗尔斯提出了分配公正的两条具体原则，他认为，当人们戴着“无知的面纱”的时候，往往会对两个原则达成一致看法。第一条原则：每个人都平等地拥有广泛和基本的自由权利，且这些权利不会与他人类似的权利产生冲突；第二条原则：社会和经济的不平等必须能产生以下结果：①可以合理地期望这种不平等对大家都有好处；②这种不平等存在于所有人都可以争取的职位或办公场所。

第一条原则保证了每个人的自由权利是均等的，人人都得到平等对待。因此，第一条原则符合道德法则的要求。第二条原则比较有争议，主要是在第一点上存在相反的观点，持“严格”观点的人认为，正因为人人机会均等，当有些人通过自身的技能、劳动、智慧或者风险行为获得利益时，我们就不能将其视作不公平的现象。持“宽松”观点的人认为，因为这会造成悬殊的贫富差距，只要穷人的生活能有一丁点儿改善，富人的财富无论如何增长都不为过，所以不公平是显而易见的。下面介绍几种常见的分配形式：

（1）平均分配。

最早产生的公正理论是平均主义，它是一种颇具道德感召力的公正理论，产生了广泛而深远的影响。平均主义是在社会物质财富极端贫乏情况下的自然选择，体现了人类试图通过实现分配结果的完全均等实现人类绝对平等的理念。实践中，西方文明最早盛行平均主义的是古希腊的斯巴达。在中国则最早体现在孟子提出的著名的“均无贫，和无寡，安无倾”、“不患寡而患不均，不患贫而患不安”的思想上。

平均主义者主张，人与人之间没有什么差异可以使得不平等的对待合理化，社会或群体的利益和负担应该在每个人之间平均地分配。

平均主义强化了“人人都是平等的”观念，被许多人视为理想社会。这种道德理想主义意在把人类社会建筑在平均法则的正义之上，以此消弭事实上存在的不公平，这对于今天和谐社会的建设具有重要的意义。然而，平均主义也存在着缺陷：第一，人与人之间的能力、智力、品德、需要、欲望等千差万别，人与人之间并不相同；第二，结果完全均等的平均主义分配忽视人的能力差别、效率差别、贡献差别，客观上纵容了懒惰、平庸，以结果平均损害了实质上的平等。

针对一些人的批评，平均主义者提出，每个人有权获得最低生活保障，在最低生活保障实现前，收入和财富应该在社会成员间平均分配，超过部分可以根据需要、努力等进行有差别的分配。这一思想在当代企业薪酬制度设计中也有运用，如最低工资标准规定、基本工资制度和福利制度等，都体现了这一平均分配的公正理念。

平均主义原则不仅应用于社会，而且还应用于较小的群体或组织。一些强调团结和合作的群体中，每个人的工作报酬相同。有一种观点认为，当一个群体中的工人获得相同报酬时，他们相互之间倾向于更加团结、更加乐意合作。

（2）按贡献分配。

一般而言，按贡献分配是指按照人们对社会做出贡献的大小进行分配，贡献大获得的收益就多，贡献小获得的收益就少。

所谓贡献，是指一个人通过努力增加了个人、群体或社会所享有的功利总量。一般情况下，每个平等个人利益的增加也意味着群体利益和社会利益的增加。如果一个人的行为是自利的并与他人功利大小毫无关系，既不增加也不减损，那么，此人的行为也可以被认为适用于贡献原则，这当然只是对自己状况改善的贡献。也就是说，一个人的财富和收入增加的正义性，仅在于他的行为有助于社会整体状况的改善，据此获得分配才是正义的。如果收入差异不能带来其他成员的利益增加，甚至会降低其他企业成员的收入和工作积极性，那么，这种分配的不平等就不能被认可。

关于按贡献分配和按劳分配的关系，二者看似不同，实则一致。一方面，按贡献分配中的“贡献”应当是“劳动”的贡献，那种根本不付出任何劳动，完全依靠对生产资料的私人占有而获得财富的方式是不应得到认同的。另一方面，按劳分配中的“劳”也主要是指劳动的“贡献”即为市场所承认的“结果”，而不是纯粹的劳动投入量或努力程度。那种单纯根据劳动量多少而不考虑其对社会需要的效用的分配要求在市场体制中也是得不到认同的。

按贡献分配被看做是效率原则也是正义原则。从理论上看，按贡献分配似乎能实现效率与公平的结合，付出与获得之间的对称性，体现了“应得”的正义理念。但如何计量贡献的大小以及如何衡量一个人的贡献的价值，在实践中会遇到许多实际困难。按贡献分配关注的是行为的结果而非动机的道德性。按贡献分配，成员间的合作程度会下降，甚至会形成竞争。

在效率和公平的关系中，效率的提高永无止境。马克思认为，人的需要就是人的本性。马克思对人性的这一规定即是效率和公平问题的理论原点。以是否有利于人性的实现即人的各种需要的满足作为最终判据，必须在现实的社会经济活动中寻求实现效率和公平二者基本平衡的一个个不同结合点。公平是效率合法、持久的基础，是实现效率的根本方式。

(3) 按需要和能力分配。

按需要和能力分配的原则是：应该根据人的能力分配负担，根据人的需要分配利益。充分发挥人的潜力是有价值的，因此，应该按照一个人能尽可能地提高生产能力的方式分配工作。通过工作产生的利益应该用于促进人类的幸福和福利。这一分配原则类似于家庭成员之间的分配，在家庭中，能干的家庭成员愿意为家庭多做些事情，有需要的家庭成员能够得到家庭的支持。在决定如何在成员之间分配利益和负担时，确实需要考虑需要和能力。多数人都同意，应该把个人放在最能发挥自己长处的岗位上，应该帮助迫切需要帮助的人。

这一原则也受到了批评。一种批评是，根据这一原则，工作努力程度与报酬之间没有任何联系，既然干多干少一个样，何必多干呢？工人因此失去了努力工作的动力。批评者认为，把整个社会像家庭一样对待是不现实的，因为人在本质上是关心自身利益的。这一原则的支持者则认为，人的本性是愿意帮助人的，自私自利是后天造成的，如果愿意帮助人的本性能得到发扬光大，则就能获得合作、乐于助人、无私的美德，即使在家庭以外也能帮助人。

对这一原则的另一个批评是，根据个人的能力而不是自由的选择来分配工作，则个人自由受到了限制。如一个人有能力成为一名大学教师，但他却想做出租车司机，按能力分配工作，他只好做大学教师。一个人需要一个面包，但他想要一瓶啤酒，按需要分配利益，他只能接受面包。

3.2.3.4 惩罚公正

惩罚公正关心的是对一个做错事情的人怎样惩罚才算公正的问题。围绕这个主题，有三个问题需要考虑。

第一，在什么情况下可以免除道德责任？有伦理学家认为，在不知情和无能力的情况下，一个人可以不承担道德责任。如果一个人不知道正在发生的事情，或对正在发生的事情无自由选择的能力，那么就不应该让他对正在发生的事情的后果负责。

第二，谁是该受惩罚的人？受惩罚的人应该是确实做错事情的人。仅凭不可靠、不完整的依据就处罚一个人，是不公正的。

第三，惩罚的力度多大合适？惩罚必须是一贯的，与所做错的事情相称的。所谓一贯，是指每个做错相同事情的人受到相同的惩罚。所谓相称，是指惩罚的力度应与做错的事情造成的损害相一致。惩罚应经过超出常识的更深刻的道德反思，以求获得伦理的合法性。

柏拉图基于反思型道德哲学对惩罚问题进行了深入的思考，从否定惩罚的伤害性质到规定惩罚为一种好，再到对国家刑罚的治疗和改造功能的推崇，完成了对惩罚的一个比较完整的哲学思考。他把"惩罚"彻底地放入重新理解的"道德"视野中加以考察，得出的结论："正义的"（道德的）惩罚非但不以伤害为目的，不是带来"坏事"（恶），反而是有利于受惩罚者的"好"。这种"好"不是快乐等欲望之好，而是灵魂健康的理性之好，是对受罚者的治疗和教育。伤害任何人无论如何总是不正义的。正义的人惩罚应受罚者的目的不是伤害。虽然别人伤害你是不正义的，但是如果你对他的惩罚是为了同等地伤害他，你就和他一样伤害了人，因此你并不比伤害人的人更加正义，你的人格并不比他更高尚。

3.2.3.5 补偿公正

一个人损害了另一个人的利益，则加害者有道德义务给受害者某种补偿。补偿多少才合适呢？这是一个较难回答的问题。有人认为，补偿的量应等同于加害者有意使受害者遭受的损失的量。可是，有些损失很难计量，例如，一个人诽谤他人，使他人名誉受损，这个损失怎么计量？有的损失根本无法弥补，如失去生命或失去眼睛，这种情况下我们只能要求加害者至少给予受害者或其亲属物质补偿。

近年来，随着城市化进程的加快，一桩桩惨烈的中国式拆迁悲剧时有发生。2011 年 1 月 21 日，国务院正式出台《国有土地上房屋征收与补偿条例》。新条例一个显著变化是删去了旧条例中"拆迁"一词，代之以"征收"。"拆迁"二字，此前已在旧条例中存在了 20 年之久。新条例首先规定："为了公共利益的需要，征收国有土地上单位、个人的房屋，应当对被征收房屋所有权人给予公平补偿。"新条例力图改变以往公共利益凌驾于私人利益之上的局面，通过一系列的补偿措施来强化对被征收人权益的保护，促进对被征收人补偿的公平性。

2004 年 3 月 14 日，"国家尊重和保障人权"条款写入我国现行《宪法》。人权具有天然的抵抗公权力的属性，但人权的实现又有赖于公权力行为。随着社会的发展，公共利益的日益必要和公权力的不断扩张，实现人与人、人与社会、人与自然的和谐相处，建构社会主义和谐人权观具有重要意义。

3.2.4 关怀论

3.2.4.1 偏爱与关怀

一般的伦理学说都假设，伦理应该是不偏不倚的，在决定应该做什么时，对与个人有特殊关系的人，如亲属、朋友、同事、下属等，也应一视同仁。按功利主义分析下面这个例子的话，如果一个陌生人和你的父亲同时落水了，而你只能救其中一个的话，如果救那个陌生人比救你的父亲能产生更大效用的话（可能那个陌生人是一个出色的外科医生，能救许多人的生命），那么，你有道德责任救那个陌生人，而不救你父亲。关怀论者指出，这样的观点是不合情理的，是错误的。在上述例子中，你与你父亲之间的特殊关怀、爱护关系，决定了你对你父亲负有特殊的关怀义务，这种义务应超过对陌生人承担的义务。

对与我们有密切关系，尤其是有依靠关系的人，承担特别的关怀的义务，是关怀伦理的关键。它强调的是关系中的道德价值，并且把这种强调扩展到这些关系当中内在的责任和义务，而不是像传统伦理那样强调权力。关怀基本上是人性的，关怀反映了对其他人的关心。

关怀伦理强调了两个道德要求：一是我们每个人都生活在关系之中，所以应该培育和维护我们与特定个人建立起来的具体的、可贵的关系。这种关系的建立不是出于“功利”，不是把关怀当成一种达到目的的手段，而是当成一种目的去承担。这也符合康德的第二条绝对命令。二是我们每个人都应该对那些与我们有实实在在关系的人，尤其是那些易受损害的、仰仗我们关怀的人，给予特殊的关怀，关心他们的需要、价值观、欲望和福利，对他们的需要、价值观、欲望和福利作出积极的反应。

关怀论的基础是什么？人对自我的认识是建立在自我与他人关系的基础之上的，离开了与其他人的关系，个人就不可能存在。一个人出生时，需要父母的抚养和照顾，成长过程中需要他人的教育和关心，成熟以后需要有来自朋友的友情和爱人的爱情的滋润，可见，一个人一生中都离不开社会的语言、传统、文化和其他福利。正是在这些具体的与他人的关系中，才形成了我是谁、我是什么的认识。人是一个寻求自我生存、自我发展的个体，也是一个需要得到他人尊重、理解和关爱的人。人也只有在这种被他人尊重和承认的基础上才能成为一个自我实现的人。只要自我是有价值的，那么使得自我得以存在所必需的关系也一定是有价值的，也应该得到培育和维护。

需要指出的是，并非所有的关系都有价值，都会产生关怀的义务，如果关系中的某一方试图控制、压迫或损害另一方，如果是一种仇恨、暴力、无礼、邪恶的关系，那么这种关系就没有价值，就不应该去培育和维护。那种能展示同情、关心、爱、友谊和忠诚等美德的关系才是有价值的，是我们有义务培育和维护的。

有时候关怀的要求与公正的要求会发生冲突。假设一位管理者有几位下属，其中一位是他的亲戚，现在这几位下属中的一位有机会得到很好的岗位，要他来推荐，他应该推荐谁呢？他应该照顾亲戚关系，推荐他的亲戚，还是严格按照公司政策，推荐最合适的人呢？很显然，从公正的角度看，管理者不应偏袒亲戚，但关怀论似乎更为关注亲情。在许多上市公司里，裙带关系通常被认为是不合适的，因为这会破坏本来应该成为规范的公正。如果管理者认为他必须照顾其亲戚，他无法做到承诺过的公正无私，那就必须辞职。

3.2.4.2 对于关怀论的批评

对于关怀论，支持者与批评者主要存在以下两种争论。

第一种批评认为，关怀伦理会导致偏袒和不公正。关怀论的支持者则认为，关怀伦理会与其他道德要求发生矛盾，但其他伦理学说何尝不是如此！功利主义与公正论会发生矛盾，公正论与权利论会发生矛盾，我们不能指望没有道德冲突，重要的是要学会权衡在特定情形下的各种道德要求，所以，不能因关怀论有时与公正论相悖，就认为它比其他伦理学说差，只能理解成在实际情形中要权衡关怀与公正的相对重要性。

第二种批评认为，要求人们对孩子、父母、配偶、朋友等给予特别的关怀，似乎在要求人们为了他人的福利而牺牲自己的需要和欲望。关怀论的支持者则认为，要完整地理解关怀伦理，应该包括对自身的关怀和对他人的关怀。

3.2.5 美德论

功利主义、权利论和公正论主要关注的是行为及对行为的评判。那么对行为的分析与对人及其个性的评价关系到底如何呢？美德伦理是扎根于柏拉图和亚里士多德的思想当中，主要焦点是让个人具有美德。

亚里士多德对道德生活的分析强调的是判断、品德和个性的重要性，此外，也强调美德的社会属性，这里指的不仅仅是整体的社会背景，也可以理解为通常所说的企业文化。正如社会会强化并帮助个人培养美德一样，企业文化也应该强化和培养员工的道德素质。

在西方以亚里士多德的德性论为代表，在中国则以儒家的伦理学为代表。亚里士多德将美德分为两类，一类是道德美德，它是人的非理性灵魂接受理性的指导、约束并与理性相融通的心灵品质，如慷慨、节制、温良、谦恭等；另一类是理智美德，它是纯粹合于理性，以知识、智慧的形式表现出来的，如智慧、理解和明智等。亚里士多德认为，对人来说，所有的美德没有理智就不能生成。道德美德看起来是天然的品质，但只是在有了理智之后，它们才能成为美德。

在中国，儒家伦理道德观的“中庸”由孔子明确提出，经过后来的儒家代表人物充分发挥而完成。“中”的思想一直可以上溯到西周时代关于刑罚之“中”的观念。孔子将这种“中”的思想运用到他的伦理道德理论中，从而特别重视儒家的“中庸”说。孔子说：“中庸之为德，其至矣乎！民鲜久矣。”（《论语·雍也》）可见孔子是把“中庸”作为一种难能可贵的道德伦理准则而提出的。儒家伦理学的“中庸”是以“仁”为内在核心，即“仁德”。孔子对“德”没有分类，“知”（智）是“德”之一，“德”包括才在内，“德”包含内在的与外在的两个方面，在内为个人修养，在外为个人德行，二者密不可分。《中庸》的中心内容是阐述中庸之道，如何修养道德以达于中庸。明善诚身，是修养道德的根本。

美德是习得性的、体现在个人行为习惯中的、构成道德高尚的人的特征的一种品质。例如，诚实被认为是道德高尚的人的一个特征，如果一个人习惯性地讲真话，而且之所以这样做，是因为他相信讲真话是对的，是因为在讲真话时他感到愉悦，在说假话时他感到难受，那么，我们可以说，这个人拥有诚实的美德。相反，如果一个人偶尔讲真话，或者之所以讲真话，是因为出于错误的动机，如为了博得他人的欢心，那么，不能说这个人拥有诚实的美德。那么，哪些是道德高尚的人的品质特征呢？或者说，哪些是美德呢？

希腊哲学家亚里士多德认为，美德是习惯与品性，美德是中庸之道，美德出于自愿，美德出于正当理性的指导，美德表现在履行道德义务的行为中。人的德性，是那种既能使人成为善人，又能使人能圆满完成其功能的品性。这种品性，在亚里士多德看来，即为中庸之道。中庸之道就是人们用理智来控制和调节自己的感情与行为，使之既无过度，也无不及，而自始至终保持适中的原则。勇敢是鲁莽与怯懦的中道，节制是纵欲放荡与麻木的中道，乐施是挥霍与吝啬的中道，慷慨是粗俗与卑鄙的中道，自豪是虚荣与卑贱的中道，温和是急躁与无感的中道等。亚里士多德认为，人的欲望、情感和行为都存在着三种可能，即过度、不及和适中，而美德的目的也就是在于根据理性的原则来处理欲望、情感和行为。

在《尼各马科伦理学》中亚里士多德深入而系统地分析了德性的具体形式，概括如表3-1所示。

表 3－1　　亚里士多德认为德性的具体形式

不及（恶）	美德（中道）	过度（恶）	不及（恶）	美德（中道）	过度（恶）
麻木	温和	愠怒	自贬	诚实	自夸
怯懦	勇敢	鲁莽	不爱荣誉	无名称	好名
羞怯、惊恐	羞耻	无耻	恨	友爱、骄傲	奉承、谄媚
恐惧、冷漠	节制	放纵	柔弱	坚强	操劳
幸灾乐祸	义愤	嫉妒	谦卑	大度	虚荣
失	公正	得	小气	大方	铺张
吝啬	慷慨	挥霍			

资料来源：亚里士多德．尼各马科伦理学［M］．廖申白译．北京：商务印书馆，2003：336。

在我国古代，人们除了把仁义礼智信作为五常德外，还提出了礼义廉耻、忠孝节义等德目。《中庸》以“诚”为天之道，说：“诚者天之道也；诚之者人之道也。诚者不勉而中、不思而得，从容中道，圣人也。诚之者，择善而固执之者也。”

以上是对美德及有德行的人的特征的描述。对人的道德评判不同于对行为的道德评判，但它们是相关的。美德是一种实践性的品质，即不把单纯追求个人内心的完美道德作为终极目的，主张通过个体实践活动获取美德。我们不仅是有理性的人，还是社会人，我们追求的快乐的结果、有成就的结果或者是优秀的结果都是在社会的环境中实现的。美德就是在与他人共同生活的艺术中表现优秀的技巧。我们需要一个尊重美德的社会，在这个社会中有德行的人受到尊重，无德之行受到谴责。

一般来说，企业伦理是一种规范伦理。有很多学者认为，企业伦理不是一些适用于个人的道德准则在企业组织上的套用，不能化约为个人伦理。但是，这并不能得出企业伦理的经济道德价值形态中就没有美德伦理。有些学者将亚里士多德的美德方法应用于企业，他们强调美德在企业中的必要性。

现代社会，企业在通过各种方式与我们所有人发生联系，人们离不开企业。因此，企业是人类生活的一部分，也是道德生活的一部分。很多人成年后的大部分时间都是在企业或公司里度过，如果他们想要收获幸福并发展成为全面的人，他们不仅要在生活中的其他领域做到，在工作中也要做到。而且，要保持完整的人格，他们不能将生活割裂成几块，而是要按照自己信奉的价值观，将人类的美德运用到生活的各个方面。虽然美德的培养需要个体的自觉，但是，一个尊重美德的社会环境及相关的制度安排，也是美德论所需要的。正如所罗门所言：“如果缺乏一个认同并褒奖美德的环境，个人的美德可能会逐渐消退，甚至带来自我挫败……商业伦理不能仅仅局限于对美德的描述和赞美；它也必须参与到孕育这些美德并为它们提供组织环境的过程中。”

亚里士多德将人们首先视为有组织的团体中的成员，即个体是团体中的个体，个体的职能由团体赋予，个体的意义在团体中展示，个体的目标在团体中实现。企业是一个团体，具有三个要素：企业目标、企业结构、企业文化，它们都是以整体的形式即企业的团体性行为出现的。伦理就蕴含于其中，企业伦理所要处理的伦理关系包括企业与企业、企业与社会和国家之间的外部关系，处理这些外部关系需要合法、诚信、公平、健全的责任意识等整体伦理意识。但这些整体伦理意识最终还是落实在企业家和员工即道德主体身上。企业家伦理和员工伦理就是企业家的诚实、公平、信任、坚韧等美德和员工的友善、荣誉、忠诚、廉耻等美德，这些美德当然属于美德伦理。

3.2.6 道德理论的应用

前面五种道德评价学说，构成了大多数道德判断的基础。功利主义、权利论、公正论、关怀论、美德论各自强调了人们行为的某一侧面，没有一种学说能包括道德判断时所需考虑的所有因素。虽然如此，但我们可以通过这些理论的基本原则以及每个理论所支持的方法有效性的灵活运用，解决实际中的道德问题。此外，通过对这些伦理学原理的哲学辩论，使得我们了解了各种方法的缺陷和不足，不管用哪种方法，只要认真、巧妙、谨慎地加以应用，就会得到关于这个行为或行动的道德结论。

我们应该知道在何种情况，更适合优先采用哪种方法。当我们没有资源来满足每一个人的目标时，我们便不得不转而考虑行为、政策等可能导致的社会利益与社会成本，即采用功利主义准则。当我们的行为和政策会显著地影响特定个人的福利和自由时，则要求我们考虑行为是否与有关个人的基本权利，行为是否与契约和特定的义务相一致，即采用权利论准则。当评价涉及在群体成员间分配利益和负担时，要求我们考虑该行为是平均地，还是根据需要、能力、贡献来分配的，即采用公正论准则。当道德问题涉及与个人有密切关系的人，特别是仰仗我们关怀的人时，则要求我们考虑这些人的特点和需要，考虑关系的性质，以及特定关系所要求的关怀、照顾的方式，即采用关怀论准则。当所要评价的行为、政策、制度与某种美德或邪恶有关时，则可以运用美德论原则进行分析。

对于不同的情形，最适合的伦理准则往往只有一个，那么，哪一个是最适合的呢？一个简单的策略是，在做道德判断时，针对每个特定的情形，从功利主义、权利论、公正论、关怀论、美德论五个方面一一过一遍。比如说，可以询问，该行为是否尽可能地使社会利益最大化，使社会损失最小化了？该行为是否与受其影响的个人的道德权利相一致？该行为是否会导致利益和负担的公正分配？该行为是否体现了对那些与我们有密切关系并仰仗我们的人的关怀？该行为是否实践、展示和培育了某种高尚的品德？从中找出正确的选择。

一般来说，有关道德权利的准则高于公正准则和功利主义准则，公正准则高于功利主义准则，在涉及私人资源和特别密切的关系中，如在家庭中，关怀准则高于不偏不倚原则。但在特定的情形中，上述的优先关系未必成立。如果某种行为能产生足够多的社会利益或避免足够多的社会损失，那么，适当限制一些人的权利，或者有些背离公正准则，也是正当的；如果纠正广泛存在的大量的不公正非常重要，那么，适当限制一些人的权利也是应该的；如果关怀的要求会导致严重的不公正、严重地违背权利或造成重大的社会损失，则应坚持不偏不倚原则。可惜，现有的理论尚不能精确地回答到什么程度算是“足够多”、“非常重要”的，需要个人根据实际情况进行判断。

一旦我们做出道德判断，并决定了应该如何行动，我们可以问问自己对这个判断和决策是否坦然自在。它们是否符合我们的价值观和信仰，是否符合我们关于良好道德生活的概念，是否符合我们关于美德的观点。我们对这些问题的反映并不是对我们行动道德性的最终检验，但是这样做是有必要的。如果我们将要采取的行动有悖于我们的道德感受和直觉，有必要重新审视，以确保我们不是在把不当行为合理化。

3.3　企业伦理原则与准则

3.3.1　以人为本原则

在企业的经营管理过程中，最重要的企业伦理原则就是要遵循以人为本的原则。所谓以人为本就是要做到尊重人、关心人、培养人、爱护人，促进人自由而全面的发展。尊重人就是要尊重每个人的尊严、权利和价值；尊重人就是要承认人的差别，因人而异，量力而行，人尽其才；尊重人就是要把其他人看做是目的，而不是实现自身目的的手段，即认真地对待他人，承认他们的合法权益，尊重他们的愿望。关心人就是要关心每个人的物质福利和精神文化生活。培养人就是要注重人的职业生涯规划，使员工在工作中得到能力的提升。爱护人就是要把员工当亲人看待，时刻关注他们的健康成长。人的自由而全面的发展是人生存和发展所期望达到的最高水平，是人类一切活动的根本目的所在。

在企业经营管理过程中，坚持以人为本原则，不仅应该尊重、关心、培养和爱护企业员工，促进他们自由而全面的发展，而且也应该尊重、关心、培养和爱护企业的其他利益相关者。

在企业经营管理过程中，以人为本原则有以下四个方面的内涵：

第一，在企业和社会的关系上，要求企业努力开发生产出对社会有益的产品和服务，使企业发展成果惠及全体人民。在可能的情况下，支持社会福利事业，做一个优秀的“企业公民”。

第二，在企业和环境的关系上，要求企业注重资源合理利用和环境保护，不断增强社会可持续发展能力，科学发展与自然和谐共生，造福于子孙后代。

第三，在企业和人的关系上，要求企业真切关注并尽可能地满足股东、员工、消费者、供应商、公众等利益相关者的合理要求，使企业从这些利益相关者的支持与合作中得到发展，而利益相关者则从与企业的交往中得到物质和精神上的满足。

第四，在人和人的关系上，要求企业及其管理者处事公正，并在企业内部形成既讲效率又讲团结、互助、友爱的关系氛围。

3.3.2 企业伦理准则

在企业的经营过程中，企业及其管理者要做到公平公正、诚实守信、竞争合作、创新进取、保护环境和服务社会等企业伦理方面的基本要求。

（1）公正公平。公正公平的本质含义是一视同仁和得所当得。公正公平要求机会均等，如员工应该有均等的录用、上岗、晋升、获取报酬、学习提高的机会，顾客应该有均等的获得产品和服务的机会，供应者应该有均等的提供资源的机会等。而任人唯亲、性别歧视、种族歧视、不按订货顺序供货，同一产品对不同的顾客实行差别待遇等都属于违反这一原则的行为。公正公平要求企业在利益分配中做到按劳分配。公正公平要求企业在竞争过程中做到公平竞争。公正公平要求企业与利益相关者做到互利互惠。假若企业是通过正当的手段获得竞争优势的，不能算是损害竞争者的正当利益；反之，若是通过欺骗性广告、窃取商业秘密等不正当手段搞垮竞争者，就损害了竞争者的正当权益，是不道德的甚至是违法的。

（2）诚实守信。诚信原则是企业经营之本，除非只想做一锤子买卖。因为企业的生存与发展有赖于企业利益相关者长期的合作，如果缺乏诚信，不可能做到这种长期合作。诚信原则要求讲真话，不欺诈，真正做到“货真价实，童叟无欺”。例如，不做虚假广告，不以次充好，不短斤缺两，不漫天要价，不偷税漏税，不做假账，不虚报统计数字等。诚信原则还要求一诺千金，说话算数。例如，签订的合同要千方百计地履行，对顾客许诺的产品质量和服务应不折不扣地达到和兑现等。

（3）竞争合作。从企业内部看，竞争能给人带来压力。根据压力理论，压力与工作绩效有倒“U”型的关系，过低或过高的压力都会影响工作绩效，只有当压力适度时，才能发挥出最好的工作绩效。企业为了提高部门和个人的绩效，需要创造出一种内部竞争机制。同时，企业是一个有明确分工的集合体。由于分工不同，所处的地位不同，人们的看法会有差异。而企业又必须是一个有机整体，企业活动需要通过全体员工的齐心协力方能取得成效，因而在企业内形成一种团结、友爱、互助的氛围很重要。因此，在企业经营管理中既要提倡竞争更要提倡合作，只有这样才能形成和谐向上的良好文化氛围。

（4）创新进取。创新是企业的活力之源，是生存和发展的必由之路。同时，创新也是企业履行社会使命的重要方式。正是有了企业在产品和服务方面的不断创新，才会推动人类社会的不断发展与进步。企业是某方面的专家，它们知道如何开发新产品，知道什么样的产品对顾客、对社会有利。这就是说，企业如果真正为社会、为顾客着想，不能满足于满足需求，还应该创造需求，引导需求。优秀企业常常以产品创新引导顾客需要。创新包括技术创新和管理创新，通过技术创新和管理创新不断改进产品质量、降低成本、提升企业竞争力。

（5）环境保护。企业的发展为社会经济增长创造了巨大财富，给广大消费者提供物质福利和精神享受的同时也给企业自身带来巨额的商业利益，但是相伴而来的却是严重地浪费了自然资源，破坏了自然生态平衡，甚至污染了环境。典型的环境问题包括大气污染、温室效应与臭氧层破坏、水污染、海洋生态危机、“绿色屏障”锐减、土地沙漠化、“三废”难题、物种濒危等。环境问题从最初的单纯影响人类的生活质量，到毁灭人类的局部文明，甚至威胁到整个人类的生存基础。因此，要求企业从实施可持续发展战略的高度来开展经营活动，努力使企业的经营活动与自然环境、社会环境相协调，使企业活动有利于环境的良性循环发展。

（6）服务社会。企业之所以能够存在是因为它能为特定的社会提供所需的产品或服务，倘若公众对某企业提供的产品或服务不满意甚至拒绝，那么该企业也就失去了存在的价值。所以说只有当社会公众满意企业提供的产品或服务，它才能生存下去，进而兴旺发达起来。从这个意义上讲，企业的根本任务不仅仅是盈利，还服务于社会，促进社会进步，利润是社会对企业贡献的回报。这并不是说企业追求自身经济利益不对，相反，努力提高经济效益是企业的核心任务，只有有了经济效益，企业才能为社会多作贡献，一个长期亏损的企业怎么可能对社会有贡献呢？因此，服务社会就是强调企业应该以有助于促进社会进步的方式获得自身经济利益。

【本章思考题】

1. 劳伦斯·科尔伯格的个人道德发展分为哪几个层次和阶段？
2. 功利主义的主要内容有哪些？
3. 什么是权利论原则？
4. 补偿公正、惩罚公正、交易公正和分配公正有哪些不同？
5. 关怀论的基础是什么？
6. 如何运用美德论来判断行为的道德水准？
7. 如何理解在企业经营管理中的以人为本原则？
8. 企业伦理应遵循的准则有哪些？

【案例分析题】

松下的企业伦理观*

日本经营之神松下幸之助（以下简称“松下”）对企业与相关利益者关系有其独到的看法：

一、企业与社会：企业乃社会公器

一般人都认为企业的目的在于追求利润。而松下认为，为了促使企业能合理经营，利益的确不可或缺，然而，追求利润并非最终目的。最终目的乃在于以事业提升共同生活的水准，完成这项最基本的使命，利益才能显现出它的重要性。从这个角度来看，“经营企业非私人之事，乃公众之事，企业是社会的公器”。所以，松下主张，即使是私人企业，也不应该仅仅站在私人的立场考虑，一定要经常想到它是否对人类共同生活的提升有所裨益。他还指出，在任何情况下，我们有一个强烈而正确的信念：只要是对国家安全或发展有贡献、能为员工制造福祉的，就昂然前往，社会一定会接纳。而对社会没有责任感的公司，认为只要自己赚钱就好的公司，都足以危害社会，这样的公司也不可能有太大的发展。松下并不排斥金钱，相反，他还提倡通过合理化经营达到“厚利多销”。但他把金钱只看做是一种工具，一种工作的润滑油。企业的最终目的，还在于提高人们的生

活水平。可见，在松下看来，企业的社会责任在于通过合理化经营来增进社会福祉。

二、企业与顾客：顾客是明君

有人主张，把顾客视为国王，企业是国王的子民，对国王的一切命令，即使是蛮横无理的，也都无条件地服从。松下不完全赞同这一观点，他觉得如果对任何无理要求都唯唯诺诺可能会把最好的明君也渐渐宠为暴君，然后民众会很快地愈来愈瘦，甚至会起来造反，这是非常危险的。所以为了使国王成为明君，必须时时进谏。松下否认无条件地服从顾客，是否意味着他不重视顾客呢？恰恰相反，他认为，“卖方要做买方的掌柜”，“商品是我的千金小姐，客户就是可爱的女儿的婆家”，“顾客至上”等。松下之所以把顾客视为明君，而不是一般的国王，是从更高、更长远的角度来考虑顾客的利益，是真正地为顾客着想，同时也是为企业着想，为社会着想。

如果生产者与消费者界限分明，从各自的立场单方面地考虑生产和消费，那么工作不可能进行得很顺利，对双方都没有好处。因而他主张，生产者与消费者互为一体，即在消费时必须了解生产者的工作和辛苦，而生产时要不断地考虑：如何才能做出又好又便宜的东西，以满足消费者的需要。对所有的产品，都应该站在消费者的立场，以消费者的监护人自居，再三地检验产品的性能、品质，对产品质量的要求愈严愈好。只有这样，才能缔造真正坚固的生产与消费的基础。

在处理与顾客的关系方面，松下还推崇“诚意为本”。他认为，最要紧的考虑是：如何使顾客感到高兴？以何种方式接待才能使顾客感到满足？如果内心有这样的诚意，此人在言语和态度上自然会出现某种感人的东西，销售能力也会随之提升。

三、企业与竞争者：君子之争

商场如战场，经营企业，难免会有激烈的竞争。松下一方面视过度竞争为罪恶，另一方面也承认：经营企业或做生意的本身就是真刀实枪的作战，如果缺乏旺盛的战斗精神，最后只有沦为失败者。但问题是应该以怎样的态度对待竞争者？松下的观点归纳起来有三点：

第一，必须光明正大地进行正当的竞争，不可以采取卑劣的手法，更遑论打倒对方，或使对方蒙受迫害的竞争。“经营者是实业家的同时，也要是一位真正的绅士，要堂堂正正地做生意。”

第二，与竞争对手和睦相处。他说，“做生意固然需要竞争，但仔细想来，任何人都不是为了竞争而做生意的。所以，即使同业在自家附近新开店经营，也应以开阔之心胸对待，而不应视为眼中钉。新开店的人，也应以对待先进之心，行后进应尽之礼，此种良好的风范，更可令顾客对店家产生信赖。”

第三，向竞争对手学习。他认为，和有力量、有良好经营制度的对手竞争，固然有困难的一面，同时也有很大的鼓舞作用，对自己的发展也很有益处，能这么想，便能以坦诚之心吸收对方的优点，心胸也会更加开阔，或许会因此产生不亚于对方的智慧。

四、企业与政府：互相帮助

松下认为，政府必须获得国民的拥护，因此，不可能说出令全国民众厌恶的话，而总是表明愿意协助任何人的立场。可是，企业不可以过分依赖政府，不要靠别人，而以自己的力量，在自己能做到的范围内，切实做好，有这种认识才是最重要的。与其请求政府救济不如由国民来帮助政府，才能对社会的进步有所贡献。

五、劳方与资方：对立中协调

松下认为，最理想的劳资关系，是经常保持“对立而又协调”的状态，即彼此该说的话要说，该实行的主张要实行。然而，也并非始终如此，在对立的同时，应该接受的就接受。以协调为前提的对立，以对立为前提的协调，是最重要的基本思想。松下把公司与工会比作一辆车的两个轮子，两者大小、力量要均衡，否则，事业就不可能顺利地发展。

六、管理者与下属：以德服人

管理工作的一个特点是通过别人来把工作做好。那么怎样才能使得下属努力工作呢？松下认为，用力量或理论或许行得通，却无法产生很大的功效，以德服人才是最重要的。领导者具有令他人仰慕之德，才能产生领导者应有的权威，以及其他各种力量。因此，松下经常提醒管理者必须努力提升自己的美德，要能够时时了解对方的心境，并时刻不忘自我修炼。他指出，管理者要一切以公利为出发点，不为私欲所蔽，以纯正之心观察事物，而且审视自己，告诫自己。他甚至认为“究竟能做到几分大公无私，以无私之心观察事物是成功的经营者与失败的经营者之间的最大分野。”

松下十分强调管理者应承担的责任。他认为，一家公司的成败，是最高经营者一个人的责任，同样地，一个部、一个科是否有好的发展，完全是这个部门负责人的责任。松下并不把管理者看得高人一等，凌驾于普通员工之上，他称最高经营者——董事长的工作是"附带方向指示机的倒茶业"。意思是说，董事长是给大家倒茶的角色，当然不是单纯地倒茶，还必须具有能指示方向的力量。他把下属看做公司的主人，在1956年2月的一次谈话中，他提到"现在我这里有10000名员工，我就认为我有10000个主人"。

七、员工与企业：确认社会人的义务

松下不仅主张作为企业应该奉献社会，而且把这种思想灌输给每一位员工。他视员工为社会人，员工自我应拥有丰富的知识，并努力提升自己的工作能力，一方面是为自我着想；另一方面也是对社会的一种义务。身为社会人，就需要确实认清这种义务，每天努力工作。他要求每位员工都能认清自己的使命，正确看待工作的目的。他说，"薪水乃维持自我生活所必需，当然是工作的目的之一，但不可忘记它背后更大的意义。那就是透过自己的工作，或透过自己服务的公司或商店，对社会有所贡献，亦即彻底完成了职业人或产业人的使命，广义地说，也等于完成了人生而为人的使命。"事实上，也只有当全体员工有了这种共识，企业把贡献社会视为最高目标时才能落到实处。

松下希望员工能与企业结成命运共同体。1963年1月在与员工的一次谈话中，松下说了一段意味深长的话："如果各位能彻底地认为'我是松下电器的老板，这就是我的事业'，我想必然能从这里诞生出难以想象的伟大力量。所以希望各位能把自己的工作认为是自己的事业，不要有拿薪水才做事的小家子气，要有与工作共存亡的独立经营的精神。"松下要求每个员工"一生一世奉献公司"。他指出，应下定决心，抱着永远为此公司职员的想法，开辟一条生路。若适逢不顺就想转业，则永远不会有大的成果。每个人都要对自己的职责有所自觉，以全部的精神投入工作，绝对不可以轻忽。

八、员工与员工：和睦相处

松下指出：为生活，"物质"固然很重要，但为了和人们共同生活，能够正确遵守彼此间正确的关系才是最重要的。彼此有情感，互相守义气，共同感谢生命的心，是实践人伦的基础。他要求员工能意识到与人共同生活的重要性，常怀感恩之心，与人交往时要注意不忘恩、不忽略感谢、尊重义气。因为在工作岗位上，会合了许多年龄、性格、对事情的观点各不相同的人，而要使彼此之间工作顺利就必须讲究礼节。

松下的上述企业伦理思想在松下的基本经营原则和松下七精神中得到了高度概括和充分体现。松下基本经营原则——鼓励进步，增进社会福利，并致力于世界文化的进一步发展。松下七精神——产业报国精神、光明正大精神、和亲一致精神、力争向上精神、礼节谦让精神、顺应同化精神和感谢报恩精神。

*资料来源：陈炳富，周祖城．企业伦理［M］．天津：天津人民出版社，1996：76－83.

1. 松下的企业伦理思想对企业发展有何作用？
2. 松下的企业伦理观对我国企业经营管理的启示。

第二部分

企业经营中的伦理问题

第四章　企业人力资源管理中的伦理

【学习目标】

通过本章的学习，需要达到以下目标：

1. 了解人员招聘中的伦理问题。
2. 了解员工的就业权及管理者的聘用自由权利。
3. 了解工作中常见的就业歧视种类。
4. 理解同工同酬的内涵。
5. 理解商业秘密的重要性。
6. 了解员工安全的重要性，学会自我保护。
7. 熟悉员工培训中的伦理关系。

【重要术语】

招聘；就业权；就业歧视；聘用自由；同工同酬；商业秘密；竞业禁止；薪酬安全；薪酬压缩；员工安全。

【引例思考】

安捷伦：裁员的最佳实践*

安捷伦（Agilent）被《哈佛商业评论》中文版评选为2003年度中国最佳雇主之一。其最出名的故事刊登在美国《财富》杂志上：已于3周前接到了解聘书的安捷伦员工谢里尔·韦斯，在正式离职前的最后一天晚上却仍然在加班，直到晚上9点半才依依不舍地离开了办公室。在这篇报道的导语里，《财富》提出了一个所有公司领导人都希望获得答案的问题：如何在削减工资并裁员8000人的情况下仍然使员工热情不减？

尽管文章背景是这家半导体和测试仪具公司的裁员，但是在因经济不景气而哀鸿遍野的美国商界，裁员并不是一件丑事。几乎每家公司都要面对裁员的考验，因此，怎样才能像安捷伦那样通过人性化的管理，使公司迅速从裁员遗症中恢复过来，已经变成了公司研究者们的新课题。

安捷伦的人性化管理自然并不仅仅体现在裁员上，否则这家公司也不可能连连在美国、中国大陆、中国台湾等国家和地区被评为当地的最佳雇主。但的确在裁员问题的处理上，安捷伦的处理比谁都更显体贴。例如，安捷伦不仅不会把即将离职者的消息告诉外界，公司的主管甚至会将此事瞒着其他员工，“除非他自己愿意主动告诉同事。”卢开宇说，“我们不希望他因为即将离职而在同事当中被另眼相看。”

对安捷伦中国公司来说，只有业务部门的取消才有可能发生裁员，美国总部那样的大面积缩减规模在中国公司并未出现。尽管过去两年来安捷伦裁掉了最高峰时的1/5的员工，解雇仍然是安捷伦最不情愿做的事情。在2001年10月和2002年8月两次宣布裁员之前，安捷伦都希望能够通过减薪解决问题。

即使是为了降低成本，减薪却也变成了一个体现团队协作、奉献和信任的项目。甚至在宣布减薪的同时，安捷伦中国公司还同时发起了向贫困地区研究生助教事业捐款的活动。后来，这两件事情都被列入了安捷伦员工的“牺牲与奉献”精神的范例。

当所有的公司都不得不裁员时，被安捷伦裁掉可能是最好的选择。安捷伦与DBM签了一份合约，由这家著名的人力资源咨询公司为全球所有即将离职的安捷伦员工提供就业指导，帮助员工迅速重建信心和能力。“DBM甚至会做一些模拟面试，细致地指导员工简历应该怎样、态度应该怎样、语气应该怎样……”离职的员工找不到工作，是卢开宇最担心的问题之一，“因为我们有很多员工跟了我们很多年，我们担心他们会一下子不适应。”

对员工的重视，这是所有高科技公司的“通病”，因为对于高科技公司来说，最重要的资产就是人。对于即使是在经济不景气时依然将10亿美元投入研发的安捷伦来说，这一特点尤其明显。事实上，2000年安捷伦从老惠普分出来，原因之一正是这个部门的研究者气质已与老惠普不太相合。安捷伦中国公司几乎所有的高层经理都是研究者出身，现在已是北京外企人力资源协会理事的卢开宇，也是一个电子工程专业出身的工程师。

所以卢开宇自认为是做支持服务的，从财务到行政再到人力资源，所有负责内部运营的部门都是业务支持部门，为专门的研究者和销售员提供支持服务。卢开宇认为服务者的态度很重要。的确如此，此次同被评为中国最佳雇主的微软中国公司的总裁唐骏，在一次采访中也曾对记者表示，他在2002年的成就之一，便是将公司运营部门的心态扭转为服务提供者。

但是服务提供者的角色对于安捷伦的卢开宇来说似乎更加明确，因为安捷伦中国公司中有一半的员工的直接上司不在身边，有的在国内其他城市，有的则在国外，这使得业务部门对卢开宇等人提供的服务更具依赖性，一旦卢开宇等人的服务做得不好，业务部门的工作就会大受影响。

出于信任和尊重，在安捷伦，不论普通员工还是中国区总裁，一律都是格子间，没人有单独的办公室，目的并不仅是为了显得平等，更重要的是可以加强员工与管理者的对话，同时提高工作效率。能够这样做的也只有技术至上的公司，英特尔的办公室也同样如此。

所以，速度（speed）、专注（focus）和责任（accountability），正是告别惠普后的安捷伦，在原先的基础上赋予自己的新价值观，也正是这家年收入60亿美元的科技巨头挺过这场衰退浪潮的信心之源。

*资料来源：王泽琴，安捷伦．裁员的最佳实践［J］．www. hroot. com，2004－03－31.

1. 安捷伦在裁员的过程中都为员工考虑了哪些方面的因素？它是出于什么样的目的这样做的？

2. 企业在人力资源招聘中应该考虑哪些伦理问题？

3. 薪酬管理中制定薪酬分配制度的人怎样做才更能体现公平性原则？

4. 企业对员工有什么样的责任？应如何调节工作中的伦理关系？

4.1 招聘选拔中的伦理问题

20世纪90年代中期，《幸福》（*Forture*）杂志排名前500位的企业中，90%以上已有成文的伦理守则来规范员工的行为。在美国，约有60%的大企业已设有专门的伦理机构，负责有关企业的伦理事务，有30%～40%的企业对员工进行某种形式的伦理培训。美国制造业和服务业前1000家企业中，20%聘有伦理主管，其主要任务是训练员工遵守正确的行为准则，并处理员工对可能发生的不正当行为提出的质疑。而我国企业的情形呢？

4.1.1 招聘的原则与方法

4.1.1.1 招聘原则

对员工的招聘活动既是一项经济活动，也是一项社会性的、政策性很强的活动，在任何组织中，不管是招聘高级管理人员还是普通员工，无论招聘的人员数量多还是少，也不论是由组织内部的人力资源部门来完成招聘工作还是外包给专业机构，为了最大可能地保证招聘工作的有效性，都必须遵循下列基本原则：

（1）合法原则。合法原则即遵守国家法律法规的原则。任何组织在招聘过程中要遵守国家关于平等就业的相关法律、法规和劳动政策，包括劳动法、劳动合同法等劳动法规。实行公平竞争、平等就业，反对年龄歧视、性别歧视、健康歧视、户籍歧视、种族歧视、信仰歧视甚至容貌歧视和身高歧视，保护未成年人及妇女的权益，关注农民工等弱势群体、少数民族和残疾人群体的就业现状。

（2）公开原则。公开原则指把招考单位、种类、数量、报考的资格、条件、考试的方法、科目和时间均面向社会通告周知，公开进行。一方面给予社会上人才以公平竞争的机会，达到广招人才的目的；另一方面使招聘工作置于社会的公开监督之下，防止不正之风。

（3）平等原则。平等原则是指对所有报考者一视同仁，不得人为地制造不平等的限制或条件（如性别歧视、年龄歧视等），以及各种不平等的优先优惠政策。平等地对待所有的应聘者，达到择优选聘、优胜劣汰的目的。同时也给予社会上各种人才一个公平竞争的机会，充分挖掘全社会的人力资源。

（4）双向选择原则。双向选择原则是指组织可以按照自己的愿望自主地选择自己所需要的员工，而劳动者也完全可以按照自己的条件与要求自由地选择组织。双向选择原则是劳动力市场资源配置的基本原则，这一原则既可以使组织不断完善自身形象，增强自身吸引力，也能使劳动者为了获取理想的职业，从招聘中取胜，而努力提高自身的素质与技能。

（5）竞争原则。人员招聘需要各种测试方法来考核和鉴别人才，依据测试结果的优劣来选拔人才。靠领导的目测或凭印象，往往带有很大的主观片面性和不确定性，因此必须制定科学的考核程序、录用标准，才能真正选到良才。为了达到竞争的目的，一要动员、吸引较多的人报考；二要严格考核程序和手段，科学地录取人选，排除“拉关系”、“走后门”、“裙带风”、贪污受贿和徇私舞弊等现象发生。通过激烈而公平的竞争，选择优秀人才。

（6）全面原则。全面原则指对报考人员从品德、知识、能力、智力、心理、过去工作的经验和业绩进行全面考试、考核和考察。因为一个人能否胜任某项工作或者发展前途如何是由多方面因素决定，特别是非智力因素对其将来的作为起决定性作用。IBM公司在北京地区招聘大专院校毕业生时，不少毕业生对该公司招聘启事中不限专业的说法有些摸不着头脑，专业的计算机公司居然不限专业招聘，很是让人费解。当自以为准备充分的应聘者们发现拿到手的是一份综合性的测评试卷时，才恍然大悟，原来IBM看重的不是毕业生的某方面的专业知识，而是其在接受高等教育的过程中培养起来的综合素质。

（7）量才原则。招聘录用时，必须做到“取得其才，才适其用”，做到能力和岗位的匹配，即所谓让最适合的人在最恰当的时间位于最合适的位置，注意避免“低才高就”和“高才低就”的现象。有的招聘单位一味盲目地要求高学历、高职称。并不根据拟招聘岗位的实际需求来考虑，结果花费了大量人力、物力招聘来的优秀人才，用不了多久就纷纷跳槽。要知道，招聘到最优的人才并不是最终目的，而只是手段，最终目的是每一岗位上用的都是最合适、成本又最低的人员，达到组织整体效益最优。

(8) 择优原则。择优是招聘的根本目的和要求。只有坚持这个原则，广揽人才，选贤任能，才能为单位引进或为各个岗位选择最合适的人员。为此，应采取科学的考试考核方法，精心比较，谨慎筛选，特别要依法办事，杜绝不正之风。

(9) 效率优先原则。这一原则指尽可能以最低的招聘费用，录用到高素质、适合组织需要的人员。效率优先原则表现为，在招聘工作中根据不同的招聘要求，灵活地选用不同的招聘形式，在保证所聘员工素质要求的情况下，尽可能地降低招聘成本。

4.1.1.2 招聘的方法

任何组织在其决定为自身的长远发展储备人才的时候，都应该形成一套具体可行的适合自身需求的人力资源招聘方案，并在实行期间不断修葺、不断完善，并以此来保证企业的稳定运作。在招聘过程中，企业首先应该明确自身哪方面的人才供给不足，先从企业内部寻求人力资源，必要时，通过外部的人才市场等途径根据需求制定一系列的招聘方案。现代企业的招聘方法主要有两类，一是企业内部的招聘；二是企业外部招聘。

(1) 内部招聘。

①工作公告。组织可以有效地利用技能清单来鉴别空缺职位的内部候选人。但是，人力资源经理很难得知现任员工中谁可能对空缺职位产生兴趣。一种被称为工作公告（job posting）和求职申请（bidding）的方法有助于解决这个问题。

过去，使用工作公告发布职位空缺并不比使用公告牌和企业内部刊物多。但是现在，工作公告已经成为组织采用最多的创新招聘技术之一。许多公司将工作公告视为有效的职业管理系统不可分割的一部分。

国家半导体公司已经完成了工作公告模型项目。公告是计算机化的，雇员可以很容易地看到。雇员可以使用计算机软件测试自身的技能和经验与空缺职位的匹配程度。强调差距的存在，能使雇员清楚地知道：如果参与给定职位的竞争，什么是必需的。阿莫科公司的职业管理系统包含了相似的工作公告项目，组织中的空缺职位公布于全球性电子系统。如果雇员申请调往公布的职位但没有获得批准，要求发布职位信息者给予申请人明确的反馈，告知他落选的原因。

②内部兼职。如果是暂时的短缺，或者并不需要大量的额外工作，组织可以采用内部兼职的方式。给员工颁发各种类型的奖金而不纳入计时工资单可以用来吸引员工兼任第二份工作。据估计，全国大约6%的雇员同时拥有一份以上的工作。简直是如此普遍，以致一些组织的人力资源部门考虑制定“兼职制度”，包

括绩效期望的沟通、预防利益冲突、保护经营信息。如果薪酬合理，这无疑将推动一些人接受额外的工作。

③员工推荐。在企业对外招聘之前，很多组织要求现有员工鼓动他们的朋友或亲属申请。一些组织甚至采用金钱激励的方式，为成功的推荐支付“发现者薪酬”。当被广泛应用时，这种推荐方式可以成为有力的招聘技术。但必须小心谨慎，在试用员工推荐时不要意外触犯公平就业法。

（2）外部招聘。

当企业内部的人力资源无法满足企业的现实需求的时候，企业就会把招聘的对象范围扩大至企业外部，面向社会来补充企业不足的人力资本，这时很多企业就会形成人才竞争的局面。为了保持公平、公正的招聘途径，我们先来了解一下企业外部招聘的各种方式及在此过程中可能产生的伦理问题。外部招聘有多种方式，主要包括媒体广告、网络招聘、猎头招聘、暑期实习、校园招聘等。

①媒体广告。企业可以通过媒体来发布相应的招聘信息，以获得可以满足企业需求的人力资源。在各种形式的媒体广告中我们所常见的就是在日报、商业期刊以及专业刊物上刊登的招聘广告，通过这种方式可以为企业吸引一定数量的求职者。同时，可供使用的其他媒体还有户外广告牌、地铁和公交车站、广播、电话和电视。而从求职者的角度来看，他们同样也会通过这种方式刊登一些求职申请，并酬谢向他们透露工作信息的人。

时下热播的电视招聘节目《职来职往》、《非你莫属》等，更是充分利用了媒体这个广告载体，让很多企业能够发挥其社会责任感，为社会上的很多求职者提供一个实现自我的工作机会。求职者们通过层层筛选走进电视荧屏，无疑是希望得到诸位专业人士的认可，并谋求一份满意的工作。在这些求职者中不乏隐瞒真实学历、讲话浮夸的人，面对众多经验丰富的考官，这种人一定会原形毕露的，所以求职者在应聘过程中一定要讲真话、说实事，坚持最基本的诚信原则。

②网络招聘。随着信息时代的不断蔓延，互联网已经成为世界上最主要的招聘手段之一。根据马萨诸塞州剑桥大学福里斯特研究院的研究，大约有 3 万个不同的网站以某种方式从事工作公告活动，而且约 71% 的工作机会列于少数几个大网站。美国通用电话电气公司（GTE）每年收到 2 万 ~3 万份电子简历。

从求职者的角度看，互联网允许搜索更广泛地域和更多公司的工作公告，这在以前是不可能的。组织在互联网上拥有自己的人力资源主页，是对整体招聘策略的有效补充。一个典型的公司主页提供的信息有公司背景、产品和服务、雇用机会和申请程序。很多公司主页也包含在线简历模板，可以通过互联网完成并发送简历。

随着互联网上工作搜索网站数量的不断增长，招聘者应该意识到网络的信息不对称性及使用电子招聘的法律风险。求职者应该投递真实的简历来维持人才市场的稳定性。

③猎头招聘。这种招聘的媒介一般有职业介绍机构（employment agency）和猎头公司（executive search firm），两者在很多重要方面存在着区别。猎头公司倾向于将其努力集中在月薪超过5万美元的高级管理职位，而职业介绍机构主要涉及中层管理或更低的职位。大部分猎头公司收取固定佣金，就是说无论雇用是否成功，企业都要向猎头公司付费，相反，职业介绍机构通常在雇用成功之后才收取费用。最后猎头公司的服务通常收取高额费用。企业愿意支付高额费用的原因之一就是，猎头公司频繁投身于招聘努力并为招聘组织和被招聘人双方保密。

④暑期实习。很多企业已经尝试在暑期雇用学生做实习生或在学期中雇用学生做兼职。实习生的使用正在快速增长。一些评估显示接近1/3的大学四年级学生在毕业前有过一次或更多的实习经历。实习生计划的目的有很多。企业可以利用这种计划从事特别项目；在有才能的潜在雇员面前展示自己，他们也许会成为企业在校园中的“招聘者”；企业可以提供试用以决定是否将某些人员转为全职员工。

20世纪90年代的劳动力市场状况也为实习生计划提供了存在的理由。首先，许多企业将其视为在劳动力短缺地区吸引人才的方式。一些公司在高中高年级学生中挑选人才，资助他们在大学期间的费用，并提供付酬的工作体验。他们希望与这些有才能的年轻人建立长期关系。其次，企业可以通过使用实习生提高招聘的多样性。许多企业为了达到雇员多样性的目的，在公布招聘广告的时候都会说招聘少数民族等少数人群，但是实际上通过这种方式招到的雇员都是百里挑一的具有优秀技能和综合素质的人才。最后，实习生计划也要花费成本。有时管理实习生会占用很多时间，而且他们的工作不总是那么出色。更主要的问题是一些企业与学生期望值间的冲突。一些学生希望工作的一切都是完美的，当期望没有得到满足时，他们就对所工作的企业产生消极印象，认为它运营得不如该领域的其他公司好，这些幻想破灭的学生可能会阻碍后续招聘的顺利进行。

⑤校园招聘。企业未来几年中所需要的技能与潜在员工目前所拥有的技能之间的差距正在扩大。校园招聘对企业来说可能变得非常困难、费时和昂贵。虽然如此，招聘者通常认为校园招聘是挑选有才能的雇员的最有效方式之一。校园招聘过程与其他招聘方式相似。在校园招聘中，企业派出雇员，通常称为招聘代表，到校园中面试工作候选人并向他们介绍组织情况。在拜访的过程中，经常会分发宣传小册子和其他资料。企业可以刊登广告吸引学生，或者举办研讨会，公司管理人员在研讨会中从多方面介绍企业。

在校园招聘的各个环节中，伦理道德问题也是不容忽视的。从企业的角度来看，招聘部门所发布的信息是否公开、透明、真实都是求职者需要密切关注的问题。再者，招聘部门在选拔过程中是否能够坚持人员招聘中的一些基本道德原则、是否有人来监督招聘的公平性等问题都是需要企业各个部门之间根据招聘需求仔细协商制定出相应的指标的。从求职者的角度来看，校园的应届毕业生比较关注的是工资和职位。他们能否在企业承诺的时间内晋升到自己期望的职位？这在招聘的时候都还是未知的，所以企业应该给予一定的指标进行考核，再做出承诺。避免求职者产生企业信誉不好的想法，继而影响企业以后长期招聘工作的顺利进行。

4.1.2 平等就业权与就业歧视

4.1.2.1 就业权的主要观点

关于就业权，主要有以下三种观点，我们分别予以分析。

第一种观点认为，工作权利由生存权利派生而来。就获得工作是维持生命的生活必需品的必要手段来说，工作权是由生存权派生而来的。但是这样派生出来的权利是一种消极的权利，而非积极的权利，它依赖于这样的一个假设：剥夺了工作就剥夺了生存手段。然而，这一假设是不能成立的，因为，即使没有工作，但如果有足够的社会保障，生存不会有问题。

第二种观点认为，工作权利由发展权派生而来。但是仔细考虑后仍然会发现不合理之处。如果工作是人类体力智力发展的手段，那么为了发展我们必须工作。但是通过其他活动，如娱乐、阅读等活动同样会获得人的发展，有的人一直不从事所谓的工作却得到了很大的成功。另外，工作不是一定能促进人的发展，例如，枯燥重复的工作恰恰束缚了人的发展。

第三种观点认为，工作权利由被尊重的权利派生而来，这一观点被认为是依据最充分的。然而，人属于人类社会，健全的、有能力的社会成员在社会中发挥着各自的作用。每个人都有权这样做，没有哪个成年人是“多余者”或者“牺牲品”，这表明人们在社会中既要维持生存又要承担责任，工作正是这样一种典型方式。自我尊重和他人对我们的尊重都与我们的行为以及我们在社会中生存而承担的责任紧密相关。

就业权既是一种客观权利，也是一种未实现的权利，说明公民享有这种权利的可能性，并不代表公民的实际拥有。就业权的具体实现与一定的社会历史条件相联系。由于人们自身生理心理条件的差异性和经济社会发展的不平衡，就业权的具体实现存在着一定程度的区别。

我国劳动法规定：劳动者就业不因民族、种族、性别、宗教信仰等的不同而受到歧视。“就业歧视”是违反伦理道德的，一方面，“就业歧视”会导致社会上很多弱势群体如：老人、妇女、残疾人等人的基本生活发生重大变化，我国有些地方的女性以及残疾人因为受到歧视而不能得到更多的高等教育而失去很多工作机会的现象很严重，使大多数健康的人占有更多的机会和资源，这就会导致社会的不均衡；另一方面，“就业歧视”会危及人最基本的人格尊严，社会上每一个个体的存在都是需要他人的尊重和公平对待的，不能因为歧视而在应试、升学、求职、升迁、培训等经济活动中失去应有的机会。这些种类的歧视不仅会在受歧视者的心理上形成严重的伤害，还会导致一定程度的身体上的伤害。

4.1.2.2　就业歧视的主要表现

由于企业从业者角色的多样化及员工之间的地位不平等，企业人力资源部门在对从业人员的招聘与选拔过程中就会制定出具有高度针对性的人力资源选拔标准，随之而来的便是歧视问题的产生，就业歧视在某种程度上造成了社会人力资源的浪费。日常工作中常见的就业歧视有如下六种表现形式。

（1）年龄歧视。年龄歧视是目前职场中一种较为常见的歧视。35 周岁原是机关招考公务员的杠杆，不知何时被社会上众多的用人单位效法，在招聘员工时纷纷将 35 岁以上的求职者拒之门外。世界卫生组织对年龄段的划分标准是：18 周岁以上到 45 周岁以下是青年，46～59 岁都是年富力强的“中年”。很多处于这个年纪的人，经验丰富，身强体壮，却被拒之于很多工作的门外，这些工作既不是要求跑得快、跳得高的体育运动，也不是凭力气吃饭的拉车、挑担、搬砖头，而是更看重知识和技能的“脑力劳动”。“35 岁现象”限制并阻碍了人才的合理流动，而 35 岁以上的下岗、失业人员，尤其是女性，已成为就业的困难户。社会上对于年龄歧视的关注度日渐增加。

随着中国老龄人口比重不断上升，人口老龄化程度加深，老龄化与再就业问题也备受关注。改善年龄歧视这一问题，亟须政府以及社会尤其是企业的努力。首先政府：①鼓励“高龄二度就业”，通过各类协管员、书报亭、社区公共服务性岗位来安置老年人，以此来避免老年人“空巢期”的孤独感。②对于吸纳女 35 岁以上、男 40 岁以上失业人员、大龄人员的企业，由政府对单位进行社会保险补贴，减轻企业的用工成本，鼓励企业吸纳失业人员。其次企业：①转变对大龄人的成见，雇用他们的成本相对较高，需要支付医保费用。但是对于许多年龄偏大的员工来说，他们的医保计划中已经不需要考虑他们的子女了。②接纳有知识和经验的大龄人，雇用他们来培训年轻的员工。

（2）性别歧视。雇主不应因为应聘者是女性就拒绝雇用，也不能因为雇员是女性而考虑保留男性雇员将其辞退。对于变性人也不应该在员工福利、工资报酬、员工培训等方面对其进行歧视。与性别歧视有关的妇女就业现象普遍存在于各个领域的各个行业，典型的现象有以下几种：一是就业歧视中普遍包含的报酬歧视现象，同等工作能力的女性得不到同工同酬的待遇；二是在工作能力优秀甚至超过男性的情况下，仍然在某些工作任务上遭遇歧视，例如，一些需要长期在外出差的工作，一般情况下公司是不会选择女性担任这种职务的；三是由于结婚、生育的原因导致女性在工作中需要被照顾，例如，产假等因素，导致很多招聘者不愿录用女性，尤其是在刚刚成立的公司中，领导会要求员工有充足的时间为公司的发展做出牺牲。

从企业的角度讲来讲，雇用女员工除了成本相对很高（生育保险等），更重要的是休产假会导致企业流程受阻。此外，由于女性的生理特点，企业一般不能安排其单独出差，加夜班还要考虑安全问题，这种由于生理差异带来的问题让用人单位觉得“麻烦”，成为一种生理性的就业障碍。但是从长远来看，企业的性别歧视不利于企业发展。女性蕴涵着极大的创造力和相对于男性的独特的智慧与个性，是伟大的人力资源。而女性参与企业的发展，更能激发企业的可持续创新发展。而且企业具有反对偏见的社会责任。

（3）健康歧视。2004 年 4 月 2 日上午，备受媒体和法学界关注的中国乙肝歧视第一案，在安徽省芜湖市新芜区人民法院公开宣判，法院一审判决确认，被告芜湖市人事局在 2003 年安徽省国家公务员招录过程中做出取消原告张先著进入考核程序资格的具体行政行为，主要证据不足。依照法律规定，该行政行为应予以撤销，但鉴于招考工作已结束，故该行为不具可撤销内容。因此，原告要求被录用至相应职位的请求未获支持。

2003 年 6 月，原告张先著在芜湖市人事局报名参加安徽省公务员考试，报考单位为芜湖县委办公室。经过笔试和面试，综合成绩在报考该职位的三十名考生中名列第一，按规定进入体检程序。2003 年 9 月 17 日，张先著在芜湖市人事局指定的铜陵市人民医院的体检报告显示，其乙肝两对半中的 HBsAg、HBeAb、HBcAb 均为阳性，主检医生依据《安徽省国家公务员录用体检实施细则（试行）》确定其体检不合格。张先生随后向芜湖市人事局提出复检要求，并递交书面报告。同年 9 月 25 日，芜湖市人事局经请示安徽省人事厅同意，组织包括张先著在内的十一名考生前往解放军第八六医院进行复检。复检结论仍为不合格。依照体检结果，芜湖市人事局依据成绩高低顺序，改由该职位的第二名考生进入体检程序。并以口头方式向张先著宣布，其由于体检结论不合格而不予录取。

就业中的健康歧视是指劳动者的健康状况既不危害公共卫生安全，也足以胜任工作，而用人单位依然以其健康问题为由对其就业予以不利限制。传统理论认为，健康就业歧视问题主要是针对残疾人的歧视。但是，健康就业歧视在现代社会又表现为更加多样的形式，其中主要就是病毒感染者的健康歧视现象，诸如对于艾滋病病毒感染者、乙肝病毒感染者的健康歧视问题。健康歧视问题严重究其原因是法律的不完善和人们缺乏对病毒感染的认识。

（4）户籍歧视。户籍歧视是指户口的樊篱分割了统一开放的人才市场，使得本地户口与外地户口、农村户口与城市户口成为招用人才堂而皇之的条件，使很多非本地户口的人才在用人单位无法成为正式职工，影响了人才的社会化，也是用人单位自我限制了选才的视野。

户籍歧视产生的原因比较复杂，有经济和社会层面的原因。例如，有些城市规定一些工作岗位限制聘用外地员工，就属于政策方面的原因，制定这种政策的初衷，是希望通过本地人担任涉及财务和安全的工作职位，降低用人单位的风险。而实际上，“户籍限制”并没有降低这些职位的用人风险，客观上却形成了一定程度的就业地方保护。

一些城市为了提高本市人口的就业率，也会人为地增加这种职位限制的范围。从短期看，存在“户籍歧视”的城市在某种程度上可以实现就业的地方保护，减轻社保负担，让应聘人员更加安心地在某个单位工作。但从长期看，相对于那些实行户籍平等策略的城市来说，这些城市对优秀人才的竞争也减弱了，阻碍了当地经济的长远发展。

（5）身高歧视。2001 年 12 月 23 日，中国人民银行成都分行在《成都商报》第 1 版头条显著位置，刊登了该行的“招录行员启事”。其中第 1 项规定招录条件为“男性身高 168 公分，女性身高 155 公分以上”。四川大学法学院 2003 届毕业生蒋韬，在寻求工作中看到这个消息。他认为自己符合规定的其他各项条件，但因身高问题却被拒之招录报名对象的范围之外，为此，蒋韬将招工单位告上了法院。这也是劳动者反就业歧视寻求司法救济的开端。

用人单位以身高不足“退档”或“拒绝面试”，这不仅是个人的不幸，更多的还是社会的悲哀。国民经济发展的后劲大小，关键取决于劳动者的整体素质。行业以身高作为人员取舍的重要条件，无疑增加了社会就业的成本，不仅不利于扩大就业，反而造成人力资源的严重浪费。

（6）容貌歧视。2003 年 8 月中旬，天津“丑女案”引起了社会各界对劳动就业中容貌歧视现象的普遍关注。事实上，在 2003 年和 2004 年外交部招录公务员的标准中，也有一个“五官端正”的要求。而在一些单位招录某些岗位中，“五官端正”、“气质佳”等已成为录用的重要标准。

容貌歧视是就业歧视中比较突出的一项，据统计“好看的人”在招聘中被录用的机会高于“普通人”的 2 ~ 5 倍；“好看的人”平均工资高出“普通人”12% ~ 16%；“丑人”被解雇的可能性高于“普通人”2 ~ 6 倍。企业与人才的市场博弈是就业容貌歧视的一个重要原因。劳动力市场职业供求状况总体分析报告说明，在企业与人才的市场博弈中，企业处于主导地位。它们有更多的选择余地，作为弱势群体的求职者面对僧多粥少的严峻形势。企业有用人自主权，有选优的权利，但是这种选优的权利是在尊重和保障基本人权的基础上的选优，不能损害个人的尊严。

为了使企业的招聘选拔工作更加伦理化，企业人力资源部门在招聘过程中就应该把重心更多地放在求职者的道德品质、职业素养、专业知识等综合素质方面，而不是针对年龄、性别、户籍、种族等的差异而斤斤计较。颇具社会责任感的企业应该为求职者提供更加公平、公正、公开的就业机会，坚持“以人为本”为企业引进一批多元化的、具有真才实学的优秀人才。

4.1.3 聘用自由的伦理问题

聘用自由是指雇主可以在任何时间、任何地点甚至是没有理由的条件下雇用和解雇员工；同样员工也可以在任何条件下自由选择雇主。双方根据自身意志自由达成合同。由于就业合同是相互的而且是双方自由达成的，它的开始和终止都是“自由”的。从伦理方面分析聘用自由主要存在以下四个方面的伦理问题：

(1) 雇主和雇员之间的不平等关系。表面看起来遵循聘用自由原则，双方之间都很公平，可是无需花费多少想象力，我们就可以意识到雇主和雇员之间的关系从一开始就是不平等的。雇员必须依靠劳动获得维持生活的必需品，他们一方面被迫从事劳动；另一方面又担心随时被解雇而失去工作。因此他们不能如雇主一样自由规划对雇员的要求，自由地确定自己的择业条件。人们不可能做到想去哪里就去哪里。相反，雇主确立雇用要求，如果有人拒绝接受条件，还会有其他人在等待机会接受工作。如果条件过于苛刻而没有人申请，公司可以改变雇用条件吸引人员。如果雇员离职，公司还有大量的机会去寻找替代人员。因此，所谓“聘用自由”并非平等互利的关系。

(2) 外部因素的驱使。只有在不存在强迫的情况下，双方自愿达成的交易才是公平的。所以满足这个条件必须保证工人并不是因为高失业率等自身以外的情况影响，才接受雇主提供的工作。但在实际生活中，社会造成的劳动力市场供大于求的情况经常发生，员工面临外部条件的限制而签订一份实际上是不公平的合同，例如，生活所迫必须立即寻找工作，不能进行更多选择和谈判。

(3) 不道德的雇用条件。由于应聘者的性别、年龄、身高、种族、信仰和其他与工作无关的标准就剥夺某些应聘者被雇用的权利，是极其不合理的。现实职场中，因为这种因素在初试过程中就被淘汰的求职者屡见不鲜。他们大多怀揣着自己远大的理想、积蓄已久的热情来到心仪的企业应聘，无不希望得到一份理想的工作，但是因为很多企业都因为这种不道德的雇用条件直接把求职者拒之门外，导致社会中必然有一小部分人群得不到合理的就业机会。因此，我们反对各种不道德的歧视行为，始终提倡企业坚持雇用中的聘用自由原则。

（4）不公平解雇的现象。由于雇员的沟通能力有限、与雇主之间关系的不协调导致的不公平解雇的现象也是普遍存在的。现实情况中，在员工完成既定工作的同时，还需要积极主动地帮助公司上层做一些工作，以得到上层领导的认可和重视，在这种情况下就会有很多雇员在不知不觉中被领导忽视，导致裁员的时候无辜丢掉工作，往往这种普通的劳动者又不愿意通过诉讼这种昂贵的途径来解决问题，所以不公平解雇的现象就普遍存在于社会的每一个角落。我们一致提倡更加科学、公平的绩效考核制度，来制约这种公司上层领导的不公平解雇行为，使我国的劳动力市场更加趋向于公平与和谐。

4.2　薪酬管理中的伦理问题

4.2.1　薪酬的影响因素

4.2.1.1　经济因素

根据泰勒的“经济人”的观点，员工到组织中工作首先是为了获取劳动报酬的。所以，求职者在选择职业、选择企业的时候都会非常重视经济因素。从另一个角度来看，相对于在岗的员工同样也是追求高薪报酬的，因而这一部分人才也会因为经济因素向经济比较发达的地区或者企业转移。

4.2.1.2　文化因素

如果说经济是可以用具体数字来形容的一个重要因素的话，那么文化正好是一个抽象的、无形的、影响企业经济效益的重要因素，有的时候甚至是至关重要的因素。现代企业在吸引优秀人才的时候靠的往往就是这种文化型的“软实力”来博得求职者的青睐。同样地，从企业的角度来看，它也需要有自身发展的特色文化，来寻找与之价值观念相匹配的综合性优秀人才，并获得更好的经济效益，从而制定更加合理的薪酬分配制度。可见文化对于一个企业的优化配置是至关重要的影响因素。

4.2.1.3　环境因素

这里的环境因素不仅包含广义的社会环境、舆论环境，还包括企业层面的制度环境、领导环境等一系列制约薪酬制度优化发展的环境。薪酬制度的制定应该是针对不同岗位的劳动者而科学地、合理地分配劳动报酬的行为。它的发生不得不受社会环境的影响及舆论环境的冲击。在多种社会因素面前如何制定优化的薪酬配置制度又是企业层面的薪酬管理人员面临的一个难题。所以企业的领导环境在薪酬管理中起到很重要的作用。如果领导的行为影响到企业每一个基层员工的根本利益，如平安高管的"天价薪酬"事件，那么社会和舆论都会将它曝光，一个正在稳定发展的企业是不希望看到这样被社会攻击的形势发生的。

例如，央企高管的薪酬和福利备受公众关注。2010 年年初，国家审计署查出一份新华人寿给包括前总裁孙兵在内的 47 名高管购买的补充养老险保单，按照保单，孙兵退休后每个月可以领取 9.28 万元，如果按照 80 岁身故测算，一共可领取约 2665 万元。此事掀起轩然大波。后经有关部门进行调查及处理。

可见，无论是在什么样的企业中，一旦出现不道德、不公平的薪酬分配现象，是难免被社会所原谅的。因而企业在制定薪酬分配制度的时候应该综合考虑各方面的因素，避免出现类似的不公平事件，不要在伦理方面受到争议，并努力把自身的薪酬分配制度不断完善，达到资源的最佳配置效果。

4.2.2 同工同酬的伦理化视角

关于同工同酬有两种解释。

第一，英国的《同工同酬法案》规定，"当女性雇员与男性雇员所从事的是类似的工作（like work），或者是相当的工作（work rated as equivalent），或者是价值相同的工作（work of equal value）的时候，女性员工的雇佣合同的条款必须与男性平等。"由此可以看出，在英国，《同工同酬法案》的制定和实施的根本目的是解决男、女性别歧视带来的一系列工作中的不平等问题。

第二，在我国，所谓"同工同酬"根据《劳动法》第四十六条规定"工资分配应当遵循按劳分配的原则，实行同工同酬。"劳动部办公厅《关于（劳动法）若干条文的通知》（劳办发［1994］289 号）第四十六条就此做出的说明："'同工同酬'指用人单位对于从事相同工作，付出等量劳动且取得相同劳动业绩的劳动者，应支付同等的劳动报酬。"可见，在我国"同工同酬"是按劳分配原则的具体实践。

两种解释的侧重点虽有不同，但是究其根源，"同工同酬"一词的提出是为了遵守人力资源管理中的伦理道德规范。

随着社会经济文化发展的不断深入，伦理道德和企业文化逐渐丰富了企业管理的内涵，同时也拓宽了企业人力资源管理的知识结构。人作为企业人力资源管理的主体，其行为离不开伦理道德的制约。伦理道德是普遍存在于人力资源管理中的道德准则，它潜移默化地影响着企业管理层和底层员工的决策行为。“同工同酬”正是基于这样一个社会现状而衍生出来的一种公平机制，它维护员工的基本权利、提倡按劳分配、打击多种就业歧视、保护基层员工的薪酬安全不受侵害。我国现行的工资制度在伦理道德方面主要体现出按劳分配的原则。

我国现行的工资制度主要有工资等级制度和结构工资制度两种。

（1）工资等级制度是指根据劳动的复杂性、繁重性和责任大小划分等级，按等级发放工资的制度。它由工资标准、工资等级表和技术等级标准三个部分组成。对不同地区、不同行业、不同工种、不同岗位、不同技术水平的职工规定不同的工资等级。

（2）结构工资制度，也称“分解工资”制，它把劳动者的工资与本人的工作职务、责任和劳动绩效密切结合起来，以利于提高劳动者的业务水平和工作效率，促使人才的合理流动。结构工资由基础工资、职务工资、工龄工资、奖励工资等不同职能的工资组成。这两种工资制度可以不同程度地保证按劳分配原则和效率公平原则的贯彻实施。

然而，即使法规和制度都是健全的，在企业的实际操作中不道德的伦理问题还是屡有发生，同工同酬也在实际薪酬管理中演变为“同工不同酬”。其成因主要体现在以下几个方面：

首先，是劳动力市场供大于求的必然。我国有丰富的劳动力资源，使得劳动力市场供大于求，劳动者在建立劳动关系方面处于弱势地位，往往只能被动接受企业的分配方式和分配结果。

其次，是城乡差别在用人单位体制上的反映。我国的劳动力市场原来分为城市劳动力市场和农村劳动力市场，户籍大门打开后，这两个市场的差别消失了。但是城市劳动力市场内部出现了二元的劳动力市场，事业单位和国有企业分为正式的有编制的劳动力队伍和非正规的临时工合同队伍，后者由农民工和城市临时工组成。

最后，是地方政府劳动政策使然。为了以更低廉的劳动成本吸引外商投资，许多地方政府制定了所谓的劳务工、实习生、临时工的政策，这不仅给用人单位对此类员工支付低于合同工工资待遇的借口，而且变相地允许用人单位在用工问题上规避其应当承担的强制性保险义务，直接造成了同工不同酬。

4.2.3　薪酬管理中的伦理问题

4.2.3.1　薪酬保密性

关于薪酬的伦理化探析中，其中尤为重要的一点就是薪酬的保密性，它不仅涉及企业的诚信机制，而且与每一位员工的切身利益息息相关。因此，薪酬的保密性问题一直是业界的一个比较有争议的话题，这种争议主要体现在“企业中除了薪酬的领取者本身之外，其他的人应该在多大程度上知道员工的薪酬情况?”此问题的答案往往都不是唯一的。从企业的角度来看，它作为薪酬制度的制定者，更希望薪资情况的透明度较高，来展现企业的公平、和谐的文化氛围，并以此来提升员工的工作激情。从员工的角度来看，不同的员工有不同的态度，他们应该在入职前了解企业这方面的规定，以决定自己是否适应这种薪酬保密性的模式。

现代企业中对于薪酬的保密性问题主要有以下两种情况：一是薪酬开放模式，是指员工的个人薪酬水平是在全公司甚至全社会公开的。许多机构和组织、公共部门等的员工的薪酬都是采取的这种模式。另一种是指薪酬保密模式，在这种模式下只有员工本人、他或她的上级和负责相关工作的人员可以知道薪酬情况，并且在大多数保密导向的组织里，员工被告知不能谈论与薪酬相关的问题，特别是他们自己的薪酬。

4.2.3.2 薪酬安全

对大多数求职者来说，自己的利益是非常重要的，他们在入职前会考虑企业在未来的不可预知风险中是否会对自己的薪酬安全负责，自己是否能够在薪酬方面得到一定的保障？这些需求都是对一个企业伦理道德方面的预期效果，企业应对员工薪酬安全所尽的义务是企业形象的重要组成部分。对薪酬的安全性预期的信心能对员工产生某种程度上的激励作用。为此，人们提出了各种提供这种安全性的计划，如预算年度资金、补充失业保险、生活成本津贴、离职金、资历规划和雇用合同。

在“有保证的年薪（GAW）”计划中最知名的是宝洁公司，HORMEL MEATS 和 NUNN - BUSH 制鞋公司。它们的一个共同特点就是一般的雇员与管理者的关系很好，而且产品或服务需求非常稳定。

在“补充事业保险（SUB）”法中，如果没有工作安全性的话，雇主就增加失业薪酬以帮助员工获得收入的安全性。汽车、钢铁、橡胶、服装和玻璃等行业，都投资建立了一个基金以向被解雇的员工支付补充失业保险。

生活成本调整（COLA）指的是根据生活成本的上升或下降增加或减少工资。该计划使用了来自劳动统计局的数据调整工资和薪水。消费物价指数（CPI）度量了假设的一篮子商品和服务的价格变化，它被用来作为生活成本指数。这种调整不是建立在公司绩效的基础上的。工会创造了 COLA，从而保护其成员在通货膨胀率高时实际工资不缩水。

在许多企业中，雇主提供从就业到失业再重返岗位的桥梁，这就是离职金。通常每服务一年可获得相当于一个星期工资数额的离职金。离职金不能为工作提供保障，但是能在员工丢掉工作时帮助他们。

4.2.3.3　薪酬压缩

薪酬压缩（pay compression）发生在员工察觉他们自己的薪酬和同事的薪酬之间的差异过小时，许多美国公司面对着高级管理者和其下属之间薪酬距离的日渐缩小。10%或更小的差异是很平常的，一些情况下，下级雇员挣的薪水比他们的上司多。这样造成了士气的低下，导致生产效率降低、更高的缺勤率和员工流失。一种识别薪酬压缩的方法是检查薪水和任职者在公司的工作的时间。

解决薪酬差异最小化问题的方法包括以下几点：

（1）重新考察需要多少进员。在薪酬压缩的情况下，企业应该根据企业的现时需要来决定所需进员的数量，这对企业绩效和成本都具有相当程度的促进作用。这样考虑，一方面可以把不必要的成本节省在职员工的福利上，并以此激励员工更加忠诚、勤奋地工作；另一方面对企业的绩效和形象塑造方面都是一种积极的推动力量。

（2）对聘用本身进行重新评估。聘用的过程本身是非常严谨的，但是一旦出现问题，就必须对此进行更加细致的评估。从聘用的基本原则开始考核，逐步斟酌聘用过程中的每一个环节，直到发现产生这种问题的根源，并采取科学化、标准化的方法来解决。

（3）注重工作评估过程，强调绩效而不是薪酬等级的设定。在绩效考核环节，重要的一环是如何合理地评估每一位员工的工作水平？这就把侧重点转移到日常的工作评估当中去，而不是在最后薪酬等级的划分上。日常工作的评估最能体现员工对工作的热情和努力程度，所以在评估过程中应该制定严谨、科学的评估机制来确保每一位员工的得到最公平的评估结果，从而使其信服薪酬等级的划分依据。

（4）将所有薪酬建立在资历的基础上。员工最终得到的薪酬可能是由很多部分组成，所以在薪酬制度的制定过程中应该把员工的所得与其在企业中的资历紧密联系起来，以实现员工价值的认可度的提升。这样不仅激励员工更加努力地为企业工作，更能调动全体职员的工作积极性，对营造企业中良性的竞争环境也起到潜移默化的作用，员工会努力提升自身道德素质、工作技能等各方面的能力。

（5）授权一线监管者和其他经理为那些受到薪酬压缩不公平对待的任职者提出公平的调整建议。薪酬压缩在薪酬管理伦理方面无疑是一种非常不公平的现象，在这种情况下，企业的一线监管者及各级经理都有权利和义务为这些遭到不平等对待的员工提出合理的调整办法，制定相应的调整措施，来保护员工的利益不受侵害。

(6) 减少雇用期望过高薪酬的员工。对于企业中这一部分员工的存在，企业的绩效是受到负面影响的。从员工的角度来看，其对过高薪酬的期望是一种工作的动力，一旦长时间无法得到这方面的满足，他的工作欲望就会降低，工作能力也会随之下降；从企业的角度来看，这样的员工的存在会对企业的工作环境造成严重的负面影响，不仅威胁到企业的现时利益，更能影响企业长久的发展。所以，企业应该减少雇用期望过高薪酬的员工来保障自己的长远发展。

4.3 员工管理及培训中的伦理问题

4.3.1 员工管理中的伦理问题

4.3.1.1 员工关系伦理

员工关系是体现企业伦理道德环境的一个重要表现形式，它从很多角度要求企业规范自己的伦理道德环境、优化企业文化、提升企业价值，并为员工提供更加和谐、舒适的工作环境。员工关系所反映出来的伦理问题主要有以下三个方面：

首先，是员工之间的恶性竞争。在竞争日益激烈的现代职场中，不仅存在着企业与企业之间的各种竞争，还有企业内部的员工之间的竞争。例如，为了一个空缺的职位，很多人不顾旧日的情感，采取一些不道德的手段来满足自己的欲望；在金钱和地位面前，这种恶性的竞争日益激化，形成了一种不健康的竞争风气，直接影响到企业的稳定发展。

其次，是员工的忠诚度问题。面临高额回报，一部分员工会丧失理性，出卖自身企业的一些高度机密。这种丧失伦理观念的做法在职场中可谓屡见不鲜。同样地，面对着更高的职位和报酬，很多人频繁跳槽。然而，有一小部分管理者和技术人员在跳槽之后，会为了提升自己的业绩而有意识或无意识地出卖曾经为之卖力的企业中的一些机密以及技术。

最后，是员工工作上的“搭便车”行为。很多企业都存在着这样一种人，他们不怎么努力地工作也能获得与别人相等的报酬，这中“搭便车”的行为在日常工作中非常常见。这种做法虽然没有违背什么法律法规，但是从伦理的角度来剖析，就可以看出这样的做法是不合乎伦理道德的，这样做不仅仅窃取了他人的劳动成果，也为企业带来一定程度上的成本损失，影响企业的绩效。

这些员工关系上的伦理问题对企业的管理做出了新的要求，企业应该在以下几个方面有所作为。

（1）注重团队精神，避免员工恶性竞争。在员工培训过程中，注重采取一些灵活的方式培养员工的团队精神；并通过建立胜任特征模型。帮助企业全面掌握员工的需求意向，有针对性地采取团队激励措施，避免不良竞争的再次发生。从管理者的角度来说，胜任特征模型能够为管理者提供管理并激励员工努力工作的依据，并帮助协调员工之间的关系；从企业激励管理者的角度来说，胜任特征模型可以提供激励管理层人员的有效途径与方法，提升企业的整体竞争实力。

（2）建立激励机制，提升员工忠诚度。对于泄露企业机密的现象，企业应采取提前预防与事后惩罚相结合的办法；在预防阶段，企业应该关注员工的伦理道德素质培养，不妨在培训课程中专门设置相关的伦理课程，以规范员工的道德素养；在危机处理阶段，企业应该严惩这些损害企业利益的员工，并根据实际情况给予相应的惩罚。

（3）规范绩效考核，避免员工“搭便车”。树立企业的诚实与信用规范，员工与管理者之间应该相互信任、诚实不欺，在绩效考核阶段实行科学性的考核方法，对员工的各种需要予以不同程度的满足或限制，引起员工心理状况的变化，以激发员工向企业所期望的目标而努力。

4.3.1.2　性骚扰

性骚扰被欧洲委员会在其从业规则中定义为“具有性本质的行为，或者在工作中包括上级领导在内的其他性侵犯男女尊严的行为”。1955 年波利切诉斯特拉思克莱德区域委员会（Poreelli v Strathelyde Regional Couneil）一案使性骚扰首次被英国认定为是构成性别歧视的不公平待遇。一名图书馆的女性技术人员因为她两名男性同事的不当行为而不得不辞职，这两名男性工作人员辩称他们也会对男性同事实施同样的行为。但法院认为，尽管这两名男性工作人员辩称他们也会对男性同事实施同样的行为，但他们对同性人员的行为与对该女性人员的行为并不是相同的，性骚扰只发生于异性之间，所以原告所受的遭遇与同样受到排挤的男性同事是不同的关系。考虑到他们的行为方式，此种行为应当被认为是性骚扰，从而构成了工作中的不公平待遇。

性骚扰的地点大多发生在工作场所，少部分发生在公共场合或者私人场合。中国企业联合会雇主工作部法务主管赵国伟指出，工作场所性骚扰主要包括两种类型，即“交易性”骚扰和“制造敌意工作环境”骚扰。“交易性”骚扰指在企业身居高位者以给予或保持某种工作中的好处，包括加薪、提拔、提供培训机会等，向员工提出性要求。“制造敌意工作环境”骚扰指不受欢迎的性攻击、性要求，或其他带有性色彩的语言或身体行为。其后果是形成不利于工作的，甚至是有害的工作环境。

4.3.1.3 竞业禁止

竞业禁止实质上是禁止职工在本单位任职期间和离职后与本单位业务竞争，特别是要禁止员工离职后就职于或创建与原单位业务范围相同的企事业单位。员工离职后的这种行为是违反伦理道德的。其在职期间对企业的内部情况应该尽保密的义务，离职后更不能因为自己的利益而出卖原来企业的信息。竞业禁止这一概念的提出很好地规范了员工的行为不违反伦理道德。

理论上，竞业禁止对于企业和个人都有好处。对企业来说，尽管需要支付一定的补偿金，但是可以避免人才频繁流动带来的损失和商业机密的泄露；对个人来说，则可以在相应的竞业禁止合同中，要求企业提供培训机会、成长空间，并且在离职后获得相应的补偿。为了更好地保障劳动力的自由流动，可以兼顾企业商业秘密的保护。2008 年 1 月 1 日起施行的《中华人民共和国劳动合同法》对竞业限制作了修订。其中第 24 条规定，竞业限制的人员限于用人单位的高级管理人员、高级技术人员和其他负有保密义务的人员。在解除或者终止劳动合同后，限制前款规定的人员到与本单位生产或者经营同类产品、业务的有竞争关系的其他用人单位，或者自己开业生产或者经营与本单位有竞争关系的同类产品、业务的期限不得超过两年。并要求竞业限制经济补偿金的给付应当在解除或终止劳动合同后的竞业限制期限内按月支付，竞业限制经济补偿金及违约金的标准均按双方约定执行。

4.3.1.4 解雇管理

管理者对员工的管理中最严厉的一种处分措施就是解雇。正因为这样，管理者们要保证有足够的理由这样做才能给员工一个真正公平的处分。一般情况下，管理者会在已经采取了合理的措施改善员工的行为或挽救员工之后才会决定将其解雇。

显而易见，解雇的最好办法是避免在公共场合或在危机现场解雇员工。在有些情况下，也有很多解雇是因为雇用决策发生错误。所以有经验的管理者会利用一些流行的人员甄选方法，如评估测试、绩效考核、推荐信审查和背景调查、毒品测试，以及清晰的工作描述等，这样可以大量地减少解雇的需要。

解雇主要有四大理由，分别是业绩不能令人满意；犯错；不具备岗位资格；工作岗位的要求改变或工作岗位被取消。业绩不能令人满意可以定义为长时间不能胜任工作或不能达到已有的工作标准。具体的原因包括长期旷工，长期不能达到正常的工作要求，对公司、主管或同事态度恶劣等。犯错是指蓄意违反企业的规章，包括偷窃、行为粗暴、不服从管理等。不服从管理也是一种错误，有时候会导致解雇。偷窃、长期旷工、工作能力差，这些都是具体的解雇理由，但不服从管理有时候很难用文字来表述。某些行为不管在什么时候、什么地方发生，都会被人们视为不服从管理。而不具备岗位资格是指雇员虽然很勤奋，但没有能力从事所分配的工作。由于在这种情况下员工可能努力工作，因此，雇主应当尽可能留住他，并分配给他别的工作或对他进行再培训。工作岗位的要求改变是指在工作性质改变以后，员工无法胜任该工作。同样，如果某个员工的工作岗位被取消，雇主也可能不得不解雇他。如果这名员工很勤奋，可能的话，应该对他进行再培训或转换岗位。

4.3.2　员工培训中的伦理问题

企业有责任和义务对员工进行相关的知识和技能培训，为员工提供继续学习深造的机会。培训的目的是让员工得到最快最好的发展，同时能让新的员工适应新的工作环境。从伦理视角分析员工的培训与发展，应该重视员工个体的伦理道德观念，以实现其自身的进步和企业的长远发展，这样可以为员工以及企业的快速发展提供有力的保障。招聘和选拔有潜力的员工并不能保证他们就会在工作上表现得很出色。因为招聘过程并不能让管理者清晰地了解员工的所有能力，因而首要的任务就是确保员工知道自己应该做什么，应该怎样做，要培训、指导他们。

入职培训是企业对新员工提供的一个必经的指导环节，他为新员工提供了出色完成工作所需要的基本信息，如公司的工作环境、工作地点、规章制度等。入职培训的整个过程囊括了简单的企业文化认知、企业制度熟悉、企业环境适应以及到最后发展为系统性的长期的正规课程培训。这第一部分的执行引导一般是由企业的人力资源管理专员来担任的，他们为新入职的员工解释一些工作中的基本注意事项。

培训流程包括五个阶段：第一，是培训需求分析，识别特定工作需要的技能，评估将要受训员工的技能，根据他们的不足之处制定具体的、可测量的知识和绩效目标。第二，制度设计，编写和制定培训内容，包括工作手册、练习和活动。如在职培训、电脑辅助培训。第三，确认阶段，通过把培训计划介绍给一小批代表听众，可以发现计划中的一些问题。第四，实施计划，对目标员工群体进行培训。第五，评估阶段，评估计划的成功与失败之处。

然而一部分员工在得到高质量的培训之后选择离开企业，去别的企业就职，这就存在一些伦理道德方面的问题。

（1）企业的重视程度。一些企业视员工培训的花费为企业成本，不愿意付出更多的资金来为员工进行科学的、系统的培训，导致企业的内部员工关系以及员工道德素质没有得到应有的提升，最终影响企业绩效。对于即将进入管理层的员工，企业更应该重视其人格的塑造和管理技能的培训，在竞争日益激烈的社会面前，企业的领导层在自身行为上无疑是员工的学习榜样，他们应该具有很强的责任感，其道德观念和行事风格都代表着企业的形象和文化，所以在进行培训的时候企业应该摒弃“培训就是成本”这种观念，并将其视为一种人力资源投资，来为企业储备更多具有高尚道德情操的综合型人才。

（2）员工培训的忠诚度。员工是否在得到优质的培训之后离开当前的企业去更好的企业发展，这是众多企业在培训时担忧的现实问题。一些员工可能会把企业的部分机密及培训过程中所接受的知识传播到其他的组织中去，直接导致企业的利益受到损失，所以，在员工培训这一环节，企业应该看中的是参加培训人员的综合素质，而不仅仅是某一方面的技能。应以提高员工的道德素质为主，提升其忠诚度和责任感，并在长期的培训中不断积累员工的专业技能。

（3）培训后的效果评估。培训的模式和内容都会在一定程度上提升员工的能力，但是如何准确地评估培训效果是培训人员面临的一个新的难题。培训之后的员工离职率、员工工作积极性、员工技能、员工道德素养等都是衡量培训效果的重要指标，要在短时间内评估出这次培训的效果需要在培训过程中就开始记录员工的反馈情况。这一过程中，最重要的就是反馈结果的真实性，员工应该从实际情况出发，以自身道德为瓶颈，反馈出最真实、最全面的培训满意度及培训收获。

【本章思考题】

1. 人力资源招聘都有哪些原则？应遵循什么原则？
2. 网络招聘中都存在什么样的伦理风险？
3. 如何理解就业歧视？这种现象可以减少吗？
4. 你认为工作中应该怎样管理好自己和上下级之间的关系？
5. 解雇的原因都有哪几种？
6. 员工应如何维护自己的隐私权？
7. 影响薪酬的因素都有哪些？你认为还有其他的制约因素吗？
8. 如何理解“同工同酬”、“同工不同酬”的含义？
9. 薪酬安全是否受法律保护？它都具备哪些特点？

【案例分析题】

天价薪酬*

自2008年3月20日中国平安披露年报以来，中国平安高管的薪酬收入就格外引人注目：董事长兼CEO马明哲、集团总经理张子欣、集团常务副总经理兼首席保险业务执行官梁家驹3人的税前收入分别为4616.1万元（没包括2000万元奖金）、4770.4万元和4813万元；同时，公司还有7名高管年薪税前收入超过千万元，国内上市公司中“无人能比”。

中国平安高管的天价年薪一经公布，就引起争议。主要的争议有几个方面：第一，高管薪酬是否与公司业绩合理挂钩？第二，公司业绩是如何取得的，与高管的个人才能和努力有多大关系？第三，高管薪酬是由谁制定的？制定者是否具有独立性？制定的依据是什么？

有人指出，2007年，全国农民人均纯收入4140元，城镇居民人均可支配收入13786元，马明哲的收入相当于1.5万农民一年辛苦所得，相当于4000多名城镇居民一年忙碌所获。

根据新浪网推出的“平安马明哲年薪6600万争议”专题调查显示，截至2008年5月3日，有12982万人参加了调查。“在你是否赞同‘平安三高管年薪均超过4000万’”的一项调查中，92.79%的网友表示“不赞同”，表示赞同的网友仅有4.75%，还有2.46%的网友表示对此事难以判断。

从事保险业已经9年多的刘女士，最近考虑是不是该转行了。“刚开始入保险这行的时候，特别兴奋，觉得这种多劳多得的提成方式很公平，每个公司的社保制度，不同险种针对人群，我都研究得特别透彻，一心想要在这个投资回报率高的行业扎下根来。9年过去了，现在我却渐渐感到疲惫了，心里的不平衡感也日渐加深。2000元的粗银收益却只能拿到1600元，那些跷着二郎腿在办公室什么都不用干的经理凭什么从我的收益中拿走400元？凭什么他们每个月不用跑单子就能拿一二十万元，而我却只有一两千呢？”作为中国平安保险的一名销售员，刘女士疑惑地说。

而平安公司认为，这样的薪酬是合理的。据2008年7月15日的《证券时报》报道，中国平安发言人表示，中国平安作为国内首家引进国际战略投资者的金融机构，以及严格国际化现代企业运作的两地上市公司，一直极为注重绩效导向，早在十多年前就建立了参照国际惯例、结合中国国情的薪酬管理机制，向来以“薪酬与业绩紧密挂钩”作为公司的核心竞争力和经营铁律。严格推行贯彻绩效导向的薪酬机制，正是中国平安得以在短短20年间快速、稳健发展的重要原因。

该发言人介绍中国平安薪酬制度、薪酬水平的制定，由公司董事会聘请独立薪酬管理顾问公司提出方案，经公司薪酬委员会、董事会批准并执行。其中执行董事的薪酬，还必须得到公司股东大会批准方可生效。其高管的薪酬结构特别根据“收入与绩效挂钩”的国际惯例制定，分“底薪奖金期权”三部分：第一，底薪按岗位制定，根据与业绩挂钩原则，占总收入比重较低；第二，奖金与当年利润挂钩，公司业绩不好，高管收入将自动缩水；第三，期权与公司股价挂钩，授予三年后方可行权，届时股价如果不上涨，则期权分文不值，同时期权实行封顶制度。

平安高管2007年薪酬较高，主要来源于业绩大幅度增长带来的奖金增加，以及2004年授予的期权首次行权。以该公司董事长兼CEO马明哲2007年个人薪酬为例：（1）底薪：税前为480万元，占2007年总收入不足8%。（2）奖金：占总收入不到30%。2007年中国平安利润155.8亿元，较2006年增幅高达107.9%，是2004年的5倍多。其高管2007年奖金相应较大幅度提升，但其提升幅度远低于利润的增长幅度。（3）期权：占总收入的60%以上。期权于2004年，按照当时平安H股发行价10.33元授予，2007年按照当年6月股价52元核定行权，这一价格较2004年中国平安H股上市价10.33增长了400%以上，与当前股价比较接近。

该发言人指出，中国平安高管的薪酬结构是完全以业绩为导向的，如果公司没有利润就没有奖金，股价不涨，期权就等于0，高管薪酬与公司利润、股价增长高度相关。他还强调，一些人对马明哲个人的评价也是不公正的。马明哲自1988年创建中国平安保险公司以来，带领中国平安从无到有、从小到大，快速发展成为中国最大的非国有企业和国内三大综合金融集团之一，业务范围覆盖产险、寿险、养老金、健康险、银行、证券、信托、资产管理等全面金融领域，位居全球金融集团前40位、保险集团第6位，进入《福布斯》全球500强。中国平安的许多重大创新都走在行业前列，为推动中国金融业的改革与发展做出了积极贡献，马明哲是当前国内金融机构中极少数的从公司创立负责至今的一把手，马明哲为中国平安的发展起到了不可或缺的重大作用，这些都是不可否认和歪曲的事实。

2008年7月17日，中国平安召开的该年度第二次股东大会。马明哲对自己天价薪酬的解释是，平安从无到有、从小到大都有他的辛勤努力，他对平安做出的贡献能匹配他的薪酬。同时，他表示，作为职业经理人，董事会根据他的表现发薪酬，并且他不是完全为了收入而担任这个职务，把平安带入世界500强是他最大的荣耀。

针对许多人的质疑，马明哲认为，“我们也在关注市场对薪酬的评论。平安高管的薪酬都是聘请独立的薪酬公司制定出来的，并经薪酬委员会、股东大会、董事会批准的。薪酬制度的制定是否存在不足，我们也在认真听取意见，但平安整个薪酬制度是合法合规的，执行董事包括我的薪酬都是在对外公告中公布的。”

2009 年 2 月 24 日，平安公司证实，因为 2008 年公司内外环境都发生了巨大变化，经济形势和公司业绩均受到影响，集团董事长马明哲希望以不领薪酬的方式，与公司上下及全社会一起共渡难关，并表示“零年薪”体现了平安一贯坚持并将继续坚持的绩效导向的薪酬机制。马明哲的年薪由底薪和奖金及期权奖励构成，“零年薪”是指这两部分薪资都没有了。

*资料来源：周祖城．企业伦理学［M］．北京：清华大学出版社，2009：153 – 155.

1. 马明哲 2007 年的高薪是否合理？如何看待“零薪酬”的实质？
2. 企业高管主动降薪固然具有积极的示范意义，但是如何避免薪酬激励制度流于形式呢？
3. 高管薪酬会对谁产生影响？产生什么样的影响？
4. 制定高管薪酬时应考虑哪些因素？

第五章　企业市场营销中的伦理

【学习目标】

通过本章的学习，需要达到以下目标：

1. 了解产品与服务中的伦理问题。
2. 了解定价中的伦理问题。
3. 了解分销中的伦理问题。
4. 了解促销中的伦理问题。
5. 了解网络营销中的伦理问题。

【重要术语】

产品安全；格式合同；歧视性定价；误导性定价；暴利价格；掠夺性定价；直销；传销；虚假广告；欺骗性广告；半真实广告；域名抢注。

【引例思考】

家装材料虚假认证成公害*

现在走在街上，时不时会有人散发传单，这些宣传品动辄就是“绿色环保”、“中央一套电视台推荐产品”、“中国著名品牌”，有的还附有弄不清楚是真是假的“洋证书”……家装行业虚假宣传十分严重，已经成为消费者投诉的热点之一，其中经营者以各种名不副实的宣传方式推销而引发的投诉占很大比例。

假认证、假血统、假排名主要表现在三方面：为取得消费者的信任，一些经营者打着“国家”机关的名义进行宣传。有些经营者在产品上张贴“绿色环保”、“中央电视台推荐产品”、“中国著名品牌”等，而发证的单位是否具备认证职能都不得而知。有的摊位上还发现了同一认证机构发出的多种不同版本的“证书”。

制造虚假的“外国血统”十分流行。“德国品质”、“意大利最具实力的品牌”、“源于美国”等广告宣传频频出现在家具、建材的展厅，甚至还悬挂大幅外国生产基地的照片，目的就是向消费者传递其独特的“国别”，标榜其产品品质。

针对家装、家具、建材市场的现实情况，专家提醒消费者在购买家具、建材时应注意几点：

①选购产品要注意查证各种认证标志。选购环保产品要看国家认监委授权颁发机构的环保证书，例如，中国环境标志产品认证委员会的十环证书；中国质量认证中心的 CQC 标志。

②购进口家具要查证“四单”，查证是否属于进口产品。购买进口家具时，首先应该检查家具的报关单、海运提单、装箱单和货柜发票，四单联合起来查证所购商品是否属于真正的进口产品。

③留意产品的目录册。一般来说，进口家具的产品目录册制作精美、装订成册，每本产品目录册背面都印刷有生产商的名字及联系方式，而仿制品的目录册大多只用单面的产品图片或照片，并未注明生产厂商的相关资料。

选购产品不要轻信商家自己的宣传。购买家居建材商品时最好能有一定的知识，比如多在网上看一看相关的情况，对一些认证标志、企业获得的荣誉称号等特别留意，对需要购买的产品做一些了解和调查，辨别商家对产品宣传的真假。

*资料来源：崔晓农，郝薇．家装材料虚假认证成公害，要火眼金睛辨真伪［J］．中国建设报，2007. 8. 23.

1. 虚假认证有哪些弊端？
2. 谁应该对虚假认证负责？

5.1　产品与服务中的伦理问题

5.1.1　产品设计中的伦理问题

产品设计的概念有狭义和广义之分。狭义上的产品设计是指产品的物理性质的设计。广义上的产品设计涉及从产品概念提出到产品生产销售的全过程，它不仅包括技术角度的物理产品设计，还包括确定产品的市场定位。产品设计需要综合考虑人、环境、资源的因素影响，着眼于长远的可持续发展。产品设计的伦理问题通常包括产品设计缺陷，产品定位问题、环境保护问题。

有缺陷的产品设计是导致很多灾难性悲剧的主要原因，也是产品或服务设计中常见的伦理问题。如 2009 年 8 月，美国加利福尼亚 45 岁的塞勒夫妇及其家人丧生于一场车祸，事故发生前，911 曾接到求救电话：“我们在一辆凌志车内，以 123 迈向北行，油门卡住了，无法刹车。”其原因经调查确认为“油门踏板缺陷”，导致无法刹车。丰田公司“踏板门”事件在全球召回 850 万辆车。丰田公司的“汽车召回”事件是产品设计缺陷造成悲剧的典型事例。

产品设计及定位是设计师和消费者双向决定的。产品设计师根据消费者需求决定企业的产品设计决策。首先，不具备必要功能的新产品设计，就无法满足消费者的需求，只能提供产品的用途，而无法增加价值。比如消费者购买吊灯，最主要的用途是照明，然后才是装饰作用，故产品设计时要多注重照明质量而非华丽的装饰。其次，有些产品对特定消费者具有不利影响，则厂商应该酌情考虑产品定位的目标群体，不能违反伦理道德。如未成年自我控制能力差，对电子游戏产品抵抗力差，容易上瘾，网络游戏运营商应适当避开青少年群体，将其定位在自控力强的群体，以免对青少年造成不利影响。

环境保护是产品设计过程中又一重要的伦理问题。很多企业生产产品或提供服务时，只注重对消费者的日常生活提供便利及福利，却很大程度上损害了自然环境，造成了环境保护问题。故在产品设计时，要遵循如下的伦理规则：

①安全性原则。安全性是指产品对环境无污染、对人体无伤害、对身心健康有益。例如家用电器的绝缘性、食品的卫生性以及汽车的环保性等。新产品的质量必须从整体上考虑，一定要注意每种产品是否具备安全性。

②实用性原则。实用性就是新产品满足消费者使用的功能，即实现功能的程度。新产品具有实际用途，才能满足消费者的需求。这是消费者对产品产生美感的基本出发点。实用性是产品的生命。

③环保性原则。“绿色环保”的设计观是人类实现可持续发展、拥有高质量生存环境、享受健康生活的必然要求，也是设计伦理的重要体现。优秀的产品设计应当在产品的整个生命周期中尽量帮助人类最高限度地降低对自然环境的破坏。

5.1.2 产品质量中的伦理问题

假冒伪劣产品、产品安全、产品虚假认证等问题一直是产品质量方面首要的伦理问题。消费者向公司购买产品或者服务，公司理应向消费者提供与价格相一致的产品或者服务。但现实中，企业往往对产品的真实信息存在故意隐瞒、捏造等不规范行为，或者提供的产品服务不符合标准，提供质量低劣产品欺骗消费者。

5.1.2.1 假冒伪劣产品

假冒伪劣产品在国际上被视为“仅次于贩毒的世界第二大公害”，成为当今产品质量问题中突出的一环。假冒产品是指使用不真实的厂名、厂址、商标、产品名称、产品标识等从而误导消费者以为该产品就是被假冒的产品。伪劣产品是指质量低劣或者失去使用性能的产品。假冒伪劣产品主要集中在烟酒、家电、服装、保健品、药品和化妆品等产品类别中，是严重的欺诈消费者行为，轻则带来消费者的经济损失，重则危害消费者身心健康。

5.1.2.2 产品安全

2011 年 8 月，刚刚经历“瘦肉精”事件的“双汇”又曝出“质量门”事件。成都一位市民食用双汇“Q 趣儿”火腿肠后，上吐下泻。而其他城市也相继出现发霉、生蛆、有异物、淀粉超标、产品过期等质量安全问题，“双汇”一时遭受消费者信任危机。

产品安全，是指产品使用过程中，各利益相关者的生命财产利益等都不会受到威胁、没有危险、危害或损失。产品的安全问题实际上是厂商生产的产品要能够保证一个合理的期望值，这个期望值是在消费者意料之中的。企业从伦理学角度进行产品安全评估主要有以下三步：（1）确定通过一定的努力能够获得多大的安全性及如何获得。这是生产者必备的技术知识。（2）确定就某一产品和行为要求多大的安全度。这是一个可以接受的风险程度的问题。它不是一个技术问题而是一个价值和价值比较的问题。这个问题可以由那些经历过这些风险的人来确定，包括最终客户、普通公众和代表公众利益的政府。随着科学和知识的进步，可接受的风险水平应该是不断降低的。（3）在上面两个问题确定后，再确定某个特定的产品和行为是否满足公众订立的标准。

5.1.2.3 虚假认证产品

产品认证是国际上通行的、用于产品安全、质量、环保等特性评价监督和管理的有效手段。不同的认证标志表明企业产品对相关标准的符合程度，可使企业或组织经过产品认证树立良好的信誉和品牌形象，同时让顾客和消费者通过认证标志来识别产品的质量好坏和安全与否。

通常，企业为了提高声誉或者借助认证来取得良好市场效益，进行虚假认证。近年来，随着佳洁士牙膏、两面针牙膏、乐天口香糖等涉嫌利用“牙防组”虚假宣传的事件曝光之后，类似的虚假认证曝光事件还包括“数字电视高清认证”、“绿色建材产品认证”、“绿色建材市场认证”等。虚假认证事件的频发，是企业经营者为达到宣传的目的，随意在产品上夸大其词，滥用“认证”，误导消费者。

5.1.3 产品包装中的伦理问题

在现代营销中，产品包装已经成为强有力的营销手段，良好的产品包装能为企业创造销售价值。目前，产品包装中存在过分强调包装而忽视内部质量，大包装及豪华包装造成的过度包装问题，包装欺诈及包装材料的环境污染等问题。产品包装中的不道德行为带来了很多问题，如过度包装对消费者产生误导，过度包装引发资源浪费和环境污染问题等。

过度包装主要是指包装物的价值超过被包装产品价值的1～2倍，中消协曾经明确指出，凡包装体积明显超过商品本身10%、包装费用明显超过商品价格的30%，就可判定侵犯消费者权益的“消费欺诈”。过度包装广泛存在于产品包装中。以月饼为例，中秋时节，月饼价格居高不下，本质原因是过度包装。通常月饼最少有三层包装，外层是豪华材料，如金属、玻璃、陶瓷、水晶及纸类材料等，中层有精美的绸缎和塑料、海绵等填充物，里层还有简单的产品包装。过度包装造成对资源的浪费。过度包装的成本由消费者负担，是对消费者的欺骗和误导，违背了诚信原则。

附赠品包装在包装物中附赠一些物品，从而引起消费者的购买欲望。如很多方便面或小食品的包装中赠送水浒英雄卡片，丰富有趣的卡片及其迎合儿童的心态，孩子们爱不释手，渴望拥有整套的卡片。但经常吃这类食品对儿童的身体健康不利，导致家长的普遍反对。

除上述两种情况外，产品包装内容不真实或在标签中提供容易误导消费者的信息的行为，也是违反伦理道德的。所以企业在做出合乎伦理的包装决策，应在决策时考虑以下几个问题：商品包装应能保护商品和消费者的人身安全；必须重视产品质量，切忌“金玉其外，败絮其中”的欺骗性包装；商品包装材料要符合“减量”（reduce）、“再利用”（reuse）和“再生循环”（recycle）的原则；商品的标签必须清晰、准确、易读，在商品包装标签中应对商品的性能、产地、用途、质量、价格、规格、等级、主要成分、生产者、有效期限、使用方法、售后服务及服务的内容、范围等有真实的表示，表示应当准确、清楚、明白，不能含糊其辞、模棱两可，更不能含有虚假的内容，不能欺骗和误导消费者。

5.1.4 服务的格式合同伦理问题

随着社会经济生活的变化和发展，商品品种和服务方式逐渐增多。购买服务时，消费者不可能就每一项服务与企业事先约定合同内容，经营者也不可能面对众多的消费者一一约定，于是产生了格式合同、通知、声明和店堂告示等方式（简称“格式合同”）。

格式合同的名称及概念在各国和地区称谓不尽一致，在法国称附和合同，在英美国家称为标准合同，在日本称为普通契约条款。在国内，也存在着标准合同、格式合同等不同称谓。我国《合同法》第39条第2款规定："格式条款是当事人为了重复使用而预先拟定，并在订立合同时未与对方协商的条款。"

格式合同是当事人为了重复使用而由合同的一方当事人预先拟定，由不特定的对方当事人决定是否接受，具有稳定性和长期性的合同条款。这种条款不论其是否独立于合同之外或成为合同的一部分，也不论其范围、字体或合同的形式如何，均属于格式合同的范畴。现实生活中，超市店堂中写着"偷一罚十"，书店里标示着"选书不要超过十分钟"，商品券上标注的"逾期无效"，都是常见的格式合同。

格式合同具备以下几个特征：第一，制定格式合同的主体是企业，其决定合同的内容并预先拟定，占有优势地位；第二，格式合同的对方是消费者，只有接受合同与否的自由，而无参与决定合同内容的机会，处于劣势地位；第三，格式合同是企业出于同消费者达成交易协议的目的而制定的，合同所指向的是不特定多数的消费者而并非单个的消费者，在适用对象上具有普遍性；第四，格式合同一经制定，可以在相当长的期限内使用，具有固定性和连续性。格式合同如果公平合理，就有利于交易，也有利于保护双方当事人的利益。但从本质上来看，格式合同反映了双方当事人经济地位的不平等，企业利用不公平、不合理的格式合同损害消费者权益的问题也就随之发生。

不公平、不合理的格式条款问题是企业在服务中最常遇到的伦理问题。常见的不公平或者无效的格式合同如下。

（1）"最终解释权"。很多商家争相举办"买一赠一"、购物抽奖等活动，并声称自己拥有"最终解释权"。一旦与消费者发生争议，商家就拿出"最终解释权"作挡箭牌，这也是企业在服务格式合同中存在的主要伦理问题之一。根据《合同法》第41条规定，"对格式条款的理解发生争议的，应当按照通常理解予以解释。对格式条款有两种以上解释的，应当做出不利于提供格式条款一方的解释。格式条款和非格式条款不一致的，应当采用非格式条款。"所以从法律角度上讲，商家对其举办的活动有解释权，但不是最终的解释权。否则，就违背公平原则，也侵犯消费者的知情权，是不具有法律效力的。当消费者与经营者发生纠纷时，最终的解释权应由人民法院来行使。

（2）"店堂告示"。一些商家在服务场所内，常以"店堂告示"的形式来推卸责任，是服务场所常见的伦理问题。例如某餐厅大堂贴有告示："顾客的贵重物品要贴身携带，小心看管，否则丢失不赔。"一旦发生丢失财物，商家便以"店堂告示"为由，拒绝做出任何补偿。但消费者仍可依照《消费者权益保护法》的规定来要求赔偿。

（3）无效条款。《合同法》第40条规定无效条款为："格式条款具有本法第

52 条和第 53 条规定情形的，或者提供格式条款一方免除其责任、加重对方责任、主要义务，排除对方主要权利的，该条款无效”。例如，某婚纱影楼与顾客约定：“预约金概不退还”。当消费者因故不能拍摄照片时，影楼却拒不退还预约金。此项约定就属于无效条款，影楼取得的预约金是不当得利，理应退还消费者。

（4）“不平等条款”。例如，在房地产销售合同中会明确买房者的付款时间及逾期付款的违约责任，但对涉及买方切身利益的问题，如交房条件、不能办理房产证、何种情形可退房等，却避而不谈。

（5）“双方合意条款”。格式合同一经签订，应该说双方已就合同条款达成一致，形成合意。当发生争议时，消费者提出异议，经营者不能简单地以“合意条款”来一语避之，还是要审查合同条款的合法性。例如，保险合同中，保险公司设立不平等条约，即使予以说明，即使投保人签字同意，一旦查明内容违法，仍为无效合同。《保险法》第 30 条规定：对于保险合同的条款，保险人与投保人、被保险人或者受益人有争议时，人民法院或者仲裁机关应当做有利于被保险人和受益人的解释。

从上述几种情形可知，格式合同的使用虽极大方便了制订者，却也有意或无意会损害消费者的利益。故消费者在面对格式合同时，应认清合同内容，查看合同中是否隐藏不平等条约，是否存在令人信服的解释和矛盾等，减少格式合同可能带来的权益侵害和伦理问题。

5.2 定价中的伦理问题

定价策略中的伦理问题分为两类：一是妨碍公平竞争的定价策略，即企业的定价行为损害了正常的竞争，包括垄断定价、歧视性定价、掠夺性定价、窃取性定价、串谋定价。二是针对最终消费者的不合理定价，包括价格欺诈或误导性定价、暴利价格。

5.2.1 妨碍公平竞争的定价

5.2.1.1 垄断定价

垄断定价是由处于垄断地位的少数几家企业结成同盟协商形成的价格。一方面，他们将自己的产品定价很高；另一方面，他们又将获取原料的价格压得很低。近年来，随着市场竞争领域的扩大和竞争程度的加深，在一些行业和地区，违反竞争法律的现象日益增多，限制竞争的手段不断翻新，各种形式的价格联盟和滥用垄断地位行为严重损害了消费者的合法权益，也危害了社会主义市场经济的健康发展。2011 年国家发展改革委公布的《反价格垄断规定》，对价格垄断协议、滥用市场支配地位和滥用行政权力等价格垄断行为的表现形式、法律责任作了具体规定。主要包括：禁止具有竞争关系的经营者达成固定或者变更价格的八种价格垄断协议；禁止经营者与交易相对人达成固定商品转售价格和限定商品最低转售价格的协议；具有市场支配地位的经营者，不得从事不公平高价销售、不公平低价购买、在价格上实行差别待遇、附加不合理费用等六类价格垄断行为。

5.2.1.2　歧视性定价

歧视价格是指对同一商品的不同买主索要不同的价格。《中华人民共和国价格法》第 14 条中规定，经营者不得有“提供相同商品或者服务，对具有同等交易条件的其他经营者实行价格歧视”，此种价格歧视是违反法律道德的差异价格行为，应予以制止。歧视价格主要流行于卖主是垄断者或寡头的某些市场上，歧视价格是垄断定价的一种引申。

有关歧视价格的伦理问题，主要是要考虑这种策略是否真正或者从根本上削弱了竞争关系。一般来说，“第一线竞争”以击垮竞争对手为目的，在某特定市场上低价出售，所以只造成竞争者利润上的损失，并不构成对整体竞争水平的危害。例如企业可能给某些特定的买主非常优惠的价格，造成其他买主与获得优惠的买主之间存在竞争地位上的不均衡。而“第二线竞争”通过补贴形式销售产品，使竞争者被迫退出竞争市场，从而导致整个竞争市场发展失衡。

5.2.1.3　掠夺性定价

掠夺性定价是指某家企业为了挤出或吓退意欲进入该市场的潜在对手，降低价格至其成本以下，待对手退出市场后再提价。它以驱逐竞争对手、获得或增强“市场控制力”为目的。掠夺性定价通常发生在垄断行业中，在市场中处于优势的企业采用这种策略打击竞争者，迫使竞争者退出市场或者无法进入市场。一旦竞争者完全丧失竞争力，它便可以垄断市场价格，获取高额利润。

企业采取掠夺性定价策略所期望获得的益处无非是在迫使竞争对手退出市场后，企业能以垄断市场价格获取高额利润。而掠夺性定价策略的负面效果却十分隐蔽，这是由于它会因大幅度降价而给消费者带来暂时的利益，但是在企业达到了其挤垮竞争对手或者独占市场的目的后，价格往往会大大上升，而此时消费者却没有选择的余地。因此，掠夺性定价行为不仅直接损害竞争对手的利益，违背了公平竞争原则，而且从长远看，也必然损害消费者的利益。更为有趣的是，根据许多经济学研究表明掠夺性定价在抢占市场垄断地位方面并不是高明的方法。它同样使企业承担阻碍自身发展的重大风险：当价格博弈发展到极限，企业难以在定价、品质和品牌形象之间保持协调；由于前期降价幅度大，企业的销售量与损失成正比例发展，企业要弥补损失必然要在长时间内保持高垄断价格，而这样又消减了市场进入壁垒，之前的努力很可能前功尽弃。也就是说，掠夺性定价是于人于己都无益处的价格策略，它妨害了市场的有序竞争，导致企业常常自食恶果。

5.2.1.4 窃取性定价

窃取性定价就是企业在制定商品价格时采取窃取性的手段取得竞争对手企业的价格资料，以此调整、确定自己的价格。这种定价行为通常发生在竞争性企业，因为价格是企业间进行竞争的一个重要因素，谁的价格低就会获得更多的消费者。企业总是想方设法地去获取竞争对手的价格资料，甚至用不道德的窃取性行为。这种商品定价行为违背了公平公正的伦理原则，扰乱了公平竞争的市场机制，对企业利益相关者中的其他企业的利益造成了威胁。

5.2.1.5 串谋定价

串谋定价，是指生产者和经营者之间互相串通，订立价格协议或达成价格默契，以共同占领销售市场，获取高额利润。串谋定价的形式主要包括协议定价、价格领导、转售价格维持、平行价格、交换价格信息等。

5.2.2 针对消费者的不合理定价

5.2.2.1 价格欺诈与误导性定价

价格欺诈是经营者利用虚假的或者使人误解的标价形式或者价格手段，欺骗、诱导消费者或者其他经营者与其进行交易的行为。误导性定价行为是指经营者在经营活动中，使用容易使公众对商品的价格产生误解的所有表示或者说法。大多数情况下，两者之间的区别并不明显。价格欺诈与误导性定价无疑是不道德的定价方式。其侵犯了消费者的知情权，妨碍了交易的公正公平性，侵犯了消费者的合法权益。价格欺诈与误导性定价主要包括高—低定价、价格比较、建议零售价。

高—低定价指给顾客一个虚高的原价做比照，再以低折扣的价格出售，使消费者认为获得了实惠而购买该商品。这是最容易受到公众关注和非议的定价方式，也是最常见的误导性定价形式。在超级市场、百货公司、家具店等销售场所几乎每天都能够看到“促销价”、“优惠价”、“清仓价”等字眼，或者是餐饮企业餐单上印着的“家庭价”、“促销价”等优惠条件，都是高—低定价的普遍形式。这种经营者主观上故意欺骗，愚弄消费者的做法是不道德的，它不仅增加了消费者的交易成本，更侵犯了消费者的知情权。从长远看，价格欺诈更会对其商品和价格播下不信任的种子，使正常的竞争秩序遭到破坏。

价格比较是指零售商在销售商品时将其商品价格和其竞争者的价格进行比较，这种行为在市场竞争非常激烈的品牌产品中较常见。这种竞争行为主要影响的是零售商与其竞争对手之间的竞争关系。一般认为，如果零售商所标示的比较价格是准确的，这种价格比较是可以接受的，如果提供虚假信息则是不道德的。

建议零售价是另一种容易引起争议的价格行为，此种价格行为国内目前没有成型的法律条文进行规范。企业在商品外包装上标明建议零售价的用意是想约束商家擅自抬高价格或者压低价格，避免消费者利益受到损害，也避免损害公司产品的品牌形象。但零售商则认为：洗衣粉、香皂等家庭日用消费品市场竞争非常激烈，建议零售价是厂家的促销招数。一般来说，零售商在进标有建议零售价的商品时，通常会优先选择建议价高的商品，这样就会有更大的利润空间。因而厂家便将建议零售价逐渐抬高来刺激商家。企业的建议零售价应该是与商品价值相称的合理价格。但如果企业如超市经理所说的那样因竞争的压力而将建议价格远远定于正常价值之上，企业的行为就是有误导性的。

价格欺诈与误导性定价毫无疑问是不道德的，因为企业的经营者在制定价格策略之初便存在这主观上欺诈和误导的企图。随着市场经济的发展、国家法律法规的成熟以及民间监督机构的发展，这些伦理道德上的问题必将上升到法律层面。我国对价格欺诈与误导性定价也有明确的法律规定进行约束，《禁止价格欺诈行为的规定》中明确指出："以下行为属于价格欺诈行为：①标价签、价目表等所标示商品的品名、产地、规格、等级、质地、计价单位、价格等或者服务的项目、收费标准等有关内容与实际不符，并以此为手段诱骗消费者或者其他经营者购买的；②对同一商品或者服务，在同一交易场所同时使用两种标价签或者价目表，以低价招徕顾客并以高价进行结算的；③使用欺骗性或者误导性的语言、文字、图片、计量单位等标价，诱导他人与其交易的；④标示的市场最低价、出厂价、批发价、特价、极品价等价格表示无依据或者无从比较的；⑤降价销售所标示的折扣商品或者服务，其折扣幅度与实际不符的；⑥销售处理商品时，不标示处理品和处理品价格的。"

5.2.2.2　暴利价格

获取利润是企业生存和发展的先决条件，但企业的定价必须要合理合法，不能以谋取暴利为目的，否则这种暴利定价将会受到法律和道德的惩罚。暴利是指通过不正当的价格手段在短时间内获得的巨额利润；暴利价格是指企业向消费者索取大大超过了产品生产所需要的真正价值。国家发改委发布的《制止牟取暴利的暂行规定》界定了暴利与合理利润，即经营者经营某一商品或服务，其价格水平或差价率或利润率不得超过同一地区、同一时期、同一档次、同种商品或服务的市场平均价格或平均差价率或平均利润率的合理幅度，超过这一“合理幅度”的为暴利，低于这一“合理幅度”的则为合理利润。

高利润和暴利有一定的联系，但是并不能说高利润就一定是暴利。有些产品的高利润是由于高风险引起的。例如，一些高科技产品研发阶段时间长、投入高，而且成功率低，但是有些企业的暴利是通过垄断来实现的，这种情况下，企业的高利润就是不道德的。还有一种情况是企业所处的行业是竞争非常激烈的，进入壁垒也很低，但是企业能够获得高额利润。这种情况下，暴利所引起的争议就要小得多。

暴利价格涉及伦理问题主要表现在暴利价格是在损伤了消费者的选择权和知情权的情况下获得的。例如，由于商品暂时短缺或者是人为炒作等原因造成的经销商随意抬高商品价格，便是违反伦理道德的行为。在非典时期，口罩、板蓝根的“天价”超出平时几十倍甚至更多。这种由于恐慌性的灾难来临，商家在非原料短缺和成本并未提高的情况下随意制定高价的做法被认为是不讲社会公德的行为而饱受指责。

5.3 分销中的伦理问题

5.3.1 渠道管理中的伦理问题

与渠道管理有关的首要问题是权力与控制的问题。渠道组织中最有权力的就是渠道的领导者，大型生产商和零售商往往比小型的单一的供应商有优势，权力大小及领导关系会产生伦理问题。分销渠道中的不同成员之间，目的不完全相同，分销渠道中固有的冲突就是潜在伦理问题产生的原因。在产品的分销过程中，由于生产商和零售商之间权利的平衡关系的改变，零售商有关的伦理问题主要包括预先购买和补贴。

5.3.1.1 预先购买

预先购买属于当产品的价格在交易中较低时，多买一些为将来出售做准备的一种行为。通常这种行为的诱因是零售商想在这种产品上大捞一笔，并且他们订购的量可能会远远超过通常的订购量。由于其销售过程中，购买所节省的开支是否会让渡给消费者，是像宣传时所承诺的全部让渡，还是仅仅部分让渡，就形成了伦理问题。

预先购买需要零售商有足够大的仓储空间，因预先购买节省下来的费用可以让渡给消费者、算作利润或者是补偿其他的成本。通常情况下，企业处于盈利目的，都选择将大部分比例的费用当做利润，而将很少部分的费用最终让渡给消费者，很多零售商不认为将这些费用算作利润是一种伦理问题。

5.3.1.2　补贴

补贴是分销商和零售商购买一种新产品时，从生产商那里得到的额外补偿。最近几年渠道管理过程中出现让生产商强制接受给予补贴条款的现象，究其原因，是因为分销商和零售商需要仓储与运输生产商的新产品，因此他们需要生产商进行额外的补偿。认为补贴合理的零售商认为，新产品不断增值扩散，会使他们在仓储、处理、上架和调整产品中花费大量的费用，而这些需要得到补偿，因此零售商需要生产商来支付这笔费用。还有类似的观点认为超市的货架是一种有价值的实物资产，相当于零售商将货架空间租赁给生产商，零售商应该从中获益。

尽管零售商认为补贴是一种保险和鼓励的形式，但它仍饱受非议。补贴一般是私下或口头的谈判，通常让零售商饱受批评，认为这是对不同生产商的区别对待。有时候为了避免补贴，生产商可能利用信息交换、保证销量或者是承诺退货等方式作为变相补贴手段。

补贴行为存在着很多伦理问题，第一，违反公平原则，补贴作为私底下或口头谈判，通常被认定隐瞒信息或者对不同生产商采用不同态度。第二，补贴可能会对研发产生影响，妨碍竞争。小的生产商可能由于补贴费用的影响，其研发产品被拒市场门外，而不同生产商之间的补贴比较则会破坏正常有序的竞争环境，如果新的公司要付给零售商比已经与该零售商建立了良好关系的公司更多的补贴，让他们来代销产品，那么新公司是否受到了不公平的对待呢？第三，有些超市的采购员向生产商索要高额费用作为新产品的介绍费，有些超市每年都要生产商缴纳年费，他们的理由是会将产品信息输入计算机，并由此进行销售。但这一行为可能把一些产品从市场中驱逐出去，或者说提高产品的价格，使它们到达一个不再具备竞争力的水平。

5.3.2　零售、批发及授权经营中的伦理问题

5.3.2.1　零售

许多伦理问题出现在分销渠道中的零售环节。这些问题不仅关系到零售商与

最终消费者之间的相互关系，还影响到与分销商和生产商之间的关系。

(1) 采购。生产商和服务公司等都会与供应商打交道，而与供应商直接联系的通常是采购部门。许多大公司都有专业的采购人员和独立的采购部门。当采购部门的采购员认为他们的个人目标比公司目标重要时，伦理问题就会产生。而且当实行会导致差别待遇的公司采购政策时，也会出现伦理问题。另外，当买卖关系中的权力不平衡，并且这一不平衡的权力被用于实现公司目标的时候，也会引起伦理问题。

一些企业试图通过对其采购员采取限制措施，如限制采购员接受供应商礼物等方式来控制伦理问题的产生。为了防止采购员与供应商接触时所产生的问题，有三种可能的解决方案：改善公司采购的规章制度、强调道德原则与价值或者公布专业的标准。

(2) 定价。定价不同也是一个很常见的零售策略。如果用得适当的话，可能会吸引更多的消费者，并给予消费者更多的选择余地，但如果这些定价在某种程度上是带有欺骗性的话，便会引发严重的伦理问题和社会谴责。

(3) 销售。零售商的推销员面临着许多同样的道德困境，包括推销员可能会面临达成短期销售目标的压力，推销员在消费者退货，并要求退款的情形下，可能会产生伦理问题。

艾伦·杜宾斯基和迈克尔·利维总结了零售商推销员所面临的八个伦理问题：①向消费者收取全额价款；②当价格已经改变，仍旧向消费者索要高额的费用；③有目的地为消费者购买做不正确的指引；④没有将产品的特性完全真实地告诉消费者；⑤诽谤消费者，认为其将产品破坏后再要求降价；⑥给予自己的朋友一定的折扣；⑦从另一个推销员那里抢生意；⑧让一个见习销售员承担重要的工作。

5.3.2.2 批发

批发商在零售渠道中几乎是“不可见”的一个环节。他们与消费者缺少接触，位置一般坐落于经营区域之外，有各种各样不同的功能，这些都使得批发商的功能变得不明显。就像生产商被零售商欺压一样，批发商也有与其他渠道成员和平共处的压力。当生产商利用批发商来降低市场风险，并与其他厂商进行竞争的时候，伦理问题就会出现了。批发中其他方面的伦理问题与我们前面所谈到的有相似之处，比如说在采购、销售等方面。

5.3.2.3 授权经营

授权经营与分销系统几乎是同时发展的，授权经营实际上就是授权者与被授权者在使用公司品牌名称、产品生产线、供应商、销售地以及广告等方面的一种法律上的约定。授权者通常是一个大型的企业，而被授权者一般来说是个人或者一小群人。授权经营经常存在一些伦理问题，比如授权商对被授权者的不公平对待，被授权者的“搭车”行为及被授权者的窜货行为。

被授权者拥有在经营期间、特定区域使用授权者独特产品或服务，或专有技术、商标或其他某种无形资产等权利，每个授权经营者应该拥有平等的权利，但是授权人的政策总是倾向于销售额较大和新加入的经营者，形成不公平的行为。

在授权经营渠道模式中，授权公司将自己独特产品或服务，或某种经营方式或某个商标专用权等授权给授权经营者使用，收取费用。但是授权公司在维持授权经营系统内的统一产品质量标准时，会经历一系列困难，可能还会出现特许经营者的“搭车”等伦理问题，损害授权公司的利益。

窜货在分销渠道的现实操作中比较普遍，也是我们要讨论的授权经营中的伦理问题。在实际经营过程中，许多授权经营者为了获取额外利润，向契约规定以外的销售区域进行的有意识的产品销售，即所谓的窜货行为。授权经营者的窜货行为侵害其他授权经营者的利益，扰乱了正常的分销渠道关系，引发授权成员之间的价格混乱和市场区域混乱。

5.3.3　直销中的伦理问题

Direct selling 和 Direct marketing 两个单词翻译为中文都有直接销售或者直销的意思。美国直销教育基金会（Direct Selling Education Foundation）的直销（direct selling）定义为：一种透过人员接触（销售员对购买者），不在固定商业地点，主要在家里进行的消费性产品或服务的配销方式。这个直销定义中有两个要点“人员接触”与“不在固定商业地点”。美国直接营销协会（Direct Marketing Association）将直接销售（direct marketing）定义为：一种为了在任何地方可度量的反应或达成交易而使用的一种或多种广告载体的交互作用的市场营销体系。面对面的任用销售是直销和直接销售的主要不同。但本节所讨论的直销问题包含上述两种定义。

从定义中可以看出，与其他销售方式比较，直销拥有许多优点，如：①弹性。它不受时间与空间的限制，随消费者与直销商的方便，在任何时间、地点都可进行。②信息的品质和数量。经由面对面的沟通，所有的沟通感官如听觉、视觉、嗅觉和触觉都可以应用，有利于信息的交互和沟通，使消费者对产品或服务有充分的了解，利于针对性销售产品。③长期关系。直接营销者给他们数据库中经过选择的顾客经常性地寄生日贺卡、信息资料或小礼品，以建立长期的顾客关系。④经济性。独立的直销商可以省掉一大笔人事费用，且直销的针对性使广告的到达率很高，为公司节约大量的促销资源。对消费者来说，由于中间渠道的减少，有机会购买到更低价格的商品。

但正是这些使其获得成功的独特之处，导致直销这种方式引起广泛的伦理争议，包括侵犯隐私权、激怒、欺诈、传销等。

5.3.3.1 侵犯隐私权

这可能是直销中最棘手、最引起广泛争议的问题。由于直接营销者需要拥有其目标消费者资料，以便采用相应的媒介手段，很多机构就会利用为消费者服务的机会收集消费者的个人资料，并出卖给需要的公司，侵犯消费者的个人隐私。

美国直销协会制定了非常详细的直销商应该遵守的伦理守则，其中对个人隐私保护方面的规定更是非常细致，包含众多原则。例如，个人信息资料仅仅应当用于营销用途；顾客的信用卡号码、支票账户和社会保险号码是不应该被出租、销售或交换的私人信息；未经消费者事先许可，医疗服务机构不能将消费者的医疗资料出售、出租给其他公司用于销售用途，直销公司也不应该使用这些资料；直销商在使用消费者的个人医疗资料进行营销活动时，必须先给消费者一个清楚的通知，告知使用这些信息的目的，并给消费者表示拒绝接受这类推销的机会；营销者应该确保其拥有的消费者的资料的安全，不会被不正当地修改、盗窃和未经授权的使用等。

5.3.3.2 激怒

直销中另一个惹人议论的问题便是垃圾邮件、电话等带来的骚扰问题。很多人对没完没了的垃圾邮件感到厌烦，这包括邮局邮寄来的各种广告资料和网络的电子邮件。由于发送电子邮件的成本非常低廉，造成互联网上垃圾邮件泛滥，给广大消费者制造了很大的麻烦。

电话推销也是易激怒顾客的方式。在国内，保险业、美容健身行业经常采用电话推销的方式进行产品的推广和招徕客户。公司往往想在电话中获取消费者的个人信息并且试图说服消费者产生购买意向。如果客户表示出不耐烦挂断电话，过段时间还会再打来，让人不堪其扰。

5.3.3.3 欺诈

直销是直接把商品和服务送达消费者的输送和流通渠道，很多时候因产品性能决定需要面对面进行，由一名独立销售人员讲解和亲身演示。由于大多数直销公司都采用独立的直销商，故公司较难对他们提出要求和进行监管。而且由于员工或直销商的收入与其销售业绩是高度相关的，一些销售人员为了自身的利益，在讲解和演示产品时，会故意回避产品的缺点，夸大产品的功效，做出无法实现的口头承诺，造成产品或服务的欺诈行为。此外，由于直销过程中往往采取发电子邮件、电话或者广告信函的方式进行宣传，故容易产生欺诈性或者误导性广告，这些行为往往是不道德的。

5.3.3.4　传销

探讨直销的伦理问题，传销是不可回避的一个内容。很多国家立法对传销进行限制或禁止，那么传销和直销之间到底是一种怎样的关系呢？国外没有对应中文“传销”的这个术语，它所对应的实际上就是“直销”。基于计酬方式的不同，直销又分为单层次直销和多层次直销，一些地方就将“单层次直销”习惯称为“直销”，而将“多层次直销”习惯称为“传销”。在多层次直销制度中直销人员除销售产品之外，还可以吸收、训练下线，借着奖金制度的设计，直销商可以从其下线的业绩中获得部分的奖金。多层制度有更高的激励效果，使得大部分的直销公司都采用多层制度。

1998年4月国务院颁布《关于禁止传销经营活动的通知》，宣布传销为非法，不分种类名称，全部停止活动。随着国家打击非法传销力度的加大，再加上媒体对打击非法传销的宣传，传销被认为商业欺诈也已深入人心。

直销和非法传销的主要区别在于“产品销售基础”。合法的直销是将优质产品直接销售给消费者，同时公司的退货保障政策保护推销员免受经济上的损失。从商业角度讲，非法销售和诈骗本身没有赖以生存的产品销售基础，都属于短期投机行为，经营周期一般在两年以下，而且有不断缩短的趋势，甚至只有数周。在中国很多直销产品虽然具有一定功能，但是价格却远高于其实际价值，这些产品由于其特殊性，消费者往往无法进行价格比较，直销和传销的边界就变得比较模糊，这种直销行为是否道德就值得探讨了。

一般来说，合法的直销具有四项容易辨识的共同特点：①直销公司的加入费用通常极低。一般而言，加入者仅需购买创业资料袋、销售辅助用品或示范工具箱即可。直销公司时常以非营利的方式，提供资料给新加入者。新加入者可享有一段犹豫期，在此期间，可以重新考虑自己的决定，若是决定退出，可以要求退还加入费用。②直销公司极不鼓励囤积过量的产品，直销人员可将未使用过、仍可销售的商品退还给公司，并获得不低于直销价格90%的退款。③直销公司的重心在于将产品销售给消费者。它们以产品品质优异著称，因而广受推崇，同时提供消费者满意保证，不满意的消费者可将产品退还给公司，并获得合理的退款或可换购其他产品。④直销公司会避免夸大直销人员的收入。任何与收入相关的说明，都必须以事实根据为基础。

从上述标准可以看出，即使是合法的直销公司，其行为与上述条件相背离时，其道德性也会受到质疑，而目前国内的直销公司在产品销售重心及避免夸大销售人员上与规则背离。故合法的直销公司在决策中应充分考虑伦理道德问题，否则不能得到社会认可，无法建立公司信誉。

5.4　促销中的伦理问题

5.4.1　广告中的伦理问题

5.4.1.1　广告内容的伦理问题

随着经济、社会和消费文化的发展，我们生活的任何角落都被广告所渗透，现代广告的种类繁多，包括电视广告、电台广告、报纸广告、期刊广告、印刷广告、户外广告等。广告可以帮助公司建立特定的品牌和产品形象，传播有关销售、服务或者活动的信息，提升公司的知名度，在促销中发挥重要的作用。但在经济利益的驱使下，广告越来越向背离伦理的一边倾倒。对于广告内容本身，可以从两个方面进行伦理判断：①关键信息是真实的还是虚假的。真实与虚假取决于广告所主张或陈述的具体内容。如果广告所主张或陈述的具体内容与现实世界是不一致的，或者有悖于现实的产品、服务或者企业形象等，那么它就是虚假的；②关键信息是完全的还是不完全的。很多时候，厂家在宣传和包装自身产品时，刻意不向消费者提及产品或服务的缺陷、危险性等，而一味地突出产品或服务的优点，那么广告便是有悖伦理的。从广告内容真实性可以将可能存在伦理争议的广告分为四类：吹捧性广告、虚假广告、欺骗性广告和半真实广告。

吹捧性广告包含了一些富有表现力和感染力的陈述，如明喻、暗喻和夸张。大部分正常人能通过语言中的上下文、措辞、语调以及其他一些细微的线索分辨出哪些是完全真实的，哪些是运用了比喻、夸张的。如果这类广告的实质内容或者关键内容是真实的，并且采用的这些吹捧手法不会对受众造成误导，那么它在伦理上就是可以接受的；但是如果这种吹捧超过了合理的限度，对受众造成误导，那么它在伦理上就是不能接受的。

虚假广告是指客观上所陈述的内容与现实不一致，但主观上不存在欺骗或误导受众的故意的广告。对虚假广告，我国法律没有明确直接的概念界定，但《中华人民共和国广告法》第三条规定：“广告应当真实、合法”，《反不正当竞争法》第九条也明确规定：“经营者不得利用广告或者其他方法，对商品的质量、制作成分、性能、用途、生产者、有效期限、产地等作引人误解的虚假选择。”

由于现实世界的复杂性、广告商知识的局限性或者疏忽大意，广告经常出现错误的陈述。虚假广告通常包括广告商虚假、广告内容虚假、广告形式虚假、广告代言人虚假等形式。广告主、广告代理商、广告代言人、媒体应当对广告的真实性共同负责，并采取稳健性原则对广告的内容进行审核，以杜绝可能的虚假内容。

欺骗性广告是指客观上所陈述的内容与现实不一致，而且广告主主观上存在欺骗或误导受众的故意的广告。《广告法》第四条表明“广告不得含有虚假的内容，不得欺骗和误导消费者。”判断这类广告，要看两个条件是否同时满足，即：①该广告的内容在客观上是虚假的；②它在主观上有欺骗或误导受众的故意。欺骗性广告是不道德的，也是违法的。

半真实性广告是指内容是真实的，但是没有揭示那些将会明显影响产品消费的效用或者安全的其他关键信息的广告。往往广告中未提及的方面与它提到过的方面一样重要。在宣传和销售某种危险的产品时，如果不向购买者提示产品的潜在危险性，该广告就是不道德的，可能对消费者带来不利的影响。对于某种带有一定危险性的产品，但普通消费者在潜意识里认为这种产品是安全的，那么在广告中或者产品的包装上就应该包含特定的警告。例如，果冻对于儿童是必不可少的零食，但三岁以下的儿童吸食和吞咽能力尚弱，使用时容易产生危险。如果没有将果冻的使用注意事项向父母明示，则会带来严重后果。

5.4.1.2 广告对特殊受众群体的侵犯

广告对特殊受众群体的侵犯突出地表现在广告对儿童的侵犯及对女性的刻板化的表现上。从伦理学的角度看，儿童是脆弱的市场，他们对自我、时间以及金钱的辨识能力尚未成熟，因此并不能理性地利用经济资源来满足自己。针对儿童的广告，很容易让儿童对广告商品做出错误的判断或者不切实际的、过高的期望。如果广告主利用儿童操纵家长购买东西的心理而制作广告，就会引起家长和社会的普遍愤怒。电视广告的内容高雅与低俗、是否重视伦理道德、其所体现的价值观无疑会对儿童产生潜移默化的影响。

女性是广告中的主角，而女性的角色形象在广告中有被刻板化的倾向。现代广告中的年轻女性形象总体上呈现两种倾向：一种是被物化，即作为成功男人的陪衬被比附于酒、车等某一物品上，实际上是对女性尊严与个性独立的一种蔑视；另一种则是被作为性对象凸显出来。如果性与产品相关，那么性诉求会产生良好效果；如果没有关联，则会严重损害广告主在消费者心目中的形象。但不管怎样，都会对目标市场之中的女性以及目标市场之外的妇女造成伤害，他们可能会受到间接的影响。

侵扰式广告在网络中尤其突出，最常见的有弹出式和游动式广告，即强制插入弹出广告窗口来宣传企业或产品；垃圾邮件广告，未经收件人同意，通过垃圾邮件形式进行宣传广告；流氓软件，通过软件捆绑安插广告，干扰人们正常工作、数据安全和个人隐私。

5.4.2 人员推销中的伦理问题

在促销活动中，除广告之外，人员推销也是遭受最多伦理谴责的行为。推销人员处于业务拓展的最前沿，他们和顾客进行直接的、单独的接触，作用比大众性信息沟通更有效。人员推销中出现的伦理问题是由这么几个原因所造成：第一，推销人员要同时面向所属公司和顾客。一方面，他们是要拥护公司的产品和维护公司形象；另一方面，他们要迎合顾客的需求。组织和顾客可能对推销人员有不同的期望，正是这些不同的期望经常使推销人员陷入伦理的两难境地。第二，由于推销人员在公司外工作，公司对他们的直接监管比其他雇员要少得多，接收到公司的消息和迅速传递消息的能力相对弱，其独立性经常使推销人员陷入伦理的疑惑境地。第三，推销人员工作压力高。通常推销人员都有一定的绩效指标，处于高压力状态下工作，这种压力迫使推销人员采取“不惜任何代价”或“高压销售”的推销方法，这是推销人员违反伦理道德的重要原因之一。

很多顾客对推销人员的印象差，其主要原因是部分推销人员违反伦理道德，为自身及企业利益考虑，采取不道德的手段，引起顾客反感。推销人员与顾客关系中的伦理问题主要有以下几种。

（1）高压劝说。有人认为推销就是劝说或说服，推销人员迫使顾客购买他们不需要的产品；还有人认为推销就是操纵，就是迂回劝说，就是玩弄权术。这些批评部分源于人类的天性，因为我们中没有人喜欢“被推销”；但很大部分，是源于推销人员的高压劝说，造成消费者的误解，误入伦理误区。

（2）顾客歧视。推销人员有时给某位顾客比其他顾客更殷勤的服务。一些顾客可以获得更快捷的送货，一些顾客可以获得低价格，一些顾客可以获得高折扣，一些顾客可以被告知销售组织内的变化，而其他顾客可能没有这些优待。

（3）误导宣传。误导宣传通常指推销人员在推销商品时，掩盖商品部分信息，通过一定手段，达到使消费者不知不觉购买产品的目的。当推销人员对产品和服务进行不正确的陈述或者作出错误的承诺时，误导行为就发生了。误导行为扰乱了消费者自由的购买意愿，因而是不道德的。在销售活动中，推销人员应该遵守诺言，保持诚信，不能因为一己私欲或为了公司的利益，而通过误导宣传等不道德行为来促成交易。

（4）送礼和款待。大多数推销人员认同送礼和款待在销售过程中扮演重要角色。给顾客送礼是许多推销人员的传统，以便与顾客建立亲近的人际关系，推销人员经常送礼给顾客以示对做成交易的感谢，尤其是在各种节日或假日来临时，这种活动更多。如带顾客或者可能成为顾客的人去吃饭；把样品给顾客，供其个人使用；带顾客或潜在顾客去打高尔夫、网球，并为他们付钱；送给顾客或潜在顾客与他们工作有关的礼物等。因此，围绕送礼和款待行为的伦理问题是：在怎样一个临界点上，送礼行为会变成行贿？如果款待被用来对顾客施加额外的影响和压力，超出了产品本身的特点和好处对顾客的吸引的话，款待行为则超出了伦理的界限。然而，由于消费者所感到的这种压力只有其自身才能感受到，所以很难判断款待到底是表示了推销人员对顾客施加压力还是为做成某笔生意而向顾客表示感谢。故其伦理边界也很难确定。

（5）捆绑销售。为购买某些产品时，顾客可能会被要求同时购买他不需要的别的产品，这就叫捆绑销售。比如说，一款非常流行的化妆品的销售人员会对客户（商家）说："我只有少量你所需要的产品，但如果你的所有商店都能够为我们公司提供产品展示、广告，并能推销我们的各种产品，我们就可能为你们供货。"这就意味着你需要他购买你以前从未购买过的十几种别的产品。

5.4.3　销售促进和公关中的伦理问题

销售促进是除广告和人员推销等方法以外的营销沟通活动，即通过降低价格或者增加价值的短期刺激措施，鼓励消费者或分销商立即购买某种商品或服务。具体方法包括发放优惠券、赠送免费样品、抽奖、积分、打折包装、降价。公共关系是企业为改善与社会大众的关系，促进公众对企业的认识、理解和支持，达到树立良好企业形象，促进商品销售目的的一系列公共活动。

销售促进对于企业来说，可以起到宣传企业产品，树立企业形象的作用。对于消费者来说，可以从中获得实惠。但销售促进中往往包含欺骗和不公正行为，如为销售积压和伪劣产品进行的折扣销售等，既伤害消费者的情感，又不利于企业长远发展。

公关行为是消费者所欢迎的企业行为，因为它可以为消费者个人或整个社会带来物质上和精神上的好处。但公共关系往往存在"作秀"的成分，如企业或公众人物为了提高知名度，假装进行慈善行为，或者是其慈善行为是为了其他目的，为了公司的发展或个人沽名钓誉，而并非发自内心。所以公司在销售促进和公关中的动机不纯、浑水摸鱼等现象，是最主要的伦理问题，值得企业深思。

5.5 网络营销中的伦理问题

5.5.1 网络营销组合中的伦理问题

从关系营销的角度来看，网络营销是通过网络、信息技术建立和维持一种高度互动、人性化的长期关系，以更有效地满足顾客需求和实现营销者的诉求目标。通常，现实营销活动中存在的伦理问题，都会在网络营销中出现。但是由于依托于互联网的发展特性，网络营销具有时域性、富媒体、交互式、个性化、成长性、整合性、超前性、高效性、经济性、技术性等特点，网络营销组合中存在着一些特殊的或者比常规营销更严重的伦理问题。

5.5.1.1 网络营销产品中的伦理问题

产品品质缺失是网络营销中最常见、最主要的问题。信息发布者利用网上交易双方不见面、购买者见不到商品的交易特点，所销售的商品同网上广告宣传的商品相距甚远，有的商品甚至是伪劣产品。对于网络营销产品问题，主要指假借或盗用其他企业产品品牌、交货延迟、网上样品与实际销售产品不一致、赠品缺失、对产品信息夸大其词、虚假宣传、售后服务得不到保证等。

网上交易的欺诈行为通常是由于网络营销中商流、物流的时间分离性，消费者通常不能亲眼所见物品实物，只能通过网上的宣传了解商品信息，被网络中的虚假照片等产品信息所欺骗，这种时间和空间上的分离给一些不道德的营销者提供了欺诈的空间，使消费者权益较网下交易受损的可能性加大。

在网络营销发展过程中，相关的法律法规还处于初步发展阶段、网络交易秩序和伦理规范不完善，一些企业受利益驱使不讲信誉、以假换真、以次充好，这些问题均严重阻碍了网络营销的发展，是违反伦理的行为，应该受到法律和公众的制裁与谴责。

5.5.1.2 网络营销价格中的伦理问题

歧视定价是网络营销中定价方面最易出现的情形。网上销售可以使得单个消费者同时得到某种产品的多个甚至全部厂家的价格以做出购买决策，这就决定了网上销售的价格弹性较大。因此，企业在制定网上销售价格时，应充分考虑检查各个环节的价格构成，以期做出最合理的价格。企业在进行网络营销决策时必须对各种因素进行综合考虑，从而采用相应的定价策略。但有些时候，企业为了有效地促进产品在网上销售，有针对性地采取歧视性定价，有时会损害消费者利益，损害企业形象。但网络营销中价格歧视是否违反伦理道德，还是需要通过判断歧视定价是否真正或者从根本上削弱了竞争关系来进行。

5.5.1.3　网络营销渠道中的伦理问题

网络营销渠道面临的伦理问题通常是网络非法传销。2011 年 10 月，北京市破获了一起“天下粮仓国际产业集团”网络传销案。该集团在半年时间内就发展了 500 余名人员，涉案金额达 1500 余万元。可见，网络传销借助传统传销与网络技术的双重优势，已经成为当前传销活动中影响最广、危害最大的行为。而其主要的特征便是“无实际注册、无实物产品、通过网站发布招收经销商的消息，并灌输‘拉人头就暴富’的理念。”除此之外，很多传销组织还以“电子商务”、“网络团购”、“网络广告”、“网络直销”、“网络加盟”和“网上基金投资”等其他名义，拉人头发展下线，非法从事网络传销活动。

同时，网络传销产品的种类也日益丰富，不仅包括传统的电子产品、药品、化妆品和保健品，而且出现了虚拟产品，甚至是互联网经营者发行的虚拟货币。一些非法经营者采用互联网络电子货币结算方式，从事洗钱活动。这些在网络上的电子数据，完全处于虚拟世界中，人们很难在网络传销案件中找到实质性的物证，其伦理或法律证据也很难找到。

5.5.1.4　网络促销中的伦理问题

促销活动中最容易出现问题的是网络广告，而普通营销活动中涉及的广告问题在网络营销中更容易出现。网络环境的虚拟性以及网络行为的自由性，使得网络营销过程中存在着大量的虚假信息。在网络交易中，商流和物流的时间分离，使得消费者最终取得的商品和在网络上看到的信息资料可能并不一致，存在着库存已久，外观残缺，尘埃封面、品质无保障等问题。一些网络公司为牟取暴利不惜以破坏消费者的信任为代价，在网上发布各式各样的广告信息，对所销售的商品标价不实或者用欺骗手段诱导消费者购买，并以此扩大商业影响其程度已经远远地超出了道德的界限。

在网上发布广告信息中违反道德的行为主要有三个方面：①发布虚假信息，信息发布者利用网上交易双方不见面、购买者见不到商品的交易特点，所销售的商品同网上广告宣传的商品相距甚远，有的商品甚至是伪劣品。②发布内容与形式不健康甚至违法的信息，信息发布者利用电子虚拟市场难以监控的特点，在网上发布一些内容与形式不健康的广告。③大量的垃圾邮件广告，侵犯了消费者的隐私权，严重侵扰了网络消费者个人的生活安宁。

5.5.2 知识产权中的伦理问题

5.5.2.1 域名抢注

域名（Domain Name），是互联网上用于识别和定位计算机的地址结构。通过域名，人们可以访问到该主页，从而了解在该主页上发布的商业、新闻、科技等信息。企业要建立主页，就要向域名注册机构申请域名注册。国家顶级域名下的域名注册由各国域名注册机构行使。

随着互联网与电子商务的快速发展，域名成为企业进入信息化社会、适应现代化国际商业市场竞争的重要工具。它不仅可以代表一个企业的形象、信誉、商品及服务的质量，也成为企业无形资产的一部分。企业出于最佳形象宣传及营销的需要，往往将自己的企业名称、商标及域名统一起来。

对于顾客而言，如果对某家企业感兴趣，很自然地会考虑以该企业的名称或商标作为域名查找该企业的主页。正是由于这些原因，某些人抢先将一些有名气的商标或名称申请域名注册，或者占为己有，或者高价转让牟取暴利，从而引发了域名与商标权的冲突。

域名抢注往往具备三个特征：①将别人知名的商标、商号或其他商业标志抢先注册为域名；②抢注域名数量众多；③以公开出租和出售被抢注的域名为要挟，迫使知名商业标志的权利人高价买回被抢注的域名。

如何对域名抢注进行伦理判断呢？第一，域名抢注者把域名卖出去，而不是在因特网上实际使用。是否构成对权利人的侵害？是否应当承担法律责任？美国或英国法院认为：抢注行为属于商业活动，按照商业活动的标准，抢注者将难以逃脱法律责任。第二，抢注行为是否有害于被抢注的权利人？法院认为，抢注的主要目的是把这些域名高价卖给那些无可奈何的被抢注人；或者是卖给那些居心叵测的第三方，使他们得以假冒这些商标或商号之名欺骗公众；或者是囤积这些域名，束之高阁，致使知名商标或商号的权利人欲注册这些域名而不得。此外，由于申请域名注册时，申请人必须提供有关其名称、地址和联系方式的信息，以便注册成功后让公众查阅，这完全可能误导公众，以为注册人与某个知名商标或商号有所关联，从而给知名商标或商号的权利人带来损失。第三，被抢注权利人可以注册其他域名是否意味着抢注不构成侵权？虽然被抢注权利人可能还有其他机会选择域名和宣传商标、商号等标志，但是抢注者往往抢先占领了最有利的“地形”，从而给权利人的网上发展造成损害。因此，抢注者应该为此承担法律责任。

2002 年，中国互联网信息中心（CNNIC）公布了《中国互联网络信息中心域名争议解决办法》。《办法》第 9 条规定，被投诉的域名持有人具有下列情形之一的，其行为构成恶意注册或者使用域名：①注册或者受让域名是为了出售、出租或者以其他方式转让该域名，以获取不正当利益；②多次将他人享有合法权益的名称或者标志注册为自己的域名，以阻止他人以域名的形式在互联网上使用其享有合法权益的名称或者标志；③注册或者受让域名是为了损害投诉人的声誉，破坏投诉人正常的业务活动，或者混淆与投诉人之间的区别，误导公众；④其他恶意的情形。

5.5.2.2 关键词系统

人们在网络上搜索信息，离不开网络搜索引擎的帮助，其中涉及的网络营销伦理问题以关键词系统最为常见。

（1）设置关键词。由于网页用户访问量直接影响网页的广告收入，所以网站拥有者利用关键词吸引搜索引擎，增加用户访问量，即设置尽可能广泛而吸引人的关键词，使顾客在查询到某些主题时便会被搜索引擎带到指定网站，不论要浏览的内容是否有关。当原本用来描述网站信息的关键词变成招徕顾客的手段，对关键词的设置争夺和有关的纠纷便会发生。通常，商标的权利若用自己的商标等标志设置为关键词，用户通过搜索引擎便可查询相关信息，但通常因设置关键词问题，此类关键词有可能被埋没在搜索结果中，不仅令商家的广告到达率降低，同时侵犯消费者的合法权利，增加消费者的搜索时间。

（2）出卖关键词广告。由于查询结果的巨大广告价值，搜索引擎拥有者也意识到在查询结果中搭载广告的价值。所以引擎拥有者便在 A 厂商的搜索结果中搭载其竞争对手的广告，处心积虑地妨碍用户与商标权人的联系。当用户在搜索引擎中键入某商标，该商标就是消费者用来识别其想要寻找的商品或服务的来源。如果搜索引擎中加入其他厂家的商标，则会误导消费者购买行为，这种故意操纵关键词或出卖关键词的行为，是纵容利用他人的商标和商誉谋取利益的“搭便车”行为。

5.5.3 网络隐私问题

隐私权问题可能是 21 世纪网络营销中最突出的道德问题。随着网络技术和电子信息技术的发展，网络中的隐私权问题已经成为人们最为关心的伦理道德问题。隐私权的概念最早是 1890 年美国法学家沃伦和布兰戴斯在《哈佛法律评论》上发表的《隐私权》一文中提出的，随后隐私权逐渐得到各国立法的认可。隐私的基本内容包括以下三方面的内容：个人生活安宁不受侵扰，私人信息保密不被公开，个人私事决定自由不受阻碍。而获得隐私权即意味着自己有四项权利：隐私隐瞒权、隐私利用权、隐私支配权、隐私维护权。

网络时代的隐私权是传统隐私权的延伸，主要是指公民个人对于其在网络上所传递的信息占有支配权。所有未经本人同意，组织或个人擅自收集、使用、公开和传播该信息的行为都是违反伦理道德、侵害消费者隐私权的行为。

网络营销中涉及个人数据的伦理问题一般分为三类：不合理收集个人数据，超常规使用个人数据，出售个人数据。

5.5.3.1 不合理收集个人数据

网站对个人数据的收集主要通过两种途径：一种是在用户知情的情况下收集，如网站注册、浏览信息确认等；另一种即为在用户不知情的情况下收集，这种便涉及了侵犯隐私权的行为。

在网络营销中，为了了解顾客的需求和期望，网上经营者往往通过各种途径获取消费者信息，而最可靠的信息便来自用户本身。通常，在网络浏览时，经营者要求用户进行注册活动，需要注册个人信息，如性别、年龄、出生日期、电话号码、手机号码、E－mail 地址、学历、职业、收入状况等信息，而且网络上的经营者不需要说明填写信息的原因、使用方式和目的，其用心也遭到消费者的质疑。

另外，网络营销者利用网络公司提供的具有跟踪功能的 cookie 工具测定并跟踪用户在网站上的操作，在第一次访问网站时，cookie 文件便存在电脑上，当再次访问时，cookie 文件便会被服务器读取。网络营销者便通过这种方式实施对浏览者在网络访问网站、浏览产品信息、购买产品等行为跟踪，并结合网站注册系统，得出浏览更为具体的信息，诸如健康状况、休闲嗜好、宗教信仰、消费偏好等资料，形成个人数据库，更好地进行有针对性的营销。

除此之外，有些软硬件厂商也会在自己销售的产品中埋下伏笔，收集消费者的隐私。如一些电脑产品的远程识别序列码，使用户私人信息可能受到不适当的跟踪。

5.5.3.2 超常规使用及出售个人数据

在网络注册的过程中，企业通常都会提出使用和保密方面的协议，可是在实际使用过程中，企业则违背收集信息的初衷，除了自己使用这些信息外，还出卖它来赚钱。在网络营销环境下，每个企业都有能力编辑客户的信息资料，将存放数据库中的客户信息，根据一定的商业目的，通过数据加工或数据挖掘等手段得到有价值的信息，这也是个人数据的二次开发利用过程。可能很多经理人对于数据的二次开发是用来更好地了解顾客，分析顾客，向用户提供更多的、更有针对性的或更持续的服务，但同时也存在不法分子想将部分信息用于合理用途之外。

将数据进行交易便是最典型的隐私侵犯形式。很多公司将收集的顾客邮箱地址、电话号码等卖给第三方企业使用，造成顾客频繁收到骚扰电话和垃圾邮件，严重扰乱顾客生活秩序，侵犯顾客合法权益。

不道德的网络营销行为不仅会侵害消费者的利益，而且还会危害企业自身的长远利益，也会殃及行业和社会公众的利益。

（1）对消费者的危害：不道德的网络营销行为的直接受害者是广大网络消费者，这些行为通常会侵害消费者的隐私权，对消费者的正常生活形成滋扰，严重时，这些行为还可能影响消费者的身心健康或者给消费者造成经济上的损失。

（2）对企业形象的危害：不道德的网络营销行为虽然会给一些企业带来短期的利益，但从长远来看，这些行为会损害企业的品牌，影响企业未来的盈利能力。对许多企业而言，不道德的网络营销行为对企业而言是弊大于利。

（3）对网络营销的危害：不道德的网络营销行为能引起人们对自己隐私权和交易安全性的普遍担忧，这些担忧是人们排斥网络营销的最重要的原因。同时，不道德网络营销行为还会降低虚拟市场上的信任程度，增加虚拟市场上的交易成本，降低虚拟市场撮合交易的效率。

（4）对社会的危害：不道德网络营销行为最终还会超越行业范围，对社会的总体福利造成不利影响。不道德的网络营销行为会非法占用宝贵的网络资源和注意力资源，还会引发企业间的不公平竞争，导致市场失效，最终导致社会资源的不合理配置。

【本章思考题】

1. 在产品和服务中有哪些伦理问题？
2. 如何看待企业定价中的伦理问题？
3. 试区分虚假广告、欺骗性广告、半真实性广告。
4. 促销中的典型伦理问题有哪些？
5. 试区分网络营销与传统营销中伦理问题的不同。

【案例分析题】

亚马逊公司网络差别定价实验*

2000 年 2 月，亚马逊公司作为互联网上最大的图书、唱片和影视碟片的零售商，成为MediaMetrix权威统计中全球访问量最大的网站第八名。但业务的迅速扩张却带来了亏损额的不断增加，股票价格不断下跌。为了提高其在主营业务的盈利，亚马逊在2000年9月中旬实行了著名的“DVD”差别定价实验。亚马逊公司利用其便捷的网络资源，选择了68种DVD碟片进行动态定价实验，根据潜在客户的人口统计资料、购物历史、上网行为以及上网使用的软件系统确定对这68种碟片的报价水平，老顾客比新顾客支付价格高，以此吸引新顾客的加入。

但好景不长，差别定价仅一个月后，消费者通过音乐爱好者社区获知此事，纷纷对亚马逊公司的做法口诛笔伐。这次价格实验以完全失败告终，亚马逊公司不仅在经济上蒙受巨大损失，声誉也受到严重损害。亚马逊公司失败原因何在?

其一，此次网络差别定价策略与其一贯主张的“成为世界上最以顾客为中心的公司”相悖，也与其网上零售的市场领导者的地位不符。定价实验损害了公司的良好形象，也在行业信任危机中受到最大打击。

其二，网络差别定价实验侵犯了网络顾客隐私，违反了企业伦理道德。亚马逊公司在差别定价过程中未经顾客允许，私自利用顾客购物历史、人口统计等数据，违反了基本的商业伦理道德。

其三，差别定价策略歧视老顾客，同关系营销理论相背离。亚马逊公司的策略实际上是对利润贡献最大的老顾客的打击，必然遭受老顾客的流失及销售与盈利的减少。

网络营销中运用差别定价策略存在很大的伦理风险和实践风险，企业在选择时往往慎之又慎，否则可能演化为一场歧视价格和侵犯个人隐私权的风波，为企业的产品销售、服务质量及公司声誉带来严重的影响。

*资料来源：作者改编自：郭笑文，裴艳丽，曹鸿星．网络营销［M］．北京：机械工业出版社，2006：174－179.

1. 公司在网络营销中应该注意哪些问题?
2. 如何判断网络营销中定价方式是否存在伦理问题?
3. 网络营销中差别定价的利与弊是什么?

第六章　企业会计管理中的伦理

【学习目标】

通过本章的学习，需要达到以下目标：

1. 理解会计中的利益相关者关系。
2. 了解一般会计人员职业道德。
3. 了解注册会计师职业道德。
4. 分析会计活动中的伦理问题。

【重要术语】

会计；会计伦理；会计人员职业道德；注册会计师职业道德准则；专业胜任力；会计信息失真。

【引例思考】

四大会计师事务所的信任危机*

在20世纪末的金融危机中，会计师事务所就站在了风暴的中心，安然公司和世界通讯公司的财务丑闻被揭露，安然公司倒闭。此后，美国出台《萨班斯—奥克斯利法案》(Sarbanes－Oxley Act)，且重点放在力求确保审计师与客户之间保持距离，禁止会计师事务所为其审计的客户提供某些非审计服务。有分析称，尽管该法案出台后对会计师事务所监管有所改善，但仍有很多漏洞让会计师事务所可钻。

历史总有相似之处，在2008年爆发的金融危机期间，会计师事务所也频频站上被告席，其中最为著名的是安永因其在雷曼兄弟公司倒闭中扮演的角色遭到民事欺诈的指控。美国破产法院法官指出，安永会计师事务所的严重过失是导致雷曼兄弟破产的重要原因之一。纽约总检察长指责安永，“直接协助”雷曼兄弟粉饰资产负债表长达七年之久，安永则从雷曼兄弟那里赚得总计超过1.5亿美元的收入。

事实上，在这次金融危机中，四大会计师事务所的很多客户都陷入困境，比如，美国国际集团（AIG）和高盛的审计机构就是普华永道，毕马威则是花旗的审计机构，贝尔斯登和房利美的审计机构则是德勤。2011年9月，德勤被美国一家已破产的抵押贷款机构 Taylor, Bean & Whitaker (TBW) 的破产托管人和 TBW 的大额投资者奥卡拉基金公司告上法庭。诉状中指“德勤失察欺诈，因为它简单地接受了管理层对高度可疑交易的解释，那些解释矛盾、不完全且匆忙”。德勤因此被索赔 76 亿美元。

上述都只是这几家国际知名的会计师事务所卷入风波的冰山一角，其实每一家都“劣迹斑斑”，早已褪下了当初无限圣洁的光环。

2001 年，当年的行业“大哥”安达信会计师事务所因身陷安然财务丑闻而轰然倒塌，曾经的“五大”变身为如今的“四大”。

2003 年，美国证券交易委员会（SEC）对毕马威提出指控，指其在审计美国施乐公司 1997 ~2000 年的财务报表中具有欺诈行为，使其真实经营结果与向投资大众公布的结果相差 30 亿美元之巨。最后毕马威以支付巨额罚款“破财消灾”。

2007 年，普华永道在日本的分支机构因内部控制措施松懈，导致化妆品公司嘉娜宝出现会计欺诈行为，而被日本金融厅处以停止大客户审计资格两个月的严厉处罚。

2010 年，在著名的雷曼兄弟破产案中，美国证监会指安永对雷曼将 500 亿美元资产以“回购 105”手段不正常划至表外，以隐藏负债和降低杠杆的事件“袖手旁观”，甚至有助长之嫌，成为金融危机中首个针对会计师事务所的指控。

在“四大”进入中国之初，也是光环绕身，但是之后的古井贡漏税事件、创维赴港上市财务作假、上市公司黄山旅游会计报表问题等背后都不约而同地出现了“四大”的身影。一位任职中国“四大”的高级审计师对本报表示，“四大”不同于国家审计机构，是接受被审计单位的聘请从事审计业务，这当中的聘请与受聘的关系确实给审计准则中的独立性要求带来了一点挑战，有些被审计单位较为强势，规模庞大，是“四大”争抢的对象，面对这些客户，就算是“四大”的合伙人也会有所忌惮。

巴尼耶称，此次全球金融危机过后，会计业迫切需要重新获得公众的信任。不过，“四大”似乎并不知道在金融危机期间其名誉受到了多大的损失。英国毕马威高级合伙人约翰·格里菲斯 – 琼斯称希望监管者考虑到公司的专业和专长。“这取决于你如何看待审计人员。如果你认为我们有点像 20 世纪 10 年代的私有煤矿的矿工，那你会想要国有化我们。”他说，“如果你认为我们更像医生，拥有一技之长的医生，那你可能会想要听我们在这些问题上的观点。”他继续解释称，如果矿工能够像审计员一样在有一些远见和专业知识的情况下操作，很多被困井下的“事故”都将被转换。

事实上，在英国，有的大型审计机构不但没有帮助转化“事故”，反而促成了事故的发生，至少巴尼耶如此认为。据审计分析（Audit Analytics）的统计资料，截至2011年7月，“四大”中至少在24件因为信贷危机的集体诉讼案中站上被告席。

不过，英国《金融时报》评论称，巴尼耶的提议存在一个根本性缺陷，未能解决最大的挑战，即如何鼓励新公司进入审计市场，以促进更多竞争，从而加强审计服务的安全性。鼓励新的进入者应是优先考虑的任务。但欧洲法规要求审计机构必须由合格审计师控股，这样一来便几乎不可能为新公司找到大规模的第三方融资。开放审计机构的所有权将是巴尼耶能够提出的最有效且最大胆的改革。

某“四大”审计经理向本报透露，以前在“四大”，工作第三年到第五年的高级审计师通常承担了重要的任务，负责协助经理带领整个审计团队进行具体的审计工作，是整个审计团队中承上启下的“灵魂人物”。而现在由于人手的缺失，许多工作刚第二年的初级审计师就要承担如此重大的任务，但进入“四大”的员工有很大部分是非会计、审计类专业出身，工作才刚满一年左右就被推上了重要岗位，审计质量自然无法得到很好的保证。另有承担带领审计团队工作的初级审计员向记者坦承，她在做一些相对复杂的例如企业所得税、长期股权投资等科目的审计工作时往往自己还是一知半解，需要一边审计，一边现翻会计准则以及审计准则进行查阅。

*资料来源：作者改编自：盛媛，杨倩雯．第一财经日报，2001.9.29.

1. 为什么四大会计师事务所会产生信任危机?
2. 会计师事务所的哪些工作与伦理有关?

6.1　会计与伦理

会计不但是一门学科，而且是一门职业。

早在100多年前，马克思对会计职业就有过精辟的概括：“生产过程越是按社会的规模进行，越是失去纯粹个人的性质，作为对过程的控制和观念总结的簿记就越是必要。”

这里所说的“对过程的控制和观念总结的簿记”指的就是“会计”通过记账、算账、报账、用账、预算、设计和查账等环节对生产过程进行控制和观念总结，为管理经济提供必要的信息。会计的主要职能有会计核算与会计监督以及会计预测、会计决策、会计分析和会计考核。其工作目标随经济环境的变化而变化，特别是不同的社会制度和经济体制，会对会计提出不同的目标。由于会计是整个经济管理的重要组成部分，会计管理目标理应从属于经济管理的总目标。概括来说，会计是以货币为主要计量单位，运用专门方法，对经济活动过程进行连续、系统、全面的核算，并利用核算数据对经济活动进行预测、决策、考核、分析、控制，旨在提高经济效益的一种管理活动。

会计最初的基本目的是提供某人或某组织经济事件的信息。起初是个人和企业需要这些信息，后来政府也需要这些信息。当经济变得越来越复杂，需要这些信息的人数和财务报表的人数也随之增加。随着新信息对使用者越来越重要，控制信息制作与发布的伦理因素也在增加。

会计师提供的信息有多种用途。公司管理人员用它来帮助制订计划并调控企业经营。所有者、管理者、立法机关利用它对公司业绩进行评价并制定公司未来的相关决策。所有者、管理者、债权人、供应商、公司职员和其他有关人员，需要利用这些信息来决定将多少时间、多少资金投入这家企业。最后政府需要用这些信息确定企业必须缴纳的税金。因此，会计师的任务是向不同实体提供信息，这些实体有合法权利借助事关一个公司的经济事务的有用价值来了解公司的状况。这些实体有权了解、会计师有责任提供的是那些事件的真实描述。

会计活动包括财务会计、审计、咨询等。

财务会计是指通过对企业已经完成的资金运动全面系统的核算与监督，为外部与企业有经济利害关系的投资人、债权人和政府有关部门提供企业的财务状况与盈利能力等经济信息而进行的经济管理活动。财务会计人员记录企业的经济活动，同时为外部相关主体提供会计报表和财务报告。

审计是指专职机构和人员对被审计单位的财政、财务收支及其他经济活动的真实性、合法性和效益性进行审查与评价的独立性经济监督活动。随着经济发展的要求，审计也扩展到企业内部，形成企业内部审计和外部审计并存的格局。审计的本质是一项具有独立性的经济监督活动。

咨询业务是为企业提供外部会计服务的机构派生的新兴业务。会计师事务所借助其专业能力，为公司调整资本结构、投融资、会计规范化调整方面提供咨询服务。

举一个例子。小王是一家房地产公司的会计，最近由于国家房地产调控措施的频频出台，造成公司房屋销售进度停滞不前，公司的销售收入锐减。为了向银行寻求贷款，公司领导最近也频频拜访各家银行，但是收效甚微。公司领导希望小王能把公司的财务报表做得完美一些，其实就是把公司的销售收益做高一些，从而能达到打动银行从而使银行向该公司放贷。但是另一方面，公司在向税务局呈现的报表中又希望小王能使公司的收益拖后，尽可能地做得少一些，这样不仅可以推迟税款的缴纳，而且也可以少缴纳一些税款。面对来自公司领导的这些压力使公司会计小王陷入深深的困惑之中。问题：①为什么小王会感到困惑？②使小王困惑的根本原因是什么？

6.2 会计人员的职业道德

会计人员职业道德，是根据会计这一职业的特点，对会计人员在社会经济生活中的会计行为提出的道德要求，既是会计人员在履行其职责活动中所应具备的道德品质，也是调整会计人员与国家、不同利益群体或会计人员相互之间的社会关系及社会道德规范的总和。

国际会计师联合会（IFAC）提出了职业会计师的五项道德准则：

（1）诚信。职业会计师在所有职业和商业关系中必须坦率、诚实。

（2）客观性。职业会计师不应当允许偏见、利益冲突或者他人的影响超越其职业或商业判断。

（3）专业胜任能力和应有的谨慎。职业会计师有义务随着业务、法规以及技术的不断发展，将自己的专业知识和技能保持在一定的水平之上，以确保客户能够享受到合格的职业服务。职业会计师在提供职业服务时应保持应有的职业谨慎和勤勉的作风，并且遵守适用的技术和职业准则。

（4）保密性。职业会计师应对在职业和商业关系中所获得的信息保密，除非有法定的或专业的披露权利或义务，否则未经适当的特别授权，职业会计师不得向第三方披露任何所获得的信息。职业会计师不能利用在职业和商业关系中所获得的信息为自己或第三方谋取利益。

（5）职业行为。职业会计师应当遵守相关的法律和规章，并且避免任何有损整体职业信誉的行为。

6.2.1 会计职业道德的特点

会计职业道德主要包括以下几个特点。

（1）会计职业道德具有相对稳定性。会计有一整套的方法体系，其会计确认、会计计量、会计记录及最终的会计报告都要按照一定的标准来进行操作，并且这些标准一旦确定就不能更改或在相当一段时期内不能进行更改，都有其内在的规律性和确定性。因此，会计职业道德也应在社会经济关系不断的变迁中，保持自己的相对稳定性。

（2）会计职业道德具有广泛的社会性。会计职业道德是根据会计工作特点提出来的，要求会计人员在会计工作中应当遵守的职业道德标准，是人们对会计职业行为的客观要求。会计，作为一个以提供财务信息为主的信息系统，随着我国市场经济步伐的加快、证券市场的逐步发展，其使用者不断增加，包括投资者、债权人、国家、企业管理者、企业职工和其他信息使用者，他们在不同程度上依据会计信息做出各种决策，决策者的每一个决策都可能关系到自身或他人甚至整个社会的利益。因此，会计信息质量直接影响着社会经济的发展和社会经济秩序的健康运行，会计人员服务的对象并不仅仅局限于其雇主，而必须对所有信息使用者及潜在使用者负责。世界银行总裁詹姆斯·沃尔芬森在第十五次会计师大会上指出："会计师是公正的卫道士，在道德上有义务为公众的利益服务。"会计人员与社会多个利益主体之间的责任关系不同于医生与病人、律师与委托者之间一对一的责任关系，会计职业具有很强的社会责任性，必须对社会公众负责。可见，会计职业道德必将受到社会关注，具有广泛的社会性。

(3) 会计职业道德具有很强的实践性。道德培养人们自觉地按照一定的规范和原则来支配自己的行为。道德对人们行为的影响是深刻的，人们在长期的社会实践中形成的道德观念，不仅以此来评价别人的行为，而且也用来衡量自己的行为。会计职业道德亦是如此，作为一种特定行业专业人员的从业道德准则，一旦形成就指引着会计从业人员按职业道德的要求去规范自己的行为。当然，会计工作者也是人，他的道德修养和道德素质是其接受教育和自我修炼的结果，在现实生活中，会计工作人员的行为受其个人的道德修养和道德素质决定，当然会计职业道德的约束也发挥着重要的作用。

6.2.2 我国的会计职业道德规范

我国的会计职业道德规范较为零散。《会计法》第三十九条规定："会计人应当遵守职业道德，提高业务素质。"这是对会计人员职业道德教育问题的规定也是修订后的《会计法》在原《会计法》第二十三条关于"会计人员应当具备必要的专业知识"规定的基础上充实、强化的一项重要内容。关于会计职业道德的基本内容，《会计法》没有做出具体规定，但财政部1996年6月发布的《会计基础工作规范》在第二章第二节的第十七条到第二十四条明确规定了会计人员应具备的职业道德如下：

第十七条　会计人员在会计工作中应当遵守职业道德，树立良好的职业质量、严谨的工作作风，严守工作纪律，努力提高工作效率和工作质量。

第十八条　会计人员应当热爱本职工作，努力钻研业务，使自己的知识和技能应所从事工作的要求。

第十九条　会计人员应当熟悉财经法律、法规、规章和国家统一会计制度，并结合会计工作进行广泛宣传。

第二十条 会计人员应当按照会计法律、法规和国家统一会计制度规定的程序要求进行会计工作，保证所提供的会计信息合法、真实、准确、及时、完整。

第二十一条 会计人员办理会计事务应当实事求是、客观公正。

第二十二条 会计人员应当熟悉本单位的生产经营和业务管理情况，运用掌握会计信息和会计方法，为改善单位内部管理、提高经济效益服务。

第二十三条 会计人员应当保守本单位的商业秘密。除法律规定和单位领导人同意外，不能私自向外界提供或者泄露单位的会计信息。

第二十四条 财政部门、业务主管部门和各单位应当定期检查会计人员遵守职业道德的情况，并作为会计人员晋升、晋级、聘任专业职务、表彰奖励的重要考核据。会计人员违反职业道德的，由所在单位进行处罚；情节严重的，由会计证发证机关吊销其会计证。

概括来说，会计人员职业道德的内容主要是这二十八个字：爱岗敬业、熟悉法规、依法办事、实事求是、客观公正、搞好服务、保守秘密。

（1）爱岗敬业。由于会计工作繁琐复杂，专业性强，需要会计工作人员有敬业精神，具有较高的业务技术水平，这样才能做好日常的核算工作，才能对报表进行编制和分析。会计工作人员要热爱本职工作，努力钻研业务，不断提高业务技术素质，使自己的知识和技能适应所从事工作的需要。同时，还要求会计工作人员在工作中自觉主动地履行岗位职责，以积极、健康、求实、高效的态度对待会计工作，做到认真负责、恪尽职守。

（2）熟悉法规。会计工作不只是单纯的记账、算账、报账，更是保障本单位所管理和经营活动得以正常进行的经济枢纽。会计工作时时、事事、处处都会涉及法律法规方面的问题，不仅仅自己应当熟悉财经法律、法规和国家统一的会计制度，处理经济业务时做到知法依法、知章循章、依法办事，而且还要结合会计工作对服务和监督对象进行广泛的法制宣传，增强他人的法制观念，促使其在日常经济活动中依法办事，避免违法或违规行为，充分发挥参谋和助手的作用，为单位领导把好财务关。

会计工作人员应熟悉的以下几方面的法律法规：一是会计法规，如《会计法》、《会计准则》和《会计制度》等。二是相关法规，如《税法》、《票据法》、《财务通则》和结算制度等。这些法规主要是对税务、银行等部门的经济工作进行规范，但里面涉及会计工作的条文，会计人员对这些条文必须熟悉和掌握。三是其他法规，如《公司法》、《合同法》、《外汇管理条例》和《国家资产评估管理办法》等。这些法规对一般经济工作进行了规范，关系到会计环境，会影响会计工作的开展，会计工作人员也应该熟悉。

（3）依法办事。会计工作人员应当按照会计相关法律法规、规章制度、准则、办法等规定程序和要求进行工作，并且确保会计信息的合法性、真实性、准确性、客观性、及时性和完整性。向本单位、外部相关单位、社会公众、新闻媒体等提供真实可靠的会计凭证、会计账簿、财务报告，使单位外部的与本单位有直接或间接经济利害关系的单位和个人（财政部门、税务部门、企业的采购商和供应商、现实和潜在的投资者、债权人、银行和非银行金融机构、会计师事务所、媒体、社会公众以及社会监督部门等）都能依照法定程序得到真实可靠的会计信息。

会计工作人员应从以下几个方面努力做到依法办事：一是对所经办的会计事务严格按照会计法规的规定进行处理，不受外来因素干扰；二是监督本单位在经济活动中对有关法规的遵守和执行情况，对违规违法行为坚决进行抵制，并及时报告有关负责人员或上级单位；三是对会计监督中发现的问题，按照会计法规的规定有权自行处理的，应当及时处理，无权自行处理的，应当立即向单位负责人报告，请求查明原因，及时处理。

（4）客观公正。这是会计工作人员必须具备的行为品德，是会计职业道德规范的灵魂，是指会计人员必须以实际发生的交易或事项为依据，如实反映企业的财务状况、经营成果和现金流量情况，不掺杂个人主观意愿，不被单位领导的意见左右。会计工作人员应当具备正直诚实的品质，不偏不倚地对待有关利益各方。在会计工作中，应当实事求是、客观公正，做到内容真实、数字准确、项目完整、手续齐全、资料可靠。这是一种工作态度，更是会计工作人员追求的一种精神境界。

会计工作人员应当从以下几个方面努力做到客观公正：一是必须根据实际发生的经济业务事项进行会计核算，不得以虚假的经济业务事项或者会计信息进行会计核算；二是忠于职守，坚持原则，排除个人私心杂念，按会计法规的规定处理会计事务；三是在审核原始凭证时，对不真实、不合法的有权不予接受，并向单位负责人报告，对记载不准确、不完整的予以退回，并要求按规定更正、补充。

（5）诚实守信。诚信是市场经济的基石，也是会计工作人员安身立命之本。会计工作人员必须从以下几个方面做到诚实守信：一是对投资人要讲诚信，不论投资人的投资额有多少，也不论投资人的属地是否在境内，都有做到对投资人诚实守信；二是对债权人要讲诚信，要履行自己作为债务人的责任，对债权人负责；三是对政府要讲诚信，要诚心接受政府有关部门的监督管理；四是对客户要讲诚信，要严格履行经营生产和服务工作承诺；五是对员工讲诚信，要让员工了解单位的重大经济决策、财务状况和经营成果。

（6）搞好服务。会计工作需要为本单位管理者提供会计信息，需要向本单位提出相应的改进意见，这样，管理者才能作出正确判断，才能改进组织的内部管理工作，提供决策的正确性。这就要求会计工作人员必须熟悉本单位的生产经营和业务管理工作情况，运用掌握的会计信息和会计方法，为改善单位内部管理、提高经济效益服务，充分发挥会计工作在单位内部的积极作用。

会计工作人员应当从以下几个方面努力搞好服务：一是熟悉与会计业务有关的生产技术过程，调查了解本单位的生产经营和业务管理情况，从中发现问题，向有关领导和部门提出改进办法；二是对财务报表和其他经济资料进行分析研究，肯定成绩，总结经验，发现差距，分析原因，为单位领导进行管理决策提供有价值的依据；三是向员工宣传会计法规，公布单位的财务状况及经营成果等情况，正确及时地计算和发放职工的劳动报酬，充分调动广大职工的工作积极性。

（7）保守秘密。会计工作人员应树立高度的保密意识，严格保守本单位的商业秘密，除了按照会计法、审计法等法律规定和单位领导人的同意外，不得私自向外界提供和泄露反映企业经营成果和现金流量等方面的会计信息。会计工作人员由于工作的特殊性，有机会了解到本单位的重要机密，如对企业说来，关键技术、工艺规程、配方、控制手段和成本资料等都是非常重要的商业机密，这些机密一旦泄露给现实的或潜在的竞争对手，会给企业的经济利益造成重大的损害。所以，泄露本单位的商业秘密是一种不道德的行为。会计工作人员应当视泄露商业秘密为大忌，在任何时候、任何情况下都要严格保守自己知悉的内部机密，不能信口吐露，更不能为了一己私利而向外界提供。

会计工作人员应当从以下几个方面保守商业秘密：一是会计工作中涉及的本单位的技术资料和科技成果等科研秘密，凡未经申请专利的，不得向外泄露；二是会计信息中涉及的本单位管理方针和经营策略等商业秘密，凡法规未规定和单位领导人未同意的，不得向外提供；三是会计工作中可能涉及国家有关部门和单位发来需要保密的文件、资料等，这些文件、资料关系国家利益，也不得向外泄露。

6.2.3　我国注册会计师职业道德标准

1992年，中国注册会计师协会发布了《中国注册会计师职业道德守则（试行）》。1996年12月26日，经财政部批准，中国注册会计师协会印发了《中国注册会计师职业道德基本准则》，从1997年1月1日起施行，以代替1992年发布的《中国注册会计师职业守则（试行）》。2009年，为了规范中国注册会计师协会会员的职业行为，进一步提高职业道德水平，维护职业形象，经过深入调研和广泛征求意见，中国注册会计师协会制定了《中国注册会计师职业道德守则》和《中国注册会计师协会非执业会员职业道德守则》。这两个守则已经中国注册会计师协会职业道德准则委员会审议通过，自2010年7月1日起施行。

2009年，中国注册会计师协会全面总结以往职业道德实践经验，充分研究借鉴国际会计师职业道德准则建设成果，制定发布了《中国注册会计师职业道德守则》。

《中国注册会计师职业道德守则》包括五个组成部分，即职业道德基本原则、职业道德概念框架、提供专业服务的具体要求、审计和审阅业务对独立性的要求和其他鉴证业务对独立性的要求。

本次发布的《中国注册会计师职业道德守则》主要有以下几个特点：一是全面规范了注册会计师的职业道德行为。《职业道德守则》涵盖了注册会计师业务承接、收费报价、专业服务工作的开展等所有环节可能遇到的与保持职业道德相关的情形，分别提出了明确的要求。二是突出强调了注册会计师行业的社会责任。《职业道德守则》特别强调注册会计师的独立性问题，对注册会计师如何保持独立性、如何处理与审计客户的利益冲突，切实做到独立、客观、公正执业，给予了详尽指导和要求，并对涉及公众利益的审计项目（如上市公司审计等），向注册会计师提出了更高的职业道德要求。三是为注册会计师解决职业道德遇到的问题提供了方法指导。《职业道德守则》就如何识别对职业道德产生不利影响的情形，如何评价各种情形对职业道德的影响和危害程度，以及如何采取有效的防范措施解决这些不利影响等，给予了具体的方法指导。四是实现了与国际会计师职业道德守则的全面趋同。《职业道德守则》涵盖了国际会计师职业道德守则对注册会计师的所有要求和内容，是我国继审计准则国际趋同后，在职业道德准则方面实现趋同的重大行动，体现了我国对国际准则持续全面趋同的主张和承诺。

此外，为了规范非执业会员从事专业服务时的职业道德行为，促使其更好地履行相应的社会责任，维护公众利益，中国注册会计师协会同时发布了《中国注册会计师协会非执业会员职业道德守则》。该守则从职业道德基本原则、职业道德概念框架、潜在冲突、信息的编制和报告等方面作出规定。把行业非执业会员纳入职业道德建设的规范体系，是本次职业道德守则制定的一大突破。

发布实施了职业道德规范，内容覆盖注册会计师业务的全过程，突出注册会计师的社会责任在《中国注册会计师职业道德守则第1号——职业道德基本原则》中，简明扼要地提出了注册会计师职业道德的基本原则：诚信、独立性、客观和公正、专业胜任能力和应有的关注、保密、良好职业行为。

6.3　会计活动中的伦理问题

6.3.1　财务会计中的伦理问题

会计信息是指经过加工或者处理后的会计数据及其对有关会计数据进行的解释说明。会计信息失真是相对“会计信息真实”而言的。会计信息真实是指生产会计信息的程序符合会计制度、会计准则以及相关的法律、法规等法定规范标准，在所有重大方面都能公允地反映会计主体的财务状况、经营成果及现金流量情况的会计信息。

会计信息失真是指即财务会计报告所反映的数据、情况（说明、披露）与会计主体经济活动的实际状况和结果不一致，包括特定项目信息与实际不符，整体信息相对于事实不完整、不充分。

对于会计信息失真，存在不同的分类。有人认为，大体上可分为行为故意性失真、行为能力性失真、规范性失真和对象变异性失真。也有人认为，会计信息失真可分为规则性失真、违规性失真和行为性失真。这是因为，会计信息是会计规则执行人根据一定的会计规则而生产出来的。会计信息失真首先与会计规则的质量相关；当然，即使会计规则的质量再高，也只有得到有效执行后才能产生高质量的会计信息，故会计信息失真又与会计规则的执行紧密相关。总的来看，会计规则没有得到有效的执行，无外乎以下两种情形：一是会计规则执行人故意违背会计规则；二是会计规则执行人由于客观上的原因在会计规则的执行上存在偏差。

故意失真（会计舞弊）是会计人员为了私利，不顾会计信息使用者的利益和对会计信息真实性的要求，故意篡改、伪造、编造有关的会计凭证，虚报、漏报、瞒报有关的会计数据而造成报出信息与会计主体本身的实际信息不符的现象，伪造、编造记录或凭证侵占资产隐瞒或删除交易或事项。

无意失真（会计错误）是会计人员由于专业素质及行业会计制度等影响，造成的对政策法规理解不透，运用相关条款不当或账务处理错误而导致的报出会计信息与实际信息不符，原始记录和会计数据的计算，抄写错误，对事实的疏忽和误解，对会计政策的误用。记录虚假的交易或事项或者蓄意使用不当的会计政策。

会计信息失真的表现形式有：不按制度规定及时处理坏账损失；一些单位将已确认坏账的应收账款长期虚挂，不予转销，造成资产不实；不遵守权责发生制原则提取和摊销预提费用、待摊费用或递延资产，人为地调节特定会计期间的损益；不按制度规定计提固定资产折旧，任意多提、少提或不提；已完工程的长期借款利息支出，不计入财务费用，不计入工程成本；不积极处理呆滞积压及应报废的资产，长期挂在资产账户和待处理损失账户上；不按销售实现确认原则，采取年终突击开票方式，虚增“应收账款”和“产品销售收入”，人为地增大当年经济效益；不坚持配比原则，混淆本期与上期、产成品与在产品成本和费用；虚列项目，编造会计事项，虚开增值税发票，骗取国家税款；将企业账内资金变成账外“小金库”；账外经营在“应收、应付”等往来结算账户中进行对冲等。

会计信息失真会给信息使用者和整个社会带来严重危害，具体表现在以下几个方面：

第一，会计信息失真导致宏观调控与微观决策的失误。如果会计信息失真，市场销售、资金流转、成本水平、效益状况等数据虚假，会导致宏观调控和微策失误，造成严重的经济后果。

第二，会计信息失真，破坏了市场运行的有序性，干扰了市场资源的配置。

第三，会计信息失真为经济犯罪活动提供方便，滋生腐败。会计信息失真，不论其是故意的还是无意的，必然会造成管理的混乱，漏洞百出，给不法分子有机可乘。

第四，会计信息失真会增加社会的不安定因素。

第五，会计信息失真会带来行业不良之风。一个企业不是想方设法去提高经济效益，而是挖空心思采取各种手段做假，往脸上贴金，那么这种“重任”最终落在会计人员身上。会计人员觉得事不关己，照做不误，因此，社会上流传着“不会做假账，不是‘合格’的会计”的不正当说法。

第六、会计信息失真削弱了国家财经法规的权威。

6.3.2 审计中的伦理问题

审计是由独立的专职机构或人员，依法对被审计单位的财政、财务收支及其有关经济活动的真实性、合法性、效益性进行审查，评价经济责任，用于维护财经法纪，改善经营管理，提高经济效益，促进宏观调控的独立性监督活动。审计本质上是一项具有独立性的经济监督活动。审计主体是执行审计的组织机构及人员，即审计活动的执行者。审计主要有国家审计、单位内部审计和社会（民间）审计。

6.3.2.1 国家审计

国家审计一般是指国家组织和实施的审计，确切地讲是国家专设的审计机关所进行的审计。我国国务院审计署及派出机构和地方各级人民政府审计厅（局）所组织和实施的审计，均属于国家审计。我国国家审计机关代表政府实行审计监督，依法独立行使审计监督权。审计署有权对中央预算执行情况进行审计监督，地方各级审计机关有权对本级预算执行情况进行审计监督；审计署对中央银行的财务收支进行审计监督，审计机关对国有金融机构的资产、负债、损益，对国有资产占控股地位或者主导地位的企业，对国家建设项目预算的执行情况和决算，对社会保障基金、社会捐赠资金以及其他有关基金、资金的财务收支，对国际组织相外国政府援助、贷款项目的财务收支，有权进行审计监督；审计机关还有权对与国家财政收支有关的特定事项，向有关地方、部门、单位进行专项审计调查。国家审计机关还有要求报送资料权，监督检查权，调查取证权，建议纠正有关规定权，向有关部门通报或向社会公布审计结果权，经济处理权、处罚权，建议给予有关责任人员行政处分权以及一些行政强制措施权等。同时，国家审计机关还可以进行授权审计和委托审计。

6.3.2.2　单位内部审计

单位内部审计是指由本部门和本单位内部专职的审计组织，对系统内和单位内所实施的审计。该种审计属于内部审计，其审计组织独立于财会部门之外，直接接受本部门本单位最高负责人领导，并向他报告工作。部门和单位审计主要目的是查错防弊，改善经营，以提高管理素质和提高工作效率及经济效益。部门和单位审计所涉及的范围广泛，其审计方式也较为灵活，一般是根据本部门和本单位经营管理的需要而定。该种审计又可以进一步分为部门审计和单位审计。部门审计，是指由政府部门或企业主管部门的审计机构或专职审计人员，对本部门及其所属单位的财政收支及经济活动所进行的审计监督。部门审计的主要任务，是在贯彻执行国家审计机关和上级主管部门规定的任务的前提下，依照本部门工作需要，监督国家的方针、政策、法律、法规及本部门制度规定的贯彻执行；定期或不定期地组织对财政收支及经济核算质量的审计，借以维护财经法纪，提高核算质量和健全规章制度；经常性地开展经济效益审计，组织经验交流，总结教训，以促进本系统经济效益的提高；针对管理中出现的带普遍性的倾向性问题，进行行业同步审计，并根据审出的问题进行综合研究，提出改进措施；正确组织和引导所属单位的内部审计工作。部门审计具有行业性强、针对性强以及灵活、及时的特征。例如，部门审计可以根据本系统的特点和需要，组织同步审计、相互审计、对口审计、重点或专项审计，能及时地了解系统的经营状况，并能根据需要和可能采取必要的措施，纠正错误、改善经营。单位审计是由企事业单位内部设置的审计机构或专职审计人员，对本单位范围的经济活动所进行的审计。

6.3.2.3 社会审计

社会审计是指由社会注册会计师所进行的独立审计，又称为民间审计，它是指由独立、客观、公正的社会审计组织和人员接受委托，对被审计单位进行的审计。我国注册会计师协会在其发布的《独立审计基本准则》中指出“独立审计是指由注册会计师依法接受委托，对被审计单位的会计报表及其相关资料进行独立审查，并发表审计意见。”

我国社会审计组织主要是会计师事务所。会计师事务所主要承办海外企业、横向联合企业、集体所有制企业、个体企业的财务审计和管理咨询业务；接受国家审计机关、政府其他部门、企业主管部门和企事业单位的委托，办理经济案件鉴定、纳税申报、资本验证、可行性方案研究、解散清理以及财务收支、经济效益、经济责任等方面审计。会计师事务所的责任是提供独立的第三方审计，虽然其雇主是被审计单位，但主要责任是为第三方和公众利益服务。这样就容易产生矛盾，导致注册会计师在执业中不当行为的产生。

随着市场经济逐步向法制化、规范化方向发展，一些因注册会计师执业质量和职业道德缺陷所带来的隐患开始暴露，并呈现出周期性爆发的特点。1992～1993年，连续发生深圳原野公司侵占股东权益、北京沈太福长城公司非法集资、海南中水集团巨额金融诈骗等三起恶性诈骗案，为其出具验资和审计报告的三家会计师事务所被撤销，业内称之为“老三大案件”，注册会计师行业面临第一次严峻的考验。1997～1998年，又爆发了东方锅炉、红光实业和琼民源三起上市公司造假案，使广大中小股东蒙受了巨额损失，为其出资审计报告的三家会计师事务所被撤销，称为“新三大”案件。进入2001年，上市公司造假案开始集中引爆，麦科特、康赛集团、江苏琼花等几十家上市公司因造假受到中国证监会的严厉查处，为其出具审计报告的会计师事务所、注册会计师受到相应的惩罚。2011年媒体报道了大量的上市公司造假消息：从海普瑞、胜景山河、苏州恒久、三一重工、双汇发展、信邦药业等到ST大地财务造假；凯迪电力、亿城股份涉嫌信息披露严重违规；中恒集团销售数据真实性被质疑；紫鑫药业以人参贸易为托儿，大肆注册空壳公司，进行体内自买自卖，被指复制银广夏骗局，遭到无限期停牌……

在审计工作中，注册会计师扮演着重要的角色，他们在执业中主要存在如下问题：

第一，审计造假。注册会计师造假是一种典型的会计舞弊行为，是违背注册会计师执业准则的行为。注册会计师是为社会提供鉴证服务和会计服务的执业人员，应当具备良好的职业道德。但在执业过程中，注册会计师不能严格执行独立、客观、公正的职业道德准则，执业不规范，随意性和依赖性的现象较普遍。如明知委托人的会计报表有重大错报和故意造假的行为，却不予指明，甚至无视职业道德的约束，直接参与伪造、编造会计凭证、会计账簿、会计报表，出具虚假的验资和审计报告。

第二，采取不正当手段招揽客户。注册会计师承办业务，由其所在的事务所统一受理并与委托人签订委托合同，以事务所的名义承办业务。在市场经济条件下，通过各种竞争形式，可以使顾客得到价格最低、质量最好的商品和服务。然而，在注册会计师行业，无序的竞争往往削弱了注册会计师的独立性，降低其服务的质量。一些会计师事务所为了招揽客户，追求审计收入，不顾职业道德，无视审计的高风险性和复杂性，采取各种不正当手段竞争。如排挤竞争对手，随意降低收费标准，低价竞争屡禁不止，利用行政干预，搞行业垄断和地区封锁，以公关交际费、信息咨询费等各种名义支付高额的介绍费、佣金、手续费或回扣，与有关部门进行收益分成式的业务合作等。

第三，承接不能胜任的业务。同其他行业一样，注册会计师首先应该具有一定的从业素质，使其能胜任专业工作。作为注册会计师还应当具有专业知识、技能或经验，能够胜任承接的工作。之所以要把专业胜任能力提高到道德层次，这是因为，注册会计师如果不能保持和提高专业胜任能力，就难以完成客户委托的业务。事实上，如果注册会计师缺乏足够的知识、技能和经验提供专业服务，就构成了一种欺诈。同时，注册会计师自身有无专业胜任能力，也是判定其是否保持职业谨慎的首要标准。在很多审计失败的案例中，一些注册会计师由于专业水平的限制，没能预见不合理的风险对他人的伤害；在计划和实施审计时，没能考虑到异常的情况和联系，因而也就没有采取措施来排除对发表审计意见有重要影响的疑问和问题，最终导致审计失败。

第四，泄露客户的商业秘密。保密是对注册会计师职业道德的基本要求。由于注册会计师工作的特点，他们有权接触客户所有的与审计及提供的其他服务相关的资料信息，这些资料信息往往都具有相当的商业价值，一旦外泄，就会给客户造成重大的经济损失。目前，绝大多数注册会计师都能遵守保密原则，但也有少数注册会计师没有注意到这个问题。例如，利用获知的客户信息买卖客户的股票，与客户发生意见分歧时，诉诸媒体等。

第五，收费不合理。按服务成果的大小决定收费标准。注册会计师的收费标准应以服务性质、工作量的大小、参与人员职位层次的高低等为主要依据。一般情况下，不得以服务成果的大小为条件来决定收费标准的高低。如果会计师事务所的收费多少以鉴证工作结果或实现特定目的为条件，那么注册会计师为了获得收费或多收费，往往会发表不恰当的意见，导致注册会计师赞同委托单位虚增收入的行为，削弱了注册会计师应有的独立性、客观性。

一些注册会计师职业道德水平低下，社会公信力差，严重制约甚至威胁到我国注册会计师事业的生存和发展，严重地损害了投资者的合法权益和社会公共利益；审计质量低下，影响了审计职能与作用的充分发挥，损害了其职业信誉，人为地加大了审计成本，助长了某些单位非法经营行为的滋生，影响了社会经济秩序的稳定。造成我国注册会计师职业道德水平低下、社会公信力差的原因是多方面的，下面从几个方面予以分析：

第一，利益驱动是注册会计师职业道德素质低下的根本原因。在商品社会，利益是强大的推动杠杆。由于利益驱动，个别注册会计师在审计活动中把握不住自己，吃、拿、卡、要，收受贿赂，甚至与被审计公司共同造假，出具虚假的审计结论。他们由客观、公正、公平的“裁判员”，变成为插足公司企业业务、与公司企业利益一致的“运动员”，与被审计单位互相勾结、互相利用。另外，一些规章制度建设不健全，违法违纪的成本较低。注册会计师帮助公司企业造假、护假，即使被查处，也仅仅可能被吊销执照，很少被起诉。他们权衡了利弊后认为风险固然不小，但是通过冒险可以获得更大的利益。

第二，注册会计师执业的环境不完善。首先是政府有关部门的干预。我国会计师事务所虽然已经完成“脱钩改制”的转变，但受政府部门干预的烙印并未完全消除。出于个人、部门、地区利益的考虑，一些地方政府部门为粉饰地方业绩，经常暗示甚至命令会计师事务所及会计师，出具不符合事实的审计报告。其次是相互攀比的从众心理。一些公司企业本来不具备上市条件，但在策划上市过程中，律师、券商、评估师等在虚假的材料面前都出具了证明，再苛求注册会计师遵守规则，那是很难做到的。最后是注册会计师缺少恪守职业道德的外在压力。目前，我国上市公司的证券交易是投资与投机并存，而后者比重更大。会计信息真实与否对股民并不重要，他们所关心的是股价上涨，有时他们也需要虚假的会计信息来烘托股价上涨，注册会计师恪守职业道德的压力无形中减轻了许多。

第三，审计制度本身存在缺陷。一是会计师事务所由被审计企业自行聘用。会计师事务所由客户自行聘用，会计师事务所与客户由原来的监督与被监督关系，变成了客户与会计师事务所的雇用与被雇用的关系。客户变成了会计师事务所和注册会计师的主要经济来源，这时会计师事务所和注册会计师不得不迎合雇主的需要，偏离职业道德。二是会计师事务所对同一公司企业的审计年限过长。这很容易导致会计师事务所与客户关系过密，对保证审计的客观、公正及注册会计师职业道德建设不利。三是收费标准不合理。现行的行业惯例是客户向会计师事务所预支审计费用，会计师事务所在收入固定的情况下，付出的努力越多，其利润就会越低。这种审计收费形式与标准不利于鼓励注册会计师对数据进行深入调查与分析。四是会计师事务所同时向客户提供审计以外的服务。目前我国乃至世界各国都允许会计师事务所为客户提供管理咨询、税务服务、资产评估、会计咨询以及其他内容的服务，其初衷是希望借助注册会计师丰富的财务知识和经验，规范客户的会计业务和依法纳税等。但会计师事务所过度地介入客户的业务活动必然会将两者的利益捆绑在一起。我国会计师事务所为客户提供审计以外的服务虽然没有国外那么多，但这种现象也是普遍存在的。在目前的制度环境下，会计师事务所必然会将自身与客户的“双赢”作为首要目标，而置法律、职责、良心及广大投资者的利益于不顾。

第四，注册会计师专业胜任能力低。注册会计师胜任力问题首先缘于其考核体制。1991 年全国开始第一次注册会计师统一考试以前，中国注册会计师资格是通过考核而不是考试取得的。由于当时考核的标准弹性较大，所以早期通过考核取得执业资格的注册会计师的年龄偏大、知识结构参差不齐等。另外，还因为注册会计师知识陈旧。近年来，大量新型、复杂的经济业务不断涌现，知识、信息不断更新、发展，从而对注册会计师人员素质、知识结构提出了更高要求。然而不少注册会计师很难跟上时代的发展形势，加之考核制度留下的后遗症，注册会计师后续教育又跟不上，使得现有部分注册会计师的素质及其知识结构适应不了飞速发展的现实工作需要。

6.3.3 咨询中的伦理问题

随着审计风险、注册会计师法律责任的不断提高，审计市场的竞争日益激烈，世界各国尤其是经济发达国家的会计公司正逐步调整发展战略，由传统的审计服务逐步转型为全方位的专业服务组织，在传统的报表审计业务之外，扩展市场和提供多元化服务，以增加收入来源并降低风险，“管理咨询”服务应运而生。1954 年，安达信联合 IBM 共同为 GE 安装使用工薪系统自动化的大型计算机，注册会计师事务所的咨询业务由此拉开序幕。

以国际“四大”会计公司即安永（Ernst & Young）、德勤（Deloitte Touche Tohmatsu）、毕马威（KPMG）、普华永道（PWC）为例，注册会计师业务呈多元化、全方位发展的趋势，其业务范围早已超出了传统的审计与税务业务领域，转而向各种类型的客户提供多种多样的咨询服务，如为客户的管理制度、业务流程、内部控制、信息技术、财务和经营战略等提供可行性建议或信息，以帮助客户减少潜在的风险和实现可持续发展。这种咨询业务成为注册会计师行业的一个业务突破点，尤其是进入 20 世纪 90 年代后咨询业务逐渐发挥出其巨大的增值潜力，呈现出强劲的发展势头。

1981 年咨询业务收入仅占原“五大”会计师事务所总收入的 13%，1993 年该行业收费中的 31% 来自咨询业务，到 1999 年这一数据已经跃升为 51%，2000 年标准普尔 500 指数公司支付给原“五大”的审计费用是 12 亿美元，而管理咨询服务费用高达 37 亿美元。2010 财年，四大会计公司的审计业务收入无一例外出现下滑。其中，德勤的收入为 117 亿美元，同比降低 1.4%；普华永道为 133 亿美元，较上一年度下跌 1.3%；安永的收入为 100.6 亿美元，同比下滑 0.8%；毕马威的收入为 99.1 亿美元，同比下降 0.4%。与此同时，咨询业务成为四大会计公司收入增长最为明显的业务部门。

安永在 2010 年的全球回顾中指出，“2010 年的下半年，咨询业务的强劲增长带动整体收入的增长，其增长率高达 13.3%。”其内，安永的咨询业务收入高达 36.62 亿美元，同比增长 2%，占总收入的 17.2%，也是期内唯一一个实现正增长的业务部门。同时，咨询部门员工人数较上一年度增加 6.6%，达 19479 人。

2010 年，德勤的咨询业务收入最高，达 75 亿美元，同比增长 14.9%，占总收入的 28%；毕马威仅次于德勤，咨询收入达 65.7 亿美元，同比增长 8%，为期内总收入的 32%。普华永道位列第三，咨询业务收入为 62.06 亿美元，同比增长 7.3%，占收入总额的 23%。在其超过 16 万的雇员中，有 20% 供职于咨询业务部门，其中，任职于欧洲的职员占雇员总数的 40%。

从管理咨询服务的供给方注册会计师来说，注册会计师在从事审计服务时必须要详尽地了解委托人的全部情况，因而，与其他专业咨询服务机构相比，由注册会计师在从事审计服务的同时提供管理咨询服务，不仅具有市场进入优势，同时，也具有相应的成本优势。从管理咨询服务的需求方注册会计师的委托人来说，如果管理咨询是一种必需的支出，那么，将其交由同时从事审计的注册会计师，与另外寻找一家咨询机构相比，同样既节省人力，也节省财力。

对于咨询业务，亦称非审计服务，是否影响审计独立性存在不同的观点。一种观点认为，非审计服务会影响审计的独立性，主要理由是：

（1）非审计服务实质上影响审计的独立性。持该观点的学者认为，审计监督的对象是决策行为或决策者，而注册会计师提供非审计服务（尤其是提供管理咨询服务）时，事实上就在某种程度上起了决策者的作用，因此注册会计师在既提供审计服务又提供非审计服务时，实质上是自己监督自己，监督行为自然难以客观、公正、独立。

（2）非审计服务至少影响形式上的审计独立性。持该观点的学者认为，即使管理咨询不会影响实质的独立性，也会影响形式上的独立性。因为注册会计师在为管理当局提供管理咨询的过程中，在第三关系人的眼里，肯定会在某些方面表现为不独立。形式上的独立由于其可观察性而给相关利益者以信心、以证据，从而和实质性独立一般重要。

（3）非审计服务容易使注册会计师与客户公司形成共同利益。持这种观点的学者认为，即使注册会计师不被视为决策者，但由于他具有双重身份，同客户建立了密切的联系，这种联系促使客户和注册会计师的短期利益保持一致。希望咨询结果被采纳的天生愿望，使注册会计师在逻辑上和感情上都被卷入咨询建议付诸实施的过程和结果。

另一种观点认为，非审计服务不会影响审计的独立性，主要理由是：

（1）提供非审计服务是做强、做大事务所的重要途径。持该观点的学者认为，提供非审计服务使事务所经营多元化，财务上更趋安全，且不断发展壮大。这样就更有能力承受失去某个客户造成的损失，从而有利于提供审计服务时注册会计师的独立性。

（2）非审计服务与审计服务的目的、手段及对象都不同，因此它不会与审计服务相冲突，不会损失独立性。

（3）注册会计师的独立性是相对的，不是绝对的。如果要绝对独立，甚至可以说审计向客户公司收费、对客户进行连续审计等都不能发生。在世界上实际上不存在绝对的、纯粹的独立性。

2000 年，安然事件爆发。安达信向安然公司收取了高达 5200 万美元的费用，其中咨询服务的收入是 2700 万美元。安达信自安然公司 1985 年成立以来就一直承担安然公司的审计事务，安达信不仅为安然公司提供财务报表审计服务，还同时提供咨询服务。安然公司是安达信的第二大客户，此外，安然公司和安达信事务所之间的人员有很密切的关系。

安然事件后，各国增加了对会计师事务所从事咨询业务的限制。2002 年 7 月 25 日，美国国会通过《萨班斯—奥克斯利法案》。7 月 30 日，该法案经美国总统布什签署后，正式成为法律并生效。为了提高注册会计师的审计质量，重塑注册会计师的形象，法案对审计独立性作了专门而详细的规定。如禁止执行公众公司审计的会计师事务所为审计客户提供列入禁止清单的非审计服务，对于未明确列入禁止清单的非审计服务也要经过公司审计委员会的事先批准。该法案对非审计服务禁列的范围大为扩大。

注册会计师的咨询业务同其他专业服务一样应遵循一定的职业准则，这是保证咨询活动质量及职业信誉的前提。

在 2010 年公布的《中国注册会计师职业道德守则第 1 号——职业道德基本原则》中第三章为独立性原则，其中规定如下：第十条：注册会计师执行审计和审阅业务以及其他鉴证业务时，应当从实质和形式上保持独立性，不得因任何利害关系影响其客观性。第十一条：会计师事务所在承办审计和审阅业务以及其他鉴证业务时，应当从整体层面和具体业务层面采取措施，以保持会计师事务所和项目组的独立性。

在2010年公布的《中国注册会计师职业道德守则第4号——审计和审阅业务对独立性的要求》中，总则中第一条：为了规范注册会计师职业行为，指导注册会计师运用独立性概念框架，解决执行审计和审阅业务时遇到的独立性问题，制定本守则。第二条：注册会计师在执行审计和审阅业务时应当遵守相同的独立性要求。本守则对审计业务提出的独立性要求同样适用于审阅业务。第三条：客观和公正原则要求审计项目组成员、会计师事务所、网络事务所与审计客户保持独立。在执行审计业务时，审计项目组成员、会计师事务所、网络事务所应当维护公众利益，独立于审计客户。第四条：在提供审计服务的过程中，可能存在多种对独立性产生不利影响的情形，注册会计师应当对此保持警觉，并按照本守则的规定办理。当遇到本守则未列举的情形时，注册会计师应当运用独立性概念框架评价具体情形对独立性的影响，并采取防范措施消除不利影响或将其降低至可接受的水平。

在2010年公布的《中国注册会计师职业道德守则第5号——其他鉴证业务对独立性的要求》中，同样对解决执行其他鉴证业务时遇到的独立性问题做出了详细的说明。

【本章思考题】

1. 会计活动的利益相关者有哪些？有哪些典型的利益冲突？
2. 国际会计师联合会提出了哪些会计职业道德原则？
3. 我国一般会计人员职业道德规范包括哪些内容？
4. 我国注册会计师职业道德规范包括哪些内容？
5. 什么是会计信息失真？
6. 会计信息失真有何危害？
7. 注册会计师执业中的伦理问题有哪些？
8. 对于咨询业务是否影响审计独立性存在不同看法，你支持哪种观点？

【案例分析题】

安然事件*

安然公司，曾是一家位于美国得克萨斯州休斯敦市的能源类公司。在2001

年宣告破产之前，安然拥有约21000名雇员，是世界上最大的电力、天然气以及电讯公司，2000年披露的营业额达1010亿美元。公司连续六年被《财富》杂志评选为“美国最具创新精神公司”，然而真正使安然公司在全世界声名大噪的，却是这个拥有上千亿资产的公司2002年在几周内破产，持续多年精心策划乃至制度化系统化的财务造假丑闻。

一、起因及破产过程

2001年年初，一家有着良好声誉的短期投资机构老板吉姆·切欧斯公开对安然的盈利模式表示了怀疑。他指出，虽然安然的业务看起来很辉煌，但实际上赚不到什么钱，也没有人能够说清安然是怎么赚钱的。据他分析，安然的盈利率在2000年为5%，到了2001年年初就降到2%以下，对于投资者来说，投资回报率仅有7%左右。

切欧斯还注意到有些文件涉及了安然背后的合伙公司，这些公司和安然有着说不清的幕后交易，作为安然的首席执行官，斯基林一直在抛出手中的安然股票——而他不断宣称安然的股票会从当时的70美元左右升至126美元。而且按照美国法律规定，公司董事会成员如果没有离开董事会，就不能抛出手中持有的公司股票。

也许正是这一点引发了人们对安然的怀疑，并开始真正追究安然的盈利情况和现金流向。到了8月中旬，人们对于安然的疑问越来越多，并最终导致了股价下跌。8月9日，安然股价已经从年初的80美元左右跌到了42美元。

10月16日，安然发表2001年第三季财务报表，宣布公司亏损总计达到6.18亿美元，即每股亏损1.11美元。同时首次透露因首席财务官安德鲁·法斯托与合伙公司经营不当，公司股东资产缩水12亿美元。

10月22日，美国证券交易委员会瞄上安然，要求公司自动提交某些交易的细节内容。并最终于10月31日开始对安然及其合伙公司进行正式调查。

11月1日，安然抵押了公司部分资产，获得J.P.摩根和所罗门史密斯巴尼的10亿美元信贷额度担保，但美林和标普公司仍然再次调低了对安然的评级。

11月8日，安然被迫承认做了假账，虚报数字让人瞠目结舌：自1997年以来，安然虚报盈利共计近6亿美元。

11月9日，迪诺基公司宣布准备用80亿美元收购安然，并承担130亿美元的债务。当天午盘安然股价下挫0.16美元。

11月28日，标准普尔将安然债务评级调低至“垃圾债券”级。

11月30日，安然股价跌至0.26美元，市值由峰值时的800亿美元跌至2亿美元。

12月2日，安然正式向破产法院申请破产保护，破产清单中所列资产高达498亿美元，成为美国历史上最大的破产企业。

二、事件发展

最先遭到质疑的是安然公司的管理层，包括董事会、监事会和公司高级管理人员。他们面临的指控包括疏于职守、虚报账目、误导投资人以及牟取私利等。

在10月16日安然公布第三季度财报以前，安然公司的财务报告是所有投资者都乐于见到的。看看安然过去的财务报告：2000年第四季度，“公司天然气业务成长翻升3倍，公司能源服务公司零售业务翻升5倍”；2001年第一季度，“季营收成长4倍，是连续21个盈余成长的财季”……在安然，衡量业务成长的单位不是百分比，而是倍数，这让所有投资者都笑逐颜开。到了2001年第二季度，公司突然亏损了，而且亏损额还高达6.18亿美元！

然后，一直隐藏在安然背后的合伙公司开始露出水面。经过调查，这些合伙公司大多被安然高层官员控制，安然对外的巨额贷款经常被列入这些公司，而不出现在安然的资产负债表上。这样，安然高达130亿美元的巨额债务就不会为投资人所知，而安然的一些官员也从这些合伙公司中牟取私利。

更让投资者气愤的是，显然安然的高层对于公司运营中出现的问题非常了解，但长期以来熟视无睹甚至有意隐瞒。包括首席执行官斯基林在内的许多董事会成员一方面鼓吹股价还将继续上升，一方面却在秘密抛售公司股票。而公司的14名监事会成员有7名与安然关系特殊，要么正在与安然进行交易，要么供职于安然支持的非盈利机构，对安然的种种劣迹睁一只眼闭一只眼。

三、假账问题

世界五大的会计师事务所之一安达信作为安然公司财务报告的审计者，既没审计出安然虚报利润，也没发现其巨额债务。2001年6月，安达信曾因审计工作中出现欺诈行为被美国证券交易委员会罚了700万美元。2002年因安然事件倒闭。

安然的核心业务是能源及其相关产品的买卖，这种买卖被称作“能源交易”。据介绍，该种生意是构建在信用的基础上，也就是能源供应者及消费者以安然为媒介建立合约，承诺在几个月或几年之后履行合约义务。在这种交易中，安然作为“中间人”可以很短时间内提升业绩。由于这种生意以中间人的信用为基础，一旦安然出现任何丑闻，其信用必将大打折扣，生意马上就有中止的危险。

此外，这种业务模式对于安然的现金流向也有着重大影响。大多数安然的业务是基于“未来市场”的合同，虽然签订的合同收入将计入公司财务报表，但在合同履行之前并不能给安然带来任何现金。合同签订得越多，账面数字和实际现金收入之间的差距就越大。安然不愿意承认自己是贸易公司，一个重要的理由就是为了抬升股价。作为贸易公司，由于天生面临着交易收入不稳定的风险，很难在股市上得到过高评价。安然鼎盛时期的市值曾达到其盈利的70倍甚至更多。

*资料来源：作者根据百度百科相关资料修改整理而成。

1. 安然事件产生的原因是什么？
2. 安然事件的后果有哪些？
3. 在安然事件中安达信起到了什么作用？

第七章　企业环境伦理与国际经营伦理

【学习目标】

通过本章的学习，需要达到以下目标：

1. 解释企业环境伦理的产生背景。
2. 阐述企业环境伦理的内涵。
3. 了解企业环境伦理中的技术创新管理问题。
4. 了解企业国际经营中的伦理问题。

【重要术语】

企业环境伦理；环境技术创新；企业伦理；循环经济；资源与环境；国际经营伦理。

【引例思考】

杜邦公司的“3R制造法”*

杜邦公司成立于1802年，是一家以科研为基础的全球性企业，产品涉及食物与营养、保健、服装、家居及建筑、电子和交通等领域。20世纪80年代开始，该公司把循环经济“3R”原则发展成为与工业相结合的“3R制造法”，以达到少排放甚至零排放的环境保护目标。通过企业内各工艺之间的物料循环，从废塑料中回收化学物质，开发出用途广泛的议席产品；通过放弃使用某些环境有害的化学物质、减少一些化学物质的使用量等方法，如将回收的旧尼龙地毯加工成汽车部件和土壤稳定剂。至1994年该公司废弃物产生量已减少了25%，空气污染物排放量减少了70%；通过使用生产过程控制法、热解法和节能效率法等方法和技术，已经减少了相当于6100万吨二氧化碳的温室气体排放，2002年温室气体的排放量较1990年减少了68%。

该公司在提高农业生产率、节约能源、改进服装的舒适度和外观、提高生活质量等方面同样发挥着关键作用。例如，特卫强是该公司生产的一种无纺布材料，坚固耐用，一直用于美国邮政服务行业中的邮包和联邦快递投递包。这些邮包只有传统邮包的一半重量，不仅节省能源、节省邮费，而且25%的材料来自旧牛奶壶的废料利用，这些材料可以在全美各地的工厂中回收。

*资料来源：戴备军．循环经济实用案例［M］．北京：中国环境科学出版社，2006：58.

1. 杜邦公司在什么背景下开发的“3R 制造法”？
2. 杜邦公司的“3R 制造法”是如何在企业中实施的？
3. “3R 制造法”给杜邦公司带来了什么？

7.1　企业的环境伦理

7.1.1　可持续发展的产生背景

自 20 世纪 90 年代开始，德国、日本等国家提出了发展循环经济的构想，并将建立循环型社会确立为国家发展的战略方向。循环经济已经在一些发达国家中取得了成功的实践，如德国、日本、美国。我国国家环境保护总局则在生态示范区、生态省（市、县）、可持续发展示范区的基础上，把辽宁省、贵州省作为循环经济试点单位，并在全国推动生态工业园区建设。近年来，我国政府把“大力发展循环经济”作为国家的重大发展战略，然而循环经济的发展需要企业价值的转变，只有通过推广企业环境社会责任意识才能在未来国际市场竞争中提升企业竞争优势。

在自然经济和半自然经济条件下的农耕时代，人类对生态环境的影响是微弱的，而且这种影响的规模相对较小，影响力也有限。工业革命以后，科学技术广泛应用，人类工业文明得到了空前的发展，人类对自然的开发能力达到了新的高度，自然界被当做取之不尽的公共资源。企业成为社会进步的重要力量。然而，企业的发展使得环境遭到了巨大的破坏。20 世纪 30 年代开始相继发生了重大环境公害事件，包括比利时马斯烟雾事件、多诺拉烟雾事件、伦敦烟雾事件、日本水俣病事件、四日市哮喘事件、米糠油事件、骨痛病事件、洛杉矶光化学烟雾事件等，引发了人们对工业环境影响的思考，环境污染开始成为国际社会关注的焦点。1962 年美国海洋生物学家蕾切尔·卡尔逊在《寂静的春天》一书中向人们描述了大量施用杀虫剂对鸟类和人类生态环境造成的毁灭性破坏，敲响了工业社会环境危机的警钟。那惊世骇俗的关于农药危害人类环境的预言，不仅受到与之利害攸关的生产与经济部门的猛烈抨击，而且也强烈震撼着社会的广大民众。这本书引发了公众对环境问题的注意，促使环境保护问题提到了各国政府面前，各种环境保护组织纷纷成立，从而促使联合国于 1972 年 6 月 12 日在斯德哥尔摩召开了“人类环境大会”，会议通过的两个著名文件——《人类环境宣言》、《只有一个地球》对可持续发展观的形成起到了历史性的推动作用，开始了对工业企业提出环境保护的要求。

美国麻省理工学院斯隆管理学院教授丹尼斯·梅多斯（Dennis. L. Meadows）为首的研究小组，针对长期流行的高增长理论进行了深入的研究，并于 1972 年提交了一份研究报告《增长的极限》，向人们展示了在一个有限的星球上无止境地追求增长所带来的后果。这份报告在促使人们密切关注人口、资源和环境问题的同时，对人们不断追求经济增长的欲望给予了强烈的质疑和批评。1980 年，由国际自然保护联盟与联合国环境规划署以及世界野生动物基金会等国际组织联合发表了题为《世界自然保护大纲》的报告。该报告分析了资源、环境保护与可持续发展之间的关系，并把可持续发展作为一个科学术语提出。经过 3 年多的深入研究和充分论证，世界环境与发展委员会（WECD）于 1987 年向联合国大会提交了经过充分论证的研究报告《我们共同的未来》。报告将注意力集中于人口、粮食、物种遗传、资源、能源、工业和人类居住等方面，在系统探讨了人类面临的一系列重大经济、社会和环境问题之后，正式提出了“可持续发展”的模式。更为重要的是，报告提出将单纯考虑环境保护的角度引导到环境保护与社会经济的平衡发展问题上，体现了可持续发展的思想。1992 年，联合国在巴西里约热内卢召开了第一次可持续发展世界首脑会议（也称为联合国环境与发展会议），会议制定了《21 世纪议程》，并通过了《里约环境与发展宣言》、《气候变化框架公约》等重要文件。提出可持续发展是 21 世纪无论发达国家还是发展中国家正确协调人口、资源、环境与社会间相互关系的共同的发展战略，是人类生存与发展的唯一途径。

1992 年 11 月，1500 位科学家，其中包括 99 位诺贝尔获得者发表了《对人类的警告》，提出了令人担忧的“人类与自然界之间的冲突”问题。科学家们已经肯定的全球环境问题包括：①大气问题，包括臭氧层空洞和酸雨；②全球变暖；③水资源，包括污染、地表水枯竭、沿海地带遭遇破坏和鱼类资源枯竭等；④固体和有害废物；⑤土壤侵蚀；⑥雨林破坏；⑦物种减少；⑧人口增长。

第一大问题是大气问题。巨大的空气污染，包括悬浮颗粒、铅、一氧化碳、氧化氮、臭氧和二氧化硫，这些都已经被证实对人类健康有害。大多数城市都有空气污染问题。另外，由于含氯氟烃（CFC）物质的生产和排放造成的臭氧层空洞问题也日益严峻。1998 年以来，科学家们已经证明这些气体的排放通过制冷剂、漂浮泡沫等工业产品而产生。由于臭氧层的破坏，导致更多的紫外线辐射闯过对流层，增加了皮肤癌对人类健康的威胁。全球气候变暖可能造成更为严峻的后果。大多数科学家认为，向大气层排放一氧化碳、氧化氮、甲烷和 CFC 会通过温室效应造成地球气候变暖。根据联合国和世界气象组织的统计，在过去 100

多年间，全球平均气温上升了摄氏 0.3～0.6 度。据预测，在未来 50～100 年，每年会升高大约 0.3 度。如果如此，海平面将上升大约 65 厘米，将淹没世界各地的低洼地区。然而，由于能源利用效率低下，发展中国家碳排放量的控制任重道远。在巴西、马拉西亚等拥有大量热带雨林的国家中，乱砍滥伐也减弱了森林对控制温室效应的作用。

第二大问题是水资源短缺。在全球水源中，只有 0.0008% 是在江河湖中处于未冰冻状态的可用淡水。全球大约 47000 立方公里的年河水量在世界大陆上分布不均，在尼罗河盆地、亚洲西南部和中东一些地区，水量严重不足。海洋资源也遭到了污染和破坏。据估计，世界范围内 20% 的鱼类物种，欧洲范围内 42% 的鱼类物种遭到破坏。

第三大问题是废物问题。化学、金属、石油、橡胶、塑料和其他工业产生有害废物。尤其是在发展中国家，废物的产生量随着生产规模的扩大日益增大。废物通常被填埋或在焚烧炉中烧掉，但废物量的日益增多使得废物处理厂越来越力所不及。

第四大问题是由于杀虫剂、化肥等化学物质的侵蚀而造成的土地滥用问题。非洲越来越多的地区遭遇沙漠化。在过去 45 年，大约有 30 亿英亩土地的土壤质量严重下降，大约占地球表面可耕地面积的 11%。土壤侵蚀导致世界范围内农作物产量的下降。

第五大问题是乱砍滥伐导致的森林资源短缺。对森林的破坏加剧了土地侵蚀和全球气候变暖，而且破坏了物种多样性。哈佛大学教授威尔逊提出全球当前面临物种毁灭的威胁。据估计，以前的灭绝速度是每 400 年会有 1 种哺乳物种和 2 种鸟类物种灭绝，但在过去的 400 年中，灭绝速度上升到每 400 年 58 种哺乳物种和 115 种鸟类物种。

还有人口增长问题。人口的增长导致粮食生产、水资源和可再生燃料日益紧缺，废水、废气和废物也变得更难治理。废弃物排放量正在超过环境的承载能力，包括土壤、森林、物种等在内的生态系统正面临崩溃的危机。

由此可见，当前全球的资源环境处于发展与保护的艰难抉择，现代管理由此面临如何有效利用资源和减少环境影响的严峻挑战。企业一直是技术和社会变革的主要推动力，在提高资源效率和降低环境风险方面也正在发挥着重要作用。

7.1.2　企业环境伦理的产生背景

随着世界各国工业化的不断发展，工业在对提高国民生活水平和国民经济做出贡献的同时，对环境也产生越来越严重的负面影响。工业的生产过程是从环境中获取资源和能源，生产出产品供人类消费，同时向环境中输出废物。整个工业的发展是以环境破坏为前提的。在工业化发展的初期，人类并没有认识到工业产生的负面影响，随着工业化的发展，这种负面影响日益暴露，而且所面临的环境问题也越来越尖锐。工业的发展对环境的负面影响主要表现在两个方面：

一是从环境中索取各种自然资源，直接改变了环境的结构，进而影响到环境的功能。如森林砍伐过度，导致森林生态系统功能丧失。

二是在工业企业生产过程中，只有一部分原材料转化为产品，其余大部分从废物的形式进入环境，造成环境污染、生态破坏。工业生产性污染往往同时包括大气污染、水污染、噪声污染等多种形态，对人体健康和生态系统均有很大危害。

人们逐渐认识到传统的工业系统“线性”生产模式，即无偿地从生态系统中开采原材料，并将大量多余副产品以废物形式排放到生态系统中，而生态系统已经很难继续维持，必须寻求新的经济生产模式以满足人类社会发展的需要。因此，可持续发展的呼声日益高涨，可持续发展问题已成为当今人类社会共同关注的问题。

环境和经济学界在收集大量的统计数据的基础上得出如下的结论：一国或一个地区的发展中，环境质量退化与经济增长存在倒“U”型的关系，并称之为库兹涅茨曲线，如图 7－1 所示。

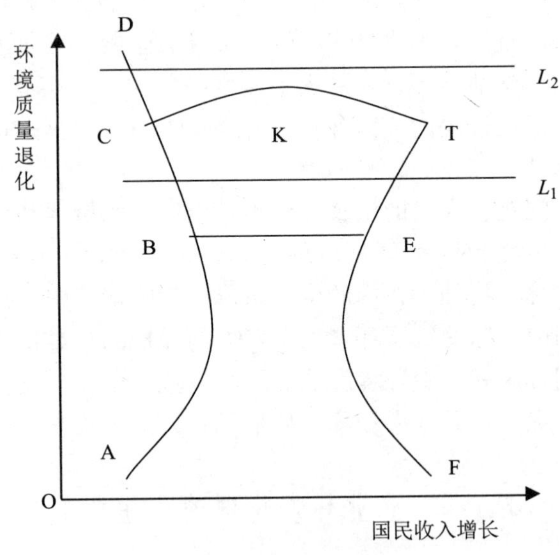

图 7－1　库兹涅茨曲线

其中，L_1 称为安全警戒线，L_2 表示环境承受极限。ABCD 的发展轨迹是以环境质量退化为代价，在突破安全警戒线后，由于治理不及时而引起环境经济系统最终的崩溃，例如玛雅文明、苏美尔文明。ABCKTEF 的发展轨迹是走先发展后治理的方式，例如美国、西欧，但是这种方式的经济成本和环境风险都很大。如美国在 20 世纪 90 年代的污染治理费用为 1200 亿美元，占 GDP 的 2.8%；中国在“九五”期间的污染治理费用占到 GDP 的近 1%。ABEF 轨迹是通过技术进步，实行环境经济社会的综合决策，改变经济的增长方式，在尽量减小环境影响的基础上寻求经济增长，降低 CKT 的峰值，使它不超过安全警戒线，设法找到经济发展与环境质量最佳动态关系的发展通道。改变传统的“资源—产品—污染排放”单向流动为基本特征的线性经济发展模式，发展以“资源—产品—再生资源”为特征的循环经济发展模式。

企业的生存与发展离不开对资源的需求和对环境的依赖。企业在依赖资源环境创造社会财富的同时，也带来了资源的短缺和环境破坏。据统计，我国工业企业能源消耗比重达 70%，江河污染的一半以上来自工业企业，大气污染的 90% 来自工业企业。与此同时，企业环境管理不善导致的特大环境安全事件屡有发生，对人类生命安全造成严重威胁。在国际市场竞争中，我国企业产品遭遇反倾销调查上百起，涉及上千种商品种类。原因都与出口产品环境标准过低有关。出口产品环境质量不达标，在产品成本中没有体现环境成本，这导致出口产品价格低廉。企业对资源环境的影响体现在以下几个方面：

第一，企业废弃物对水资源的影响。我国各大江河水系都在不同程度上遭遇了企业非法排污的破坏，75% 的湖泊出现了富营养化问题。例如，大量洗衣粉厂家将含磷的废水排放水中，导致水中藻类的大量繁殖。藻类不仅是导致人体癌变的有毒物质，也导致水生物增多而出现赤潮。再如，在煤炭生产过程中排放的洗煤水对农田灌溉产生不利影响，对水生物繁殖、水产生产和地下饮用水使用造成破坏。

第二，企业排放物对大气臭氧层的影响。制冷机、发泡剂等生产企业排放的 CFC、氮氧化物等物质被释放到大气后，会促使臭氧含量下降，致使皮肤癌和白内障的发病率提升，而且可能破坏土壤、微生物和海洋生物的生存，从而破坏生态系统的平衡。

第三，企业对自然资源的肆意开采正在导致地质结构的变化。矿山的开采使地球出现空洞，而超高层大楼的建设加重了地壳的负担。根据联合国环境规划署统计，有一半以上的地质灾害与矿山企业经营的相关活动有关。

第四，自然环境恶化对人类生命安全的影响。由于自然资源的破坏，厂方设备破坏、厂房坍塌、信息中断等自然灾害频发。例如，20 世纪 90 年代，云南东川铜矿由于乱砍滥伐，导致泥石流频发，当地铁路屡修屡断，影响了矿产运输。含氯的化学制品损害人的生殖能力，孕妇频繁接触含氯化学品会导致胎儿死亡、自然流产等。

从以上企业对资源环境的破坏而言，企业与资源环境是相互依存的关系。企业依靠资源环境生存发展，同时，资源环境的保护依赖于企业环境伦理意识的提升和环境管理的有效实施。企业环境伦理的提出和实施对推动循环经济的发展和管理科学的完善具有重要意义。正如弗里德曼和吉尔伯特在《公司战略与企业伦理》一书中所言，所有公司战略几乎都涉及道德到问题，我们必须把伦理至于公司战略讨论的中心位置，这正是管理变革的本质所在。

7.1.3 环境伦理的公平性

7.1.3.1 代际间面临的环境伦理公平性问题

人类生存的地球上各种资源的开发利用，尤其是不可再生资源的开发利用均涉及一个公平性的问题。根据现在的科学技术水平，人类只能在地球上生存和不断地繁衍下去，那么我们子孙后代需要的自然环境和充裕的自然资源就要靠我们现代人为其保存和创造，这样才能保障他们生存发展权利。人类所需求的资源是有限的、稀缺的，而环境又在人类无节制的开采的情况下不断地恶化，留给我们子孙后代的只是日益恶劣的环境条件和极为稀少的自然资源。这一切对于未来的人类后代来讲，是不公平的。由于当代人在资源与环境的开发利用方面处于主宰地位，那么，人们不禁要问当代的企业是否可以为了自身的利益而无节制地消耗资源、破坏环境置子孙后代的生存与发展需求而不顾呢？

传统的企业经济发展观，使企业仅仅为满足当代人的需求而生产，没有或很少考虑到后代人的需求。因而企业也仅仅为了追求短期内的经济效益而盲目地消耗大量的自然资源。尤其是一些不可再生资源或一些必须经过很长时期才能形成的资源（如煤、石油等），这些资源本身就是短缺的，而且再生能力极低。随着工业化进程的加快，资源的大量消耗与资源的稀缺性之间的矛盾日渐突出。然而企业在利益最大化机制的驱动下，仍然继续大量地消耗着自然资源进行生产，同时排出污染物，破坏着人类生存的自然环境，威胁着后代人的生存和发展。

从伦理上讲，未来各代人都享有与当代人同样的生存与发展权利，同样要提出他们对资源和环境的要求，而且，根据公平性原则，任何一代人都不能在资源和环境问题上处于支配地位，即要使各代人都有同样的权利选择社会空间。这就要求当代人在考虑自己需求和消费的同时，也要对未来各代人的需求和消费负起历史的责任。现代的企业，要在公平性原则的基础上，从伦理观念出发，既要考虑当代人的合理需求，合理组织生产，又要为后代人的生存和发展留有余地和空间，而不应再一味地追求眼前利益，盲目生产而忽视人类生存和发展的长远利益。要做到局部利益和整体利益相统一，为人类美好的未来奠定良好的物质基础。当然，某些过于偏激的观点也是不正确的，如以经济“零增长与或负增长”来节省资源、保护环境。可持续发展论认为，人类有能力使发展持续下去，也能够保证在满足当前需要的同时而不危及满足下一代需要的能力。目前的技术状况和环境与资源虽然对持续发展具有制约作用，但是人类能够通过对技术和社会组织的管理与改善，开辟通向经济发展新时代的道路。因此，无论是为了保护环境而使经济实现“零增长”或“负增长”，还是以牺牲环境为代价来换取经济的高速增长，都是不可取的。正确的发展道路不是要停止经济发展，而是要确保经济增长绝对建立在其生态基础之上，并确保其生态基础受到保护和发展，以使其可以支持长期的增长。人类并不能为了后代而停止使用资源，保护资源同有效利用资源并不是相互矛盾的。企业在使用资源的时候要尽力提高资源的利用率并努力为后代提供可以替代的资源予以补偿。让人类继续以“茹毛饮血”的原始方式生存，以保证对后代的公平性，这显然对当代人有失公平。社会的进步、科学技术的发展并不完全是以资源为代价的。人类完全有理由以自己的方式生活，但是，兼顾后代们的生存发展也是完全必需的。

从代际正义的角度看，我们至少应考虑两个因素：第一，作为同一个物种，后代人的基本需要与我们的基本需要是大致相同的，因而满足这些基本需要的条件也是基本相同的，即都需要安全的食物、洁净的饮用水、清洁的空气、足够的土地以及一个有利于身心健康的功能健全的生态系统。第二，不能想当然地认为后代人一定能够通过技术进步而获得我们今天认为是十分稀缺的资源的替代品，更不能依据那些有可能出现也有可能不出现的技术进步来制定我们的能源政策，因为假如那些技术进步没有在我们期望的时间出现，后代人的生命和安全就会陷入难以想象的灾难之中。

因此，对于当代人是十分稀缺的资源，对于未来的几代人也应是十分稀缺的资源。例如，那些直接决定着人们的基本生活质量，而且目前已呈现出衰竭趋势的可再生资源，如淡水、森林、耕地等，不可再生资源如石油、天然气、煤炭等石化燃料，属于严重匮乏的资源，濒危物种也可以视为一种严重匮乏的资源。此外，我们还可以从逆向思维的角度，把那些严重威胁着当代人与后代人的身体健康和生命安全的有毒有害废弃物，如各种持久性有机污染物和核废料，以及各种生态灾难如全球气候变暖，理解为某种特殊的“负资源”。

7.1.3.2　国内面临的环境伦理公平性问题

我国的“环境正义”问题在多个层面显现出来：首先，城乡不公平。由于城乡垃圾处理设施的显著不平衡，农村的环境污染程度明显加强。城市的环境改善是以牺牲农村环境为代价的，通过截污，城市水质改善了，农村水质却恶化了；通过转二产促三产，城市空气质量改善了，近郊污染却加重了；通过简单填埋生活垃圾，城区面貌改善了，城乡结合部的垃圾二次污染却加重了。农村在为城市装满“米袋子”、“菜篮子”的同时，出现了地力衰竭、生态退化和农业环境污染等现象。其次，区域不公平。几十年来，中国资源富集的不发达地区源源不断地将资源输往发达地区，如今积累了发展力量的发达地区却没有给予不发达地区足够的补偿……我们对西部地区不断提出限制发展、保护环境的要求，而保护的成果却主要被发达地区无偿享用。近年来的南水北调、森林禁伐、西部地区退耕还林，最直接的受益者是发达地区。环保上的区域不公平是明显的，“谁受益谁补偿”的原则没有得到落实。最后，阶层不公平。从环境上看，富裕人群的人均资源消耗量大、人均排放的污染物多，贫困人群往往是环境污染和生态破坏的直接受害者。富裕人群可以通过各种方式享受医疗保健，以补偿环境污染给生活质量带来的损害；贫困人群却没有能力选择生活环境，更无力应对因污染而带来的健康损害。

7.1.3.3 国际间面临的环境伦理公平性问题

各国占用、消耗自然资源的数量存在悬殊差别，存在明显的不公平，发达国家对物质和能源的消费与发展中国家相比有天壤之别。占世界人口26%的工业国家，消耗了世界能源、钢材、其他矿物和纸的80%，木材的40%。占世界人口5%的美国和加拿大，消耗了世界能源的27%，以指标来衡量则更为明显。1990年，经济合作与发展组织国家的人均能源消费量为5179千克当量油，而低收入国家只有339千克；前者的人均水耗量是1230立方米，而后者仅有498立方米。从伦理学的观点来看，发达国家的这种消耗不仅剥夺了发展中国家发展所需的资源，同时也造成了世界环境的衰退，是不符合公平性原则的。

这种不公平现象存在着深刻的历史原因：18世纪60年代以来，以英国为代表的西欧国家掀起了工业革命，以大规模的机器生产代替家庭、作坊式的手工劳动，生产力得到空前提高。同时，由此引发的对于资源需求的无限膨胀使得西欧殖民者开始了全球范围内掠夺资源的残酷而血腥的行为。以英国为例：一方面，对殖民地的残酷掠夺成为英国资本原始积累的最重要源泉；另一方面，殖民地又是英帝国赖以生存的基础。仅1757～1857年，英国从印度掠夺的财富就超过了10亿英镑，使印度沦为英国的原料产地。澳大利亚沦为殖民地后成为英国的铜矿和金矿基地，南非的开普敦则成为英国供应轮船用煤的存储池。在大肆掠夺的同时，英国殖民者还通过取得殖民地土地和矿藏不得租给他人的特权，牢牢控制了世界各地的原料。当时，英国在控制世界资源方面有着无与伦比的优势，这一点连英国人自己都感到沾沾自喜。英国经济学家杰文斯 1865 年说道，“北美和俄国的平原是我们的玉米地，芝加哥和敖德萨是我们的粮仓，加拿大和波罗的海是我们的林场，澳大利亚、西亚有我们的牧羊地，阿根廷和北美的西部草原有我们的牛群，秘鲁运来它的白银，南非和澳大利亚的黄金则流到伦敦，印度人和中国人为我们种植茶叶，而我们的咖啡、甘康和香料种植园则遍及印度群岛，西班牙和法国是我们的葡萄园，地中海是我们的果园。”这种殖民地的隶属关系养肥了发达国家，但却使得落后国家的自然资源基础遭到严重的破坏。

第二次世界大战之后，发达的工业化国家进入了所谓的“消费社会”，经济繁荣刺激着人们的消费欲望，而需求刺激着生产。遗憾的是，以机械化、自动化为代表的工业生产力，在从自然界获取物质资料上采取的却是一种野蛮和强硬的态度，造成了资源和能源的巨大浪费，也进一步拉大了发达国家和发展中国家在自然资源消耗方面的差距。

发达国家在工业化和后工业化过程中，形成了高消耗的产业用能、交通用能和建筑物用能体系。2006 年，经济合作组织国家能源消费占世界消费总量的 51%，人均能源消费量为 4. 74 吨。人均能源消费量最高的国家是美国，达 7. 84 吨。中国人均能源消费量为 1. 31 吨，非洲国家人均能源消费量仅为 0. 36 吨。

《世界自然宪章》中提出，由于自然资源的过度消耗和利用不当，以及人民及国家之间未能建立一种适当的经济秩序，因而使自然系统退化，进而导致经济、社会和文明的政治体制走向崩溃，对珍贵资源的竞争会产生冲突，而保护自然和自然资源却能对正义和维护和平作出贡献。《世界自然宪章》还强调：人类需要在国家和国际的水平上，个人和集体的水平上以及私人和公共的水平上采取适当的措施保护自然并促进此领域的国际合作。

总之，发达国家的过度消费建立在少数国家对国际资源经济和非经济的剥夺之上，不仅威胁到发展中国家的未来发展，也严重威胁着世界的资源、生态和持续发展。这一切对发展中国家来讲，是极为不公平的。

发达国家要尽可能地减少对全球公共资源的影响和破坏，并且勇敢地承担起其在早期工业化过程中对环境污染和生态破坏的责任。同时，还要在科学技术、环境保护方面加强同发展中国家的合作，努力设法缩小与发展中国家的差距，使人类能够在一个和谐的环境中共同发展和进步。

7. 2　企业环境伦理的内涵

企业环境伦理是指企业处理其与所属的资源环境关系的伦理准则、道德规范和道德实践的综合，是社会追求生产发展和环境保护协调的道德诉求。企业环境伦理强调企业承担节约资源和保护环境的社会责任，是企业伦理的重要组成部分，表明企业在承担为包括投资者、公司员工、消费者等各利益相关者各方保障权利，实现利润最大化的责任之外，还需要维护社会公众和公共资源的合理权益。环境伦理对于企业的经营管理而言，是适应循环经济发展的经营管理哲学。当企业关注环境伦理时，可达到环境与经济双赢的目标。唯有符合生态伦理的企业才能够在市场中获得持续竞争优势，创造企业价值和社会价值。当企业越来越能了解到改善环境对自身发展和社会进步的重要意义，也就越可能达到可持续经营的目标。追求生态伦理的企业，因为在生产时注重减少原材料的使用和污染物的排放，需要运用科学的资源、信息和人力资源管理方法以及创新的绿色环保技术工艺和设备，其生产成本可能大幅度降低，导致该企业的获利能力、财务状况、股东权益和企业形象大幅改善，其市场竞争力也随之提升。环境伦理的重要性体现在以下几个方面（见表 7－1）。

表 7－1　　企业环境伦理的意义

企业内部经营管理的工具	企业与外部沟通的平台
1. 识别资源环境与社会层面的价值；	1. 符合各方利益相关者的环保要求；
2. 识别改善经营成本和减少环境影响的机会；	2. 适应环境政策的要求；
3. 获取潜在市场机会；	3. 改善企业社会形象；
4. 制定企业管理战略的依据；	4. 企业在未来竞争中处于领先地位；
5. 符合企业全球化竞争的要求	5. 维护和提升企业声誉

1924 年，英国学者希尔顿提出企业需要主动承担环境、社会和利益相关的责任，并制定了企业“三重标准”原则。P. 普拉里在《商业伦理》一书中指出，企业必须承担对消费者、环境和工作环境的安全责任。具体而言，企业在生产和经营过程中，应当就其活动对资源环境可能造成的影响承担三个方面的环境伦理责任：①资源的综合利用；②污染控制与治理；③清洁生产。

7.2.1　资源综合利用

发达国家的循环经济实践大部分都是从废物的循环利用开始的。目前，废弃物回收处理行业已经成为很多国家的支柱和重要产业。最为典型的是德国的废弃物循环利用和管理系统。德国家庭废弃物利用率从 1996 年的 35% 上升到 2003 年的 60%。其中玻璃、塑料、纸箱等包装物的回收利用率超过 90%，废旧汽车通过回收、拆解等流程后回收利用率达到80%，废旧电池的回收利用率从1998年的零上升到2003年的70%。据统计，主要发达国家每年的再生资源回收总值已达到2500亿美元，并且正在以15%～20%的速度增长。

下面介绍一下德国包装物回收处理系统。德国包装物生产者是通过废物流集中实现资源再利用的，提供这项服务的外包供应商是二元系统公司（DSD）——一个专门对废弃物进行回收利用的非政府组织。它接受生产企业支付的绿点标志注册费，并对贴有“绿点标志”的包装废弃物进行分类、清洗、回收，然后送至相应的资源再利用厂家进行循环利用（见图7－2）。包装废弃物回收外包的成效体现在两个方面：一是德国包装废物的回收和利用情况大有改观。比如1997年玻璃、塑料、纸箱等包装物回收利用率达到86%（政府的规定标准为72%），废弃物作为再生材料利用从1994年的52吨上升为359吨；二是废弃物分类处理水平有所提高。目前二元回收系统中的分类处理企业已达到500多家，而且空间布局分散，这大大推动了先进技术和设备的推广和信息交流，分类处理的自动化程度和生产能力不断提高。

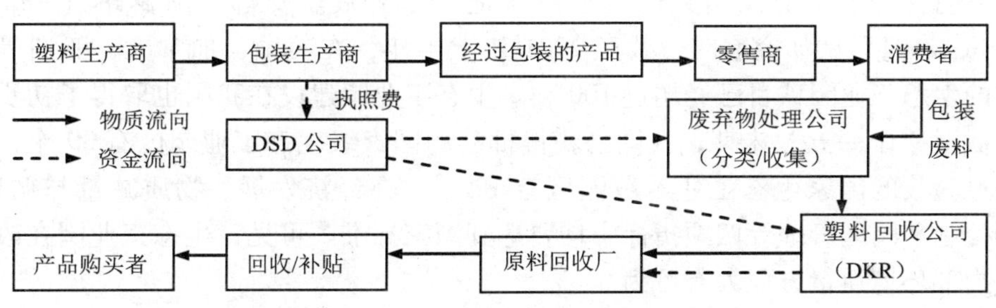

图7－2　德国DSD系统运作过程

包装物回收处理系统的建立和运作与政策法规、外包供应商的发展状况和公众环保意识有关。第一，政策法规的作用。德国政府于1991年颁布了《包装管理条例》，明确规定了生产者对废旧包装物的回收、再利用的责任。相应地，企业需要依靠各自的批发商和零售网点建立包装回收系统，同时建立各自的包装材料再循环处理车间。显然，这种方式的处理成本高昂，且达不到经济规模，这是企业界将目光转向DSD公司的主要原因。第二，外包供应商的发展状况。德国垃圾再利用行业每年创造410亿欧元的价值，所有生产行业产生垃圾的重复利用率平均达到50%，由垃圾回收部门、商业企业以及产品、包装物生产厂家组成的DSD公司成立于1990年，到1997年年底已拥有600家成员企业，构成了德国工商界的主体。第三，公众的环保意识。据联合国的一份调查资料显示，荷兰人和美国人在购物时考虑消费品环保标准的比例分别是84%和89%，而德国人的比例高达90%。德国人强烈的环保意识同样体现在自觉对垃圾进行分类投放上，这是废物流实现集中处理的重要保障。由此可见，政策法规的有效性、外部资源的可获取性以及公众的参与程度是实施企业环境伦理的关键因素。

7.2.2 污染控制与治理

环境污染是目前全球各国普遍关注的问题。污染控制与治理是指企业在生产、建设、运营过程中对污染的控制和治理，重点是工业污染源治理，城市环境综合治理是为改善城市或区域环境质量而进行的环境基础设施建设和综合性、公益性污染治理等，如城市污水集中处理、集中供热、绿化、生活垃圾处理和河道、湖泊清淤和整治等。随着生态环境的持续恶化和资源的日益枯竭，工业系统已经很难继续维持传统的“线性”生产模式。生态工业园依据“资源—产品—再生资源—再生产品”的循环原则，要求园区内企业最大限度地减少从生产到消费全过程的资源使用和废物排放，进而实现提高资源效率和降低环境风险的目标。目前，生态工业园实践已在全球各地广泛开展。安娜·凯瑟琳（Anja - Kathrin, 2001）的研究表明，截至2001年上半年，在美国、加拿大、亚洲等地确立的生态工业园项目已经超过100项。生态工业园建设在我国也取得了初步成果。截至“十一五”末期，我国已获得批复的国家级生态工业园区有39个，其中通过验收的国家生态工业示范园区有12个。在经济发展、物质减量与循环、污染控制和园区管理等四项指标中均要达到国家标准。可见，生态工业园在改善园区内部环境质量方面大有可为。

2001年国家环保总局批准建设以广西贵糖集团股份有限公司（简称贵糖）为龙头企业的贵港国家生态工业示范园。目前，贵糖形成了蔗渣造纸、酒精废液制复合肥、热电联产等多条生产线治理污染。每年在综合利用方面的产值约占企业年产值的70%。同样消耗100万吨的甘蔗原料，贵糖可实现销售收入6.6亿元，而一般糖厂仅实现销售收入2.5亿元。废弃物综合利用率达95%以上，实现了环境污染的最小化。

7.2.3 清洁生产

经济的发展为人类的生活改善提供了能源和物质条件，但同时又造成了能源和环境问题。随着工业企业的大量生产和先进技术的广泛应用，全球性环境污染日益加剧，能源匮乏和资源减少的问题备受关注。人们逐渐发现，仅依靠开发污染控制技术对改善环境是很有限的，而应该把注意力集中到对注重源头控制的污染预防上。“清洁生产”的出现，为人类最终从污染源的角度解决环境和能源问题带来了新思路。1998 年在第五次国际清洁生产研讨会上，联合国环境规划署明确了清洁生产的含义：清洁生产是将综合性预防的环境战略持续的应用于生产过程、产品和服务中，以提高效率，降低对人类和环境的危害。例如，澳大利亚斯密斯快餐有限公司实施清洁生产后给企业带来了巨额经济效益。

斯密斯快餐有限公司是澳大利亚最大的快餐生产商。自 1993 年以来，公司的用水量即使在生产不变的情况下从 26.4 万吨/年上升到 1997 年的 31.5 万吨/年，增长 19.3%。大部分水用于清洗土豆，土豆上所附的污泥种类和数量决定水的实际消耗量。生产加工工艺包含了几个洗涤步骤，以达到严格的质量要求。如果在最初的刮洗步骤中没有去除污泥，那么在接下来的步骤中就需要更多的水。产生的污水中包含 10% 的污泥，污水直接流向污水处理厂后，吸管车将去除其中的污泥，这部分成本为每年 13 万美元。当其中的污泥影响到进水的时候，处理厂就经常无法正常运行。

南澳环保署的清洁产业示范计划为斯密斯快餐有限公司提供了 1.5 万美元的资助计划。根据计划，公司实施了清洁生产措施。主要采用水力旋流技术来削减用水量，同时改进了污泥处理，并对员工进行培训。土豆和玉米加工线都安装了水利旋流器。产生于洗涤工序的含有污泥浓缩废水直接进入水利旋流器，强大的离心力将污泥从废水中分离出来。流出的泥浆收集到污泥箱中，再分离出污泥和水。气旋产生的水所含的污泥量极少，被收集到一个收集罐中以备系统循环使用。投资 3 万美元的水力旋流器中产生的水只含极少量的污泥，这部分水的循环使用使刮洗工序的用水量削减了 80% 以上。回收的污泥做成块状，不再进入污水处理厂。污水处理的成本因而从每吨 144 美元下降到每吨 40 美元。每年节省了 13 万美元。

7.3　企业环境伦理中的技术创新问题

后危机时代带给中国巨大的企业环境伦理挑战，由于整体科技水平不高，技术研发能力有限，我国发展循环经济需要大量购买美国、西方的技术设备和产品。如何通过开发自主环境技术增强制造业和出口产品的国际市场竞争力，是企业环境伦理实践中面临的突出问题。

7.3.1　企业环境伦理中的环境技术内涵

有关环境技术的研究最早可以追溯到 20 世纪 60 年代，当时发达国家发生了一系列严重的环境污染事件，污染问题逐渐演变成全球性灾难，于是经济学家开始把环境问题纳入研究视野。1994 年 E. 布朗和 D. 魏德（E. Brawn and D. Weid）首次提出环境友好技术（Environmental Sound Technology，EST）的概念，用于代表与环境保护相关的技术，也有学者称之为环境技术（Green Technology）。随后这一概念不断得到深化和发展，被赋予了许多新的含义。

我国学者对环境技术概念的研究开始于 20 世纪 90 年代，许多学者从不同角度提出自己的见解。王伟强、盛敏之提出环境技术是指有利于改善环境质量的环境可靠性技术。环境技术是遵循生态原理和生态经济规律，节约资源和能源，避免、消除或减轻生态环境污染和破坏，生态负效应最小的“无公害化”或“少公害化”的技术、工艺和产品的总称。其内容主要包括：末端治理和预防技术、源头削减技术、废物最小化技术、循环再生技术、生态工艺、环境产品，净化技术等。

关于企业环境伦理中的技术创新的定义，国内外学者的看法并未统一，但基本可归纳为三种观点：利益相关者观、过程变革观和公共物品观。（1）利益相关者观。肯普和索提（Kemp and Soete，1992），休伯（Huber，2008）和国内一些学者认为环境技术创新包括可持续资源管理、清洁技术、危险物资的环境友好替代品、仿生学、为环境设计、产品管理和延伸生产责任、循环经济、工业共生、零排放以及污染物控制和废弃物处理技术，这些绿色创新战略必须整合到技术—经济系统中。（2）过程变革观。如哈特杰和卢里（Hartje and Lurie，1984）认为环境技术创新是从源头预防污染物的产生，强调持续的过程变革，而不是污染物产生后的减量技术。前者短期投资大，长期收益大；后者短期投资小，长期收益小。（3）公共物品观。莫厄里等（Mowery et al.，2010）认为环境技术创新的特殊性表现在创新和扩散阶段的创新正溢出。这种特殊性与环境创新产品属于公共物品有关，所以环境技术创新的关键是解决价格失灵和政府失灵问题。

7.3.2 企业环境伦理中技术创新模式

依据技术来源不同，环境技术创新模式可划分为自主创新模式、模仿创新模式和合作创新模式。这三类技术创新模式不仅对企业环境伦理战略的制定具有重要意义，而且引发环境技术变革的相关思考，故对这种分类做较为详细的阐述。

7.3.2.1 自主创新模式

自主创新模式是指创新主体以自身的研究开发为基础，实现科技成果的商品化、产业化和国际化，获取商业利益的创新活动。自主创新所需的核心技术来源于企业内部的技术积累和突破。典型案例是宝钢干熄焦技术装置的自主创新。我国自20世纪80年代初，宝钢一期从日本引进干熄焦技术装置至今，有一批厂家陆续投入使用干熄焦技术装置。我国干熄焦技术装置自主创新的实现经历了三个阶段：（1）引进使用阶段。早期我国干熄焦技术装置从技术来源、基本设计到主要设备都依赖于国外引进，而我国相关企业的技术活动主要体现为在生产中使用。1985年，宝钢一期工程引进日本4×75吨/小时干熄焦技术装置，这是我国最早引进投产的干熄焦装置。（2）消化吸收阶段。在此阶段，我国企业开始根据本地的特性，对产品和工艺进行调整和改进，部分设计工作已能自主开展，如鞍山焦耐院完成了宝钢二期、浦东煤气、宝钢三期和武钢的干熄焦技术详细设计工作，而且还参与了一些项目关键设备的本土化设计工作，如鞍山焦耐院独立设计了宝钢二期、三期的供气装置，参与设计了宝钢三期的干熄焦装入装置和排焦装置。我国企业在关键技术上仍然依赖于外部技术源，我国企业在参与设计或制造部分部件的过程中消化吸收引进的国外技术，为自主创新的实现积累了技术能力基础。（3）自主创新阶段。随着国家科研力量和高等教育的系统发展，我国企业开始与本国大学和科研院所一起，从有关技术原理的基础研究出发，进行自主设计和创新，形成了自己独特的技术平台。如华泰公司联合11家单位通过干熄焦引进技术消化吸收“一条龙”开发和应用项目的实践，实现了我国干熄焦技术装置的自主创新。这一阶段，技术来源于国内，装置设计由国内自主完成，绝大部分设备或元件实现自主设计和制造。

7.3.2.2　模仿创新模式

模仿创新模式是指创新主体通过学习模仿率先创新者的方法，引进、购买或破译率先创新者的核心技术和技术秘密，并以其为基础进行改进的做法。模仿创新是企业普遍采用的创新行为，原因在于模仿创新具有低投入、低风险、市场适应性强的特点，其在产品成本和性能上具有更强的市场竞争力，成功率高、节约研发时间。模仿创新模式的主要缺点是被动性，在技术开发方面缺乏超前性，当新的自主创新高潮到来时，就会处于非常不利的境地。此外，模仿创新者受到率先创新者的技术壁垒和市场壁垒的制约。

环境治理技术的实施会遵循一系列环保标准和技术规范，这需要大量的环保设备和技术的开发和资金的投入。在目前不具备先进污染控制技术开发的条件下，日益严格的国际环保标准迫使发展中国家不得不向发达国家购买技术和设备。典型案例是电厂脱硫装置，我国虽在20世纪60年代初开始研究火电厂烟气脱硫技术，但至今仍很少有企业完全具备20万千瓦以上机组烟气脱硫的设计和设备成套能力，都是从国外进口。而装机容量60万千瓦左右的中型电厂，脱硫设备投资大约需要1.5亿元。为了避免对末端治理技术形成路径依赖，必须加强环境技术的自主技术创新，在引进先进技术设备的同时加强对技术的二次创新，强调对国外先进技术的引进而非单纯的环保设备的引进。

7.3.2.3 合作创新模式

合作创新模式是指企业间或企业与科研机构、高等院校之间联合开发创新的做法。合作创新以合作进行研究开发为主，主要集中于攻关新兴技术和高技术领域。由于单个企业的力量有限，利用外部资源，实现优势互补、利益和风险分担，已成为技术创新的趋势。环境技术采纳者作为一种网络结构，其组织特点有利于企业之间进行知识共享和合作创新。环保产业在国际上有狭义和广义两种理解。狭义理解是终端控制，即在环境污染控制与减排、污染清理以及废物处理等方面提供产品和服务。广义的理解则不仅包括狭义的内容，还包括生产中的清洁技术、节能技术，以及产品的回收、安全处置与再利用等，是对产品整个生命周期的管理。目前，国际社会越来越重视环保产业的广义内涵，早在2002年，瑞典环境技术出口达到150亿克朗（约21亿美元），环保产业已经成为新经济增长点。然而，我国的环保产业多为狭义的终端处理，2004年我国环保产业产值高达4572.1亿元，环保产业仅占全国GDP的2.85%。因此，联合国内外科研机构和企业，通过技术引进、企业兼并、国际环境合作等渠道吸收先进环境技术，并开展环境保护方面的技术创新合作，对于加快我国循环经济的发展至关重要。

综上所述，企业环境伦理的发展需要一大批成熟的技术作为支撑。目前我国关键技术设备达到和接近国际先进水平的仅占15%，2/3的设备属于国内一般水平和落后水平，在大型燃煤电厂烟气脱硫等重要领域的一些关键产品还没有自己的制造技术，因此我国生态工业园的发展亟待提高自主创新能力。尤其在引进国外先进环保技术和设备的同时，我国企业要注重自主创新和自主研究，而不是单纯的环境设备的引进，否则就会加剧对国外技术的依赖，面对绿色壁垒的挑战和压力，会陷入“越创新越落后”的危险境地。

7.3.3 产业生态网络的创新模式

产业生态网络（Eco - Industrial Network，EIN）是指一个特定的区域内不同产业的企业通过包括能源、水和材料在内的环境与资源方面的合作，实现生态环境和经济的双重优化和协调发展，它是有利于区域可持续发展的有效治理结构。

可以从以下几个方面理解产业生态网络的含义：首先，产业生态网络是对应于区域而言的，它可以通过建立数据库和计算机网络实现企业间的协同，由于这种协同的产生不受地域空间的严格限制，相对于传统的生态工业园所限定的空间集聚的制造业企业和服务业企业群落，含义更为广泛；其次，产业生态网络包含了区域内能够实现废物利用和能源梯级利用的所有企业，理想目标是建立资源高效利用的近似闭环系统；最后，产业生态网络是以经济、生态和社会协调发展为目的而建立的不同产业类型的企业相互联系的空间集聚体。

在区域层次上的产业生态网络具有自身的特点，归纳起来主要有动态性、系统性、开放性、多元性四个方面。

目前国外有一些类似区域产业生态网络的实践，比如菲律宾的 PRIME 项目（2000）和泰国工业园区署的一项工业生态开发规划项目。主要的动力来源有以下几个方面：第一，环境政策法规的健全和完善是网络形成的主要外在动力；第二，追求利润最大化是企业参与网络最大的驱动力，它不仅能够帮助企业降低生产成本，而且能够产生学习的正面效应；第三，达到污染治理标准是企业参与网络的动因之一；第四，信息技术的发展为网络的构建提供有力的支撑平台。

产业生态网络的构建策略：①健全和完善环境政策法规；②充分发挥市场的作用；③优化产业结构；④重新定位政府的角色；⑤采取优惠政策吸引企业加盟。

从企业内部的环境管理向企业间循环网络构建的过渡是区域可持续发展过程中重要的步骤，然而区域的可持续发展不仅仅是工业的可持续发展，它需要区域内各行各业的积极参与。建立囊括政府、企业、科研机构、公众等所有利益相关者的区域可持续网络（Sustainability Network）将是未来区域发展的方向。科研机构和大学通过研究与发展（R&D）活动促进环境保护方面的技术创新和知识管理；政府通过基础设施建设和相关政策法律的制定，协调各主体间的关系，构造有效、持续的激励环境；企业通过架构资源流动平台，提高资源使用效率；社会公众通过参与环保活动，减少环境污染和资源浪费。只有这样，才能真正实现网络化、生态化、高效化的区域管理。

7.4　企业国际经营中的伦理问题

随着经济全球化进程的加快，企业国际化的步伐也在进一步加大，越来越多的企业走出国门，开始进行跨国的生产与经营活动。跨国公司是在世界许多国家从事经营活动的公司，通常通过分支机构或子公司进行生产、营销或同时从事这两种活动。跨国公司出于各种原因在欠发达国家经营，它们寻求的是廉价劳动力、可获得的资源、税收庇护或减免，以及市场。

7.4.1 国际经营中存在的主要伦理问题

理查德·T. 德·乔治曾总结了跨国公司面临的三个常见的批评：第一，跨国公司通过剥削工人、掠夺自然资源的方式在欠发达国家不道德地经营并获取高额利润；第二，跨国公司在欠发达国家不公平竞争，对投资东道国造成了伤害；第三，跨国公司是欠发达国家贫穷和不稳定的主要原因。跨国公司在国际经营时，面对不同国家之间在经济发展水平、法律规则、民族文化等方面的差异，常常会产生诸如市场歧视、有害产业转移等典型的伦理问题。

市场歧视问题是指跨国公司同样的产品在不同国家的销售和服务不同的问题。这些问题的产生往往是在售出的产品发生问题之后，企业对不同市场的消费者的待遇差别问题，而跨国公司往往以没有相应的法律规定为理由来推脱自身的责任。例如，2013 年中国中央电视台 3·15 晚会曝光苹果公司在中国售后维修存在霸王条款，包括整机维修不换后盖，三包有效期缩水等问题。而在美国、英国、澳大利亚、韩国等其他国家，如果在保修期内手机出现问题，苹果会为消费者提供新手机，均包括后盖。

有害产业转移是指对环境污染较大的产业从发达国家向发展中国家转移。由于发达国家对环境污染大的企业的控制和管理较严格，对制造污染的行为惩罚力度大，加之舆论对环境保护的呼声也越来越高，一些有严重环境污染的企业在国内生产经营的成本过高，而在发展中国家，由于其经济落后，迫切需要外来投资，人们对经济发展的渴望远远大于对环境污染的排斥，所以他们不仅希望外国资本的进入，而且还欢迎这些有较大环境污染的企业在其国家或地区建厂。加之这些发展中国家在环境保护方面的法律制定有所滞后，或者即使制定了相关法律也没有有效地执行，人们没有深刻意识到环境污染对于社会发展的危害，因此，一些跨国公司就利用不同国家之间法律等方面的差异，将这些有害产业转移到发展中国家，继续从事生产和经营活动，将生态成本转嫁给发展中国家。例如，日本已经将 60% 以上的高污染产业转移到东南亚和拉美国家，美国也将 39% 以上的高污染、高消耗产业转移到发展中国家。

7.4.2 对国际经营伦理规范的需求

在国际经营过程中，跨国公司可能面对这样的问题：东道国的伦理规范和经营方式是否会和母国有所不同？如果伦理规范有差异，应该以哪一种规范为标准呢？

一个极端是跨国公司在国外经营时继续奉行本国的伦理标准，可以称为伦理优越主义。另一个极端是跨国公司在国外经营时奉行他国的伦理标准，即入乡随俗，可以称为伦理相对主义。伦理相对主义认为，没有哪一种文化的伦理比其他任何文化的伦理都好，因此，不存在国际的权利和对错。例如，如果沙特阿拉伯主张大多数管理岗位不能雇用妇女，否则违法，那么，在那里经营的跨国公司就应该接受并采用这一准则，即使这样做违反了本国的准则。

由于不同国家和地区间的政治、经济、文化、宗教等各个方面的差异，难免会产生许多伦理冲突和困境。这种伦理冲突和困境有可能会出现在个人层次、企业层次、行业层次、国家层次以及国际层次上，每个层次都有其自身的问题。任何层次的伦理困境都需要用伦理置换的方法来解决。所谓伦理置换，是指通过寻求在有别于出现伦理困境层次上的解决办法，去解决某个困境。在个人层次上个人所遭遇的困境，也许只有在公司层次上才能找到解决办法；公司的困境也许要求行业结构的改变，以确保公平竞争的条件；全行业的困境也许要求国家政策或立法的改变；国家的伦理困境，如污染问题，也许要求国际层次上结构或协议的改变；而国际层次上的困境，有时也许只能通过在国际层次和国家层次的同步活动去解决。

按照伦理置换的方法，跨国公司在经营中遇到国家间伦理问题时，国际性的伦理规范的存在就是解决此类伦理困境的必要条件。对发达国家的企业而言，国际范围的协议或规范的存在有利于它们解决在经营中遇到的伦理冲突和困境；对于不发达国家的企业而言，则有利于它们维护自己的利益。

7.4.3　跨国公司的社会责任和伦理准则

7.4.3.1　跨国公司的社会责任

1990年，金星国际（Vesper International）和牛津欣克塞中心（Hinksey Center of Oxford）在美国旧金山举行了一个主题为“正当的利润：走出道德迷宫”的会议。与会者来自企业经理、工人、消费者团体、学术界、宗教组织等，具有广泛的代表性。会议的目的是揭示跨国公司中价值观与决策的关系。3天会议的一个重要成果是提出了用来帮助跨国公司进行国际经营决策的准则，明确了跨国公司在12个领域的责任：①与东道国合作寻求互利互惠，致力于与东道国建立长期的关系；②尊重和保护基本的人权；③充分、公正地披露所有与利益相关者和公众利益有关的信息；④达到认可的环境标准，保护生态环境，有效利用自然资源；⑤在健康的工作环境中生产能充分满足安全标准的产品和服务；⑥承认员工有组织起来集体进行讨价还价谈判的权利；⑦通过公正地雇用、工作保障、安全、无歧视的工作环境、再培训以减小裁员和关闭工厂带来的冲击，促进员工的福利；⑧通过以公平合理的价格提供高质量的产品和服务谋求长远利润；⑨在恰当的层次和恰当阶段，让利益相关者参与决策；⑩为制定和实施内部伦理准则提供领导和资源；⑪是尊重当地的做法和习惯还是奉行公司自身的伦理准则，取决于哪一种做法对当地更有利；⑫尊重国际法，支持制定和实施能达成广泛国际共识的国际企业行为准则。

7.4.3.2 跨国公司应遵循的伦理准则

理查德·T. 德·乔治给出了美国跨国公司在发展中国家经营时应遵循的七条最基本的准则。理查德·T. 德·乔治之所以选择美国的跨国公司在发展中国家的经营为对象，是因为：①跨国公司在发展中国家比在发达国家受到更多的批评。②这类情况缺乏平等的机制。在这种情况下，需要对跨国公司的行为进行约束。③对美国公司的批评并不都是合理的伦理要求。这些准则有助于区分合理和不合理的伦理要求。事实上，给出所谓的准则或原则的最终目标也正是使企业能够用这些标准去判别和指导自己的行为，以实现伦理竞争。这七条基本准则是：

准则 1：跨国公司不应造成任何故意的、直接的伤害。

这条准则要求跨国公司在发展中国家经营时要考虑公司以外的其他人的利益。也就是说，如果交易涉及的另一方不能保证第三方的利益，合乎伦理地经营的跨国公司就应当责无旁贷地保证受公司活动影响的该国百姓的利益不受到伤害。

准则 2：跨国公司应当为东道国带去利益而不是伤害。

这条准则基于这样一个假设，即发展中国家与发达国家相比总是无力保护自身的利益。如果美国的跨国公司给东道国造成了伤害，“会加剧东道国与美国之间地位的悬殊；会以损害穷国的代价去给富国带来好处；会加剧发展中国家对更多发达国家的依赖；并且最终会进一步加剧世界范围的紧张状态”。“从总体上来说，这种行为将带来伤害而不是利益。”因此，当发展中国家的劣势显著时，跨国公司就不能忽视这种伤害的可能性，应当同时为自己和东道国谋利益。这里所说的国家的利益应当包括普通百姓的利益。

但理查德·T. 德·乔治同时认为：“假如给该国带去的好处大于给它带去的任何损害（因污染、资源迅速耗尽、砍伐森林导致生态灾难、当地工业基础的破坏或诸如此类的伤害），那么这种交换就是公平的，表明比较优势的原则得到了合法的执行。”

准则 3：跨国公司的活动应当为东道国发展作贡献。

这条准则比准则 2 更进一步，也是更高的要求，它的意义在于，若不能促进欠发达国家的发展，这些欠发达国家就会依然处于欠发达状态，而跨国公司却从这些国家获得利益，这样就无法消除差距问题，从而形成一种典型的压榨行为。

理查德·T. 德·乔治界定了这里所讨论的发展的含义。他指出："在国际商务的语境中，发展通常指工业的发展。"因此对发展的促进通常就会表现为知识、技术和技能的转让和分享，或者跨国公司为了开展业务和东道国工业发展的需要而帮助改善道路设施、住宅建设、运输和通信等。

理查德·T. 德·乔治也指出，不是所有的国家都向往工业化发展，所以这一过程必须充分考虑到东道国的目的和意图，而不能把自己的发展概念强加于人。此外，还必须注意个人发展和产业发展的协调和一致，产业的发展不能以个人发展机会的丧失为代价。

准则 4：跨国公司应当尊重其雇员的人权。

这一准则和准则 1 一样具有普适性。所谓的尊重雇员的人权，指的是"在对工人的严重剥削不受法律阻止甚至还习以为常的地方，这种严重剥削应当受到道德的适当阻止"。事实上，这是给跨国公司在雇员的人权方面设置了一条底线。有些人权是得到公认的。1948 年的《联合国人权宣言》列出了人权的基本需要。例如：①每个人都有工作的权利，有被雇用的自由选择的权利，有获得公平的良好的工作环境的权利，有得到失业保护的权利。②每个人都有获得同工同酬的权利。③每个工作的人都有获得公正的和满意的报酬以保证他和他的家庭的现时应得的尊严，并且如果必要的话，通过其他社会保护的方式获得补充的权利。④每个人都有为了自己的兴趣组成和加入贸易组织的权利。

准则 5：只要当地文化不违背道德准则，跨国公司就应当尊重它。

跨国公司往往代表着一种强势文化。由于它们在实力和财富上的优势，如果它们有意强行推销它们的文化，往往会损害当地的传统价值与文化。因为这种文化或价值观的输入常常更多地带来强势文化中的糟粕而不是精华。例如，许多美国公司带入发展中国家的一些美国人自己已经抛弃的文化。在这个意义上，理查德·T. 德·乔治称这条准则是准则 1 的一个具体运用。这条准则的一个假设前提是跨国公司并不是东道国的公民。对东道国的文化，符合道德的自然应该受到尊重，不符合道德的，公司也不应该盲从（准则 4），但是公司也不应该用自己的文化价值观去改变东道国的价值观。

准则 6：跨国公司应当缴纳其公平分摊的税款。

这一准则针对性很强。因为在实际操作中，许多跨国公司通过种种手段逃避税款，如国际价格操纵、转账支付和摆脱任何国家的管制。这些方法和手段可能是违法的，也可能在法律上是没有问题的，但是从伦理角度来讲，就存在着缺陷。这里的纳税指的是正当的、合理的税负。

准则 7：跨国公司应当与当地政府合作开发和实施公正的背景机制。

这一准则强调了跨国公司协助建立国际层级的背景机制的责任和义务。在国际商务中，跨国公司是主要的参与者，它们是全球一体化的重要组成部分和推动者，由于它们的特殊地位和能力，跨国公司对良好的国际背景机制的形成有着天然的优势和不可推卸的责任。与当地政府的合作正是这一行为的必要步骤。

7.4.3.3 联合国全球协议

联合国全球协议是一项自愿的企业公民意识方面的倡议，它有两个相互补充的目标：使全球协议及其各项原则成为企业战略和业务的组成部分；推动主要利益相关者之间的合作，促进伙伴合作关系，以支持联合国的各项目标。“全球协议”希望成为一个不仅政府参与而且也有企业和民间组织、协会积极参与的论坛。“全球协议”工程使得各企业与联合国各机构、国际劳工组织、非政府组织以及其他有关各方结成合作伙伴关系，建立一个更加广泛和平等的世界市场。

“全球协议”号召各企业遵守在人权、劳工标准以及环境方面的九项基本原则，这些原则来自《世界人权宣言》、国际劳工组织的《关于工作中的基本原则和权利宣言》以及《关于环境与发展大会的里约宣言》。2004 年 6 月 24 日，在美国纽约的联合国总部举行的第一次全球协议领导人峰会上，联合国秘书长安南宣布增加“反腐败”为第十条原则。全球协议有关企业活动的十项原则可归为四个基本领域：人权、劳工、环境和反腐败，每一个原则都有一些开发和培育的具体机制（大会、建议和国际宣言）。具体原则如下。

（1）人权原则。

原则 1：企业应在其影响范围内对保护国际人权给予支持和尊重；

原则 2：企业应保证不与践踏人权者同流合污。

（2）劳工原则。

原则 3：企业界应支持结社自由及切实承认集体谈判权；

原则 4：消除一切形式的强迫和强制劳动；

原则 5：切实废除童工现象；

原则 6：消除就业和职业方面的歧视行为。

（3）环境原则。

原则 7：企业应支持采用预防性方法来应付环境挑战；

原则 8：采取主动行动，促进在环境方面采取更负责任的做法；

原则 9：鼓励开发和推广不损害环境的技术。

（4）反腐败原则。

原则 10：推广并且采用反对包括勒索和贿赂在内的各种形式腐败的举措。

7.4.3.4　国际标准化组织的社会责任指南

2010年11月1日，国际标准化组织（ISO）在瑞士日内瓦国际会议中心向全球发布了社会责任国际标准《社会责任指南：IS026000（第一版）》。该标准共分8章，分别是：

第1章为范围，提出本国际标准为所有类型组织，不论其规模大小和所处何地，提供各项社会责任指南。制定和推广标准的目的是鼓励组织为可持续发展作出贡献。标准应用需要考虑社会、环境、法律、文化、政治和组织的多样性以及经济条件的差异性，同时尊重国际行为规范。

第2章为术语和定义，确定了标准所涉及的27个主要术语的具体定义。其中最核心的定义为社会责任、可持续发展和担责。

第3章为理解社会责任，提出了社会责任发展的历史背景和最新趋势，阐述了社会责任特征，明确提出了社会责任与可持续发展的关系，以及国家和本国际标准与社会责任的关系。本章明确提出，社会责任把组织作为焦点，关注组织对社会和环境的责任。而可持续发展是人类共同的经济、社会和环境目标，是更广泛的社会期望。可持续发展的目标是确保全社会和整个地球的可持续性。它不涉及任何特定组织的可持续性或持续生存。但是社会责任与可持续发展密切相关，组织社会责任的总体目标是致力于可持续发展。

第4章为社会责任原则，提供了关于担责、透明度、道德的行为、尊重利益相关方的利益、尊重法治、尊重国际行为规范、尊重人权这七项原则的指南。

第5章为认识社会责任和利益相关方参与，阐述了组织社会责任的两大基本实践：一是在组织及组织影响范围内认识社会责任，在正确理解组织与社会的关系、组织与利益相关方的关系以及利益相关方与社会的关系的基础上正确认识社会责任的核心主题及其议题；二是利益相关方的识别和参与。

第6章为社会责任核心主题指南，为组织治理、人权、劳工实践、环境、公平运营实践、消费者问题、社区参与和发展这七大核心主题及其更具体的议题提供指南。

第7章为社会责任融入整个组织指南，为组织将社会责任融入整个组织的决策和活动提供指南。包括理解组织的社会责任，提升社会责任意识和能力建设，推动社会责任成为组织政策、文化、战略和运营的组成部分，使社会责任融入组织治理、制度和流程，开展社会责任的内、外部沟通，提升社会责任可信度，以及定期审查组织社会责任的相关行动与实践。

第8章为附录，提供了社会责任自愿性倡议和工具示例、缩略词和参考文献。

【本章思考题】

1. 企业环境伦理的含义是什么？
2. 怎样看待环境伦理方面的公平性问题？
3. 如何理解企业环境伦理中的技术创新的作用？
4. 为什么说实施企业环境伦理有助于企业提升企业价值和国际竞争力？
5. 跨国公司在国际经营中主要有哪些伦理问题？
6. 如何理解跨国公司在国际经营中应遵循的伦理准则？

【案例分析题】

苹果公司在中国售后存在霸王条款*

2013年3月15日，在中国中央电视台3·15晚会上，曝光了苹果公司的手机在中国售后维修存在霸王条款，包括整机维修不换后盖，三包有效期缩水等问题。据3·15晚会报道称，由于苹果手机高度一体化，维修难度大，其售后人员表示，苹果手机一般不做维修，而是以换代修。但是中国用户遭到了区别对待：在中国，整机并不包括后盖，如更换后盖需要交额外超过500元的费用。而在美国、英国、澳大利亚、韩国等其他国家，如果在保修期内手机出现问题，苹果公司会为消费者提供新手机，均包括后盖。除后盖问题外，苹果产品还有三包有效期缩水问题。通过以换代修换回的产品，保修期限仍然按照原来产品计算，并非重新计算。而iPad作为平板电脑，其主要部件的保修期仅为一年，而非国家相关规定中的两年。

在3·15晚会前，中国消费者协会已经多次对苹果公司的售后政策进行质疑。据不完全统计，2012年中国各地消费者协会共受理苹果公司产品投诉2170件，其中涉及售后服务的投诉占25.6%，高出家电全行业平均水平7个百分点。2013年4月1日，苹果中国在其官网发布其CEO库克“致尊敬的中国消费者的一封信”，对中国消费者表示歉意。信中指出，“在过去的两周里，我们收到了许多关于Apple在中国维修和保修政策的反馈。我们不仅对这些意见进行了深刻的反思，与相关部门一起仔细研究了‘三包’规定，还审视了我们维修政策的沟通方式，并梳理了我们对Apple授权服务提供商的管理规范。我们意识到，由于在此过程中对外沟通不足而导致外界认为Apple态度傲慢，不在意或不重视消费者的反馈。对于由此给消费者带来的任何顾虑或误会，我们表示诚挚的歉意。”

苹果中国表示，为了进一步提高服务水平，他们正在实施以下四项重大调整：1. 改进 iPhone 4 和 iPhone 4S 维修政策。2. 在 Apple 官方网站上提供简洁清晰的维修和保修政策说明。3. 加大力度监督和培训 Apple 授权服务提供商。4. 确保消费者能够便捷地联系 Apple 以反馈服务的相关问题。信中还表示，“同时我们也意识到，关于在华运营和沟通还有许多需要我们学习的地方。在此，我们向大家保证，Apple 对于中国的承诺和热情与其他国家别无二致。为消费者带来最佳用户体验及满意的服务是我们的理想，更是我们的承诺，它已深深植根于 Apple 的公司文化之中。我们会不懈努力，以实现这一目标。”库克先生表示，“衷心感谢大家给予我们的宝贵反馈，我们始终对中国怀有无比的敬意，中国的消费者始终是我们心中的重中之重”。

人民日报 2013 年 4 月 18 日又发表了一份人民网的调查报告，称近六成消费者对苹果产品的认可度下降。本次调查在北京、上海、重庆、成都、昆明、沈阳、哈尔滨等 28 个城市展开，采用计算机辅助电话调查的方式。调查对象为城市市区 18 周岁以上的常住居民，调查的有效样本总量为 2824 个。调查数据显示，有 44.1% 的被访者自己或家人曾经使用过苹果产品。而在非苹果产品用户中，近七成的人认为高昂的费用门槛是主要原因。此外，有三成的非苹果产品用户因为知晓其售后服务国内外差别大而拒绝购买苹果的产品。有 78.1% 的公众认为苹果的售后服务采用中外双重标准是对中国消费者的歧视，而在品牌认同度方面，在对苹果公司售后服务采用双重标准的情况有所了解后，有 59.9% 的被访者表示对苹果品牌的认同度有所下降。为此，专家建议，首先要强化权益保护法律的制定，加强权益保护水平；强化司法保护，让法院、工商局等有关部门加大执法力度，对侵犯消费者权益的行为做出相应的处罚和判决。在保护消费者权益方面对中外企业一视同仁。对于广大消费者，要倡导社会责任消费理念。选购商品时，除了看产品的质量，还要看生产企业有没有对消费者、对社会的感恩之心，有没有不断创新的智商，有没有受广大消费者尊重的情商，有没有对中国法律深刻理解的法商，有没有对中国商业伦理认同的德商。

*资料来源：作者根据网上信息整理而成。

1. 苹果公司的售后政策是否对中国消费者存在市场歧视？
2. 苹果公司的应对措施能否令中国消费者满意？为什么？

第三部分

基于伦理的企业文化建设

第八章　企业文化与企业核心竞争力

【学习目标】

通过本章的学习，需要达到以下目标：

1. 熟悉企业文化的常见类型划分方式。
2. 熟悉企业文化的功能。
3. 熟悉企业文化与企业核心竞争力的关系。
4. 熟悉企业文化在企业发展战略中所发挥的重要作用。

【重要术语】

企业文化；基本类型；主要功能；核心竞争力；企业文化战略。

【引例思考】

安然倒闭引发的企业文化反思*

安然公司（ENRON）是美国能源业巨头，成立于1985年；总部设在得克萨斯州的休斯敦。该公司曾经不仅是全美最大的电力和天然气销售和交易商，而且也提供各种能源产品、宽频服务，以及金融和风险管理服务，拥有近七百亿美元资产，经营据点横布全世界，拥有两万五千英里天然气管线，范围从德州跨及加州、中西部和佛罗里达州；电力工厂则遍及印度、加勒比亚、拉丁美洲、土耳其、意大利及波兰；一万八千英里的宽频光纤网路除了铺设在美国各大城市，还遍及欧洲及东京。每年经营收入超过千亿美元（2001年前9个月的经营收入就达到1396.9亿美元），全球员工逾2万人，在美国500强中名列第七，曾被《财富》杂志连续四年评为"美国最富有创新精神"的公司，是当之无愧的能源巨头。2001年12月12日，世界上最大的电力交易商和天然气交易商安然公司根据美国破产法第11章规定，向纽约破产法庭申请破产保护，在申请书中安然公司开列的资产总额近500亿美元，创造了美国历史上最大的公司破产案纪录。

安然在破产前，它的领导层在道德上、伦理上和经济上已经腐败了。安然公司的组织文化是鼓励创新与冒险，强调竞争的压力文化，同时也是"成则为王，败则为寇"的结果取向文化，唯利是图文化、腐败文化。正是这种道德氛围和文化氛围，这种扭曲的文化、畸形的文化导致了"安然帝国梦"的破灭。具体而言，安然在人力资源管理上，实行压力文化，恶性竞争，导致个人主义盛行，缺乏团队合作，甚至公司上层管理者也倡导这种风气。安然“软资产”部门的高级主管斯基林和“硬资产”部门的高级主管马克钩心斗角，争夺CEO的位置，互相玩弄权术，是搞马基雅维利主义的典型，最后使斗争失去控制，损失公司利益。斯基林说：“因为冒险可以赚钱，所以我们喜欢冒险。其关键就是能够比竞争对手更好地驾驭那些风险。”随着时间的推移，安然的董事会越来越担心风险交易。然而，即使是对风险施加更为严格的限制也会使交易付出代价，在改变公司那种傲慢的文化氛围方面，也无济于事。在这种氛围的鼓励下，安然盲目扩张，2000年，安然公司的执行委员会集中开会，决定为安然公司选择新的企业战略目标。当时安然已经骑虎难下，新业务的扩张、新市场的开拓几乎是每天都要同时进行的工作。原来的企业目标——“世界上一流的能源公司”已经跟不上公司的发展了，于是，最后确定的公司目标是：“世界上最酷的公司”。安然的主营业务是能源产业，1990年，安然公司收入的80%来自天然气传输服务业，而到2000年，80%的盈利都是从事金融活动获得的。为了达到或者超过华尔街的战略目标，安然每年都要挖空心思去找利润，并且负债累累。

杰克·韦尔奇曾说：“安然失败的真正原因在于他们进入了一个自身并不太了解的文化中，而其副业的实力又超过了其核心业务的实力。文化是重要的。”安然本是以能源产业为核心的发展战略，却因为公司文化的贪婪和扩张性，转向了金融业务。因为起初操作盈利的甜头，盲目扩张金融业务，甚至抛弃原有的核心优势产业，“最酷的公司”的发展战略是由企业文化滋生的，安然的破产也终结于企业文化。迈克尔·波特也指出：“如果企业文化与竞争战略相适合，企业文化可以强有力地巩固一种基本战略以寻求建立竞争优势。”不切实际、荒诞无理的企业文化与安然的能源战略目标不相符合，必然催生偏离企业核心竞争力的金融业务发展战略，最终导致失败。

* 资料来源：作者根据网络相关资料整理。

1. 请总结引发安然破产的原因有哪些。

2. 您认为企业文化对安然倒闭有没有影响？并思考企业文化的主要功能。

3. 俗话说“无商不奸”。请讨论，如何处理企业的诚信文化与精明的经营策略之间的关系？

4. 网络里曾经流传一则安然总裁凯尼巧卖死驴的励志故事（网络搜索关键词：安然公司总裁的童年轶事），请结合故事尝试对安然文化进行点评。

企业文化热已经在全球范围产生了深刻的影响，但究竟企业文化涉及哪些内容，许多人也许并不十分了解，企业界和学术界也还没有达成完全一致的看法。

本章主要围绕企业文化的类型划分、企业文化的功能与作用，以及企业文化与企业核心竞争力的关系等诸内容展开论述，试图给读者提供较为全面的企业文化内容体系。

8.1　企业文化的基本类型

关于企业文化类型的划分，一直以来都存在着很多种不同的看法和理解，可以从各种不同的角度去研究、划分，从而得出各种不同的企业文化类型；并且我们很难说哪一种划分方式更为科学。实际上，这些针对企业文化类型的不同划分方式，均能够很好地解释现实实践中的不同的企业文化现象。本章在此处将介绍关于企业文化类型的有代表性的划分方式，以供读者更好地理解企业管理活动中企业文化的多样性。

8.1.1　企业文化的四大类型划分

迪尔和肯尼迪指出，企业文化的类型区分依赖于两类因素：一是企业经营活动的风险程度；二是企业及其雇员工作绩效的反馈。在对近百家企业进行调研的基础上，他们根据企业在经营过程中面临风险的程度和获得信息反馈的速度两个因素，把企业文化分为四种类型：硬汉明星型文化（也称强人文化）、猛干猛玩型文化、孤注一掷型文化（也称赌博文化）和按部就班型文化（也称官僚文化）。

8.1.1.1　硬汉明星型文化

硬汉明星型文化也称强人文化，它形成于高风险、快反馈的企业，如建筑、整容、影视、出版、体育运动等方面的企业。这类企业往往风险很大，绩效反馈极快。强人文化鼓励人的冒险精神，且其行为不论对或错，都很快得到反馈。硬汉明星型文化对人提出很多要求，例如，必须坚强、乐观、保持强烈的进取心，树立“建筑山峰并征服它”的牢固信念。

硬汉明星型文化有三个明显的特征：①崇尚个人明星；个体明星对于群体而言是最重要的榜样。②机遇扮演重要角色；企业中的明星可能会随时产生，但也会突然消失；因此，在这样的文化氛围中，机遇往往被认为是最重要的因素。③过度迷信仪式，甚至于把某种仪式变成群体的迷信。硬汉明星型文化具有很多优点，例如，能够适应高风险、快反馈的环境，以承担风险为美德，勇于竞争，对过失不追究并承认其价值，从而不断推动行业前进。同时，该文化类型也有缺点，往往以强调短期行为，争当个人明星，把仪式变成迷信，容易培养向错误学习的倾向，常常置公司精神于脑后。

8.1.1.2 猛干猛玩型文化

猛干猛玩型文化形成于风险极小、反馈极快的企业，如房地产经纪公司、汽车批发商、大众消费公司等。这些行业生产与销售的好坏，很快就能知道，但真正的风险并不大。就销售行业来说，因产品是必需品，一次销售差并不损害大局，只要多到顾客中去走走，多打打电话，销售量总可以上去。猛干猛玩型文化鼓励员工采取低风险、快反馈的方式而取得成功；对人的要求是：工作时拼命干，玩乐时尽情玩，对人友好，善于交际，树立“发现需要并满足它”的信念。

猛干猛玩型文化的特征也很明显：①注重工作数量，数量往往扮演着极为重要的角色；②崇尚优胜的群体；③喜欢有刺激性的活动，如啤酒聚会、各种年会仪式化的活动。猛干猛玩型文化的优点是：行动迅速，适合于完成工作量极大的工作。其缺点是：缺乏思考和敏感，常常使胜利者自我陶醉而变得愚蠢，忘记了今天的成功可能会导致明天的失败。

8.1.1.3 孤注一掷型文化

孤注一掷型文化是一种赌博文化和攻坚文化，往往形成于风险大、反馈慢的企业（如石油开采、航空航天行业等），一个项目就得投资几百万美元甚至几亿美元，需要几年时间去开发、研究和试验，才能判断其是否可行。由于其特殊性，孤注一掷型文化要求人必须凡事权衡和深思熟虑，一旦下决心，就不要轻易改变初衷；并且要坚定并善于自我导向，即使在没有或几乎没有反馈的情况下也仍然具有为实现远大理想而献身的精力和韧性。

孤注一掷型文化的特征是：①崇尚创造美好的未来，这一文化类型往往对于未来寄以高度期望，并坚信一定会实现。②权威、技术能力、逻辑和条理性扮演着重要角色；即便在长期得不到业绩反馈的情况下，那些曾经证明自己是正确的权威，仍然能够赢得人的尊敬和信赖，并成为困难时期群体的心理支持。③以企业例会为主要仪式，不同层次的人员严格地按指定的位置坐好，只有高级主管人员发言；整个决策都是自上而下进行，不容忍叛逆行为。孤注一掷型文化有很多优点，可以适应于高风险、慢反馈的环境，可能导致高水准发明和重大科学发现；这类文化的最大缺点是缺乏激情。

8.1.1.4 按部就班型文化

按部就班型文化是一种过程文化，或者“官僚文化”，往往形成于风险小、反馈慢的企业，如银行、保险公司、金融服务组织、公共事业公司以及受到严格控制的药剂品公司等。这类企业所进行的任何一笔交易，都不太可能使公司破产，而这里的员工几乎得不到任何反馈，他们写的备忘录和报告似乎消失得无影无踪。这类文化对人的要求是：遵纪守时，谨慎周到。

按部就班型文化的特征是：①崇尚过程和细节，严格按程序办事，而不过问其在现实世界中的意义。②小事扮演重要角色，喜欢小题大做，一个电话、一段新闻摘录、一份部门首脑的近期备忘录，都会小题大做。③仪式体现着严格的等级观念，连办公设施也严格按照一个人的等级升迁而及时调换，而不会早一天或晚一天调换。按部就班型文化的优点是：有利于稳定。其缺点是过于保守。

企业经营活动的决策者应当善于识别本企业的文化类型，并相应地做出对策；善于适应形势培养和重新塑造企业文化。当然，上述四种文化类型是在理论层面上的一种划分方式。在具体实践中，任何一个企业，不会完全属于某一个类型，往往是四种类型的混合，并且在公司不同部门会体现出不同的文化类型特征。例如，市场开发部门往往具备硬汉明星型文化的一些特征，销售部门和生产部门是典型的猛干猛玩型文化，研究和发展部门是孤注一掷型文化，而会计部门则是明显的按部就班型文化。强文化企业往往善于将这四种文化类型中的最优因素艺术地融为一体；即便是外部环境因素发生变化时，此类型企业仍然能够正常地运转，甚至取得更大的绩效。

8.1.2　企业文化的五大类型划分

河野丰弘教授在其所著的《改造企业文化——如何使企业展现活力》一书中提出划分企业文化类型的三种标准：①采取的行动是革新的、积极的，还是保守的、消极的；②分析的，还是直觉的；③上下的距离如何。

据此，河野丰弘将企业文化可以分为五种类型。

（1）活力型企业文化。该类型企业文化的特点是重视组织、追求革新、有目标、面向外部，上下左右沟通良好，新的构想不断产生；组织成员所信奉的价值观是命运共同体，尊重个性、革新。

（2）独裁活力型企业文化。该类型文化是追随独裁者，相对有活力的企业文化；组织成员所信奉的价值观是组织导向、追随领导者。

（3）官僚型企业文化。该类型企业文化的特征是：重视手续、规则；组织成员所信奉的价值观是部门的程序导向。例行公事，官样等。

（4）僵化型企业文化。该类型企业文化的特征是：习惯性，对创造性、生产性不感兴趣；组织成员所信奉的价值观是利己主义、自我保护、安全第一。

（5）独裁僵化型企业文化。该类型企业文化的特征是：吹拍逢迎、只图己身的安全，不做新的；组织成员所信奉的价值观是利己主义、追随领导者、安全第一。

8.1.3 企业文化类型的七维图划分

罗宾斯和卡尔特提出企业文化的“七维图”划分方式。企业文化的七维分别是：①创新、甘冒风险；②注重细节；③以结果为中心；④以人为中心；⑤以团队为中心；⑥进攻性；⑦求稳（如图8－1所示）。

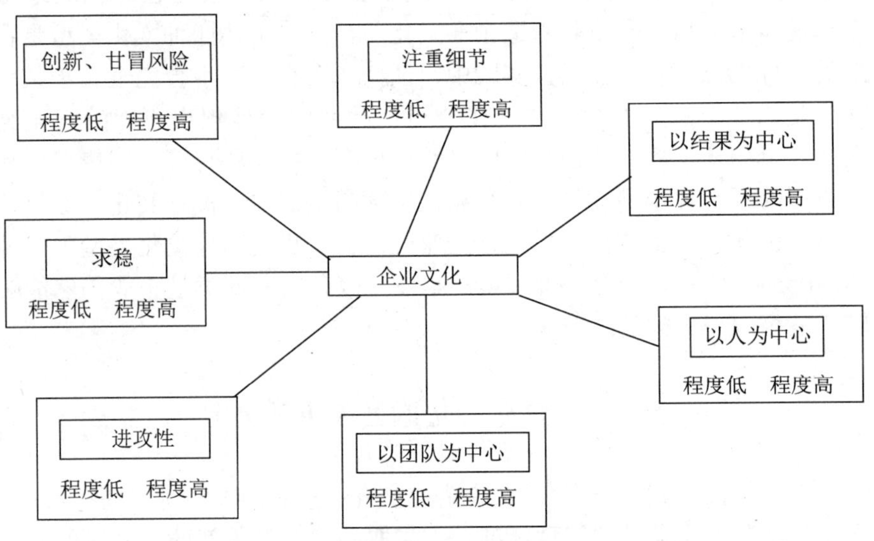

图8－1 企业文化七维图说

在这七维图中，往往有一维占据主导地位，从而形成一个企业的个性。据此，有学者把企业文化划分为八种不同的类型或模式：

（1）创新型企业文化：鼓励员工甘冒风险，积极创新。任何创新都需要有冒险精神。

（2）以质量为中心的企业文化：极其注重质量，视质量为生产，严格控制各个过程，严密注意细微处。

（3）以结果为中心的企业文化：注重事情的结果，结果是最重要标准，信奉“顾客的满意是我们的根本”。这种类型多为服务业或零售业，也可称为以顾客为中心的企业文化。

（4）以人为本的企业文化：把员工看得最重要，当做“资本”，员工被视为“家庭成员”，这类企业信奉人及人的创造性。

（5）以团队为中心的企业文化：强调团队观念，企业的运作基本围绕团队进行。这种类型的企业一般是规模较小的企业或大企业的分支机构。

（6）进攻型的企业文化：重视企业的积极进取，如微软和可口可乐公司，就以“进攻性极强”而著称，企业家精神发挥得淋漓尽致。

（7）保守型企业文化：强调平稳发展，不愿冒险。员工考虑问题的出发点是不破规矩，不犯错误；企业也不期待有惊人之举、非凡成就。

（8）以发展为中心的企业文化：最重视发展，不满足现状，雄心勃勃，一直致力于领导潮流。

8.2　企业文化的主要功能

8.2.1　凝聚功能

企业文化，特别是作为企业文化核心的企业精神与企业价值观，对一个企业的生存与发展之所以关系极大，一个重要原因是，它是企业的凝聚力、向心力之所在。换言之，它具有一种凝聚功能。

企业文化的凝聚功能越来越受到人们的重视，因为它可围绕企业目标，凝结成极大的集体合力，生出奋发向上的群体意识，激发起员工们的主观能动性，卓有成效地推动企业的发展。企业的根本动力来源于员工由某种共同意识（以及其他一些精神要素）所激发出来的积极性、创造性和工作热情。人们越来越发现，企业管理中的分析、控制、决策技术、定量化、合理化等抽象的理性管理方法对企业发展仍然有其重要作用。但是，企业文化所塑造的人们的共同价值观念、共同意识表现出更大的作用，表现为一种把全体员工凝聚在一起，形成一种强大的生产合力的功能——凝聚功能。如何理解、如何把握企业文化这一凝聚功能？这需要把握住企业文化的四个凝聚机制。

（1）归属机制。在企业这个群体中，个体虽说有相对独立性，但也绝不是可以根本超越群体而孤立存在的单个人。他在企业中必定同别人发生联系，结成一定的关系；若从企业原本即是以专业化协作为基础的社会化、现代化生产单位来说，企业中的任一单个个体离开集体，就将是寸步难行。个体对群体事务的参与，通过在企业的实践活动，发挥自己的作用，做出自己的贡献。同时，企业群体又迫切需要每一个人的奋发、努力，因而，不时地对个人的归属认同和鼓励、赞扬和支持。这就是一个由归属（凝聚）观念—归属（凝聚）行动—归属（凝聚）结果（即个体与群众相互认同、肯定）的过程。

（2）准则机制。企业文化的确无法分析计算出来，但是，成绩卓著的公司，成功的企业能够创造出一种内容丰富、道德高尚，且易为大家所接受的文化准则、价值准则。这种准则本身，以及与之紧密相连的文化氛围、环境结构、具体而又灵活的规范，调控人们的行为，使员工们情绪饱满，互相适应和协调一致。企业文化的准则机制，先是以卓越的企业价值观、企业精神，激发广大员工做出不同凡响的贡献，从而在成千上万员工心目中形成一种强烈的目标感。这种目标感可以是来自对产品的热爱、高质量服务的愿望、对革新的鼓励，或者对每个人的贡献给予承认和荣誉等，而要实现赋予了企业共同价值观的企业共同目标，在行为上就必须协同、协调、相互适应。这样，这一作为准则的具体机理又与归属机制一致起来。

（3）情感机制。企业文化之强烈的凝聚力功能包含有一种情感机制。企业文化讲究尊重个人感情，能造成一种亲密友爱、信任的企业气氛。在这种条件下倡导集体主义，满足员工的社会性心理需要，就会使人们改变原来只从个人角度出发建立的价值观念，树立一种以企业为中心的共同价值取向、道德标准和整体信念。它通过共识，使人们认识自己在企业中的价值与作用，当员工意识到自己受到尊重和信赖时，就必然潜意识地对企业产生一种强烈的向心力、凝聚力，增强企业意识。具有强烈企业意识的员工，会自愿自觉地把自己与企业融为一体，形成强烈的主人翁感、责任感和使命感，有一分热发一分光，竭尽全力帮助企业成功。这样，由企业文化所产生的强烈的企业共同意识成为一种强有力的凝聚力，把企业全体成员的力量凝聚成一种合力，就使由个人行为构成的企业行为协作系统产生出最大的功效。

（4）内聚机制。企业文化的凝聚功能还包含有一种向心力机制，即向一个中心点集聚的机理。许多企业致力于建设利益共同体——企业在事实上都是一个利益共同体、命运共同体，每个个体、每个员工、同仁，生活在这样一个群体之中，受这一群体特定企业文化的陶冶，都必然产生对这个群体的一种内向心理。当某个企业的员工说“厂兴我荣，厂衰我耻”时，他心目中的工厂，就是他自己所在的单位；当某个员工说“爱厂如家”的时候，他在心底里首要期望的是其工作所在的那个“厂”能像他的“家”一样温暖。这表明企业文化的内聚功能和作用之大。

8.2.2 约束功能

企业文化不是一般的企业规章制度，没有固定的条文来进行约束；但它是一种约定俗成的东西，是企业内部上下员工必须共同遵守的一种行为规范和思想道德准绳。企业的厂规、厂纪、厂风、厂貌都会对员工产生潜移默化的影响，使员工自觉地按照这些要求来规范自己的行为。

企业文化对企业员工的思想、心理和行为具有约束和规范作用，企业文化的约束作用主要是通过完善管理制度和道德规范来实现。企业制度是企业文化的内容之一。企业制度是企业内部的法规，企业的领导者和企业职工必须遵守和执行，从而形成约束力。制度文化的约束作用较为明显，且是硬性的、有形的，并且制度面前人人平等。

企业文化的约束不单纯来自制度层面的硬约束，还有来自非制度的软约束，这种约束产生于企业的企业文化氛围、群体行为准则和道德规范，是一种无形的韧性的软约束。群体意识、社会舆论、共同的习俗和风尚等精神文化内容，会造成强大的使个体行为呈现“从众化”的群体心理压力和动力，使企业成员产生心理共鸣，继而达到行为的自我控制。特别是，受企业文化熏陶的员工如果对企业所承担的社会责任和目标有深刻的领悟和理解，就会自觉地约束自己的行为。如果人们违背道德规范的要求，就会受到舆论的谴责，心理上会感到内疚。

企业文化的约束作用包括自控作用。如果制度规定、道德规范等企业文化成为员工的自觉或不自觉的意识时，员工就会自觉或不自觉地按这些观念和规范行事，即产生一种理所当然、理应如此的感觉。当企业中个别员工的思想、行为与这种企业中约定俗成的文化不协调或不一致时，企业文化的软约束便会对其形成一种压力，使其调整自己的思想行为，以达到与企业整体环境的协调一致。当企业内部，不管人前人后、领导在与不在、有无检查等，员工都能自觉地按照企业文化的要求办事时，一个企业就用不着巨细无遗的规章制度等。这就表明了企业文化已经达到一定的境界。

8.2.3　激励功能

所谓激励，是指企业基于企业内外环境的刺激和影响，诱发员工产生的一种自勉力、发奋进取精神，以及推动人们献身事业的责任感的行为。我们经常在企业中发现，广大员工对企业目标的献身精神和从事生产劳动的态度是有极大差异的：有的人具有强烈的进取精神和实现企业目标的愿望，并在行动上有所体现，能卓越地完成本职任务；有的人有一点进取意识，但不强烈，劳动工作一般，只要勉强能完成任务，就得到满足；有的人进取的愿望极差，对完成企业目标感到是负担甚至厌恶和憎恨，经常完不成任务。激励的任务就是要使这些处于不同精神状态的员工都能为企业整体和为实现自己所在的组织单位的目标做出贡献。

（1）在诸多的激励因素中，组织环境的好坏与激励的强弱密切相关，企业文化建设能够为员工营造出良好的激励环境。美国学者利特温和斯特林格在对一个官僚结构型组织的460名主管人员所做的典型调查中发现，人们的动机的强度受到组织环境的影响，其中组织与权力激励有密切的相互关系，而与成就激励、社交激励则呈相反的相互关系，而在一个具有严格责任制、明确的价值观和行为道德准则的温暖、平等的企业环境中，环境与对人们成就的激励关系极为密切，与权力激励只有一定的关系，而与社交激励没有什么关系，因为在这样的企业中，人们都在竭力为自己的组织工作，在企业组织内能得到公平和温暖的感受，所以不需要过多地从企业外部去寻求满足感。一般来说，具有良好企业文化与企业精神的组织集体，企业内的小环境比较和谐，人们都有执著的事业追求和高尚的道德情操，那种彼此之间互不服气，为权力、为奖金、为工资争斗的现象比较少，他们能把对企业的发展与自己的成就密切连在一起。

（2）企业文化能起到精神激励的能动作用，能发挥其他激励手段所起不到的作用。首先，共同的价值观念使每个职工都感到自己存在的价值，自我价值的实现是人的最高精神需求的一种满足，这种满足必将形成强大的激励。其次，在以人为本的企业文化氛围中，领导与职工、职工与职工之间互相关心，互相支持。特别是企业各级主管应该了解其员工的实际情况，帮助他们解决在工作和生活上的困难，使员工产生对企业的依赖感，充分感受到企业的温暖，从而为企业尽力尽责。再次，优秀的企业文化对员工的尊重和信任，可以最大限度地激发员工的积极性和首创精神，使员工以主人翁的姿态关心企业的发展，贡献自己的聪明才智。另外，企业精神和企业形象对企业职工有着极大的鼓舞作用，特别是企业文化建设取得成功，在社会上产生影响时，企业职工会产生强烈的荣誉感和自豪感，他们会加倍努力，用自己的实际行动去维护企业的荣誉和形象。

总之，企业文化使企业成员从内心产生一种高昂情绪和奋发进取精神的效应。企业文化把尊重人作为中心内容，以人的管理为中心。企业文化给员工多重需要的满足，并能对各种不合理的需要用它的软约束来调节。显然，积极向上的思想观念及行为准则会形成强烈的使命感、持久的驱动力，成为员工自我激励的一把标尺。

8.2.4 辐射功能

企业总是要坐落在一个地区、一个城市之中。企业有企业文化，地区也有地区文化，城市也有城市文化。一种企业文化无论其是否优秀，其影响决不会仅局限于本企业。企业文化一旦形成较为固定的模式，就不仅仅只在企业内部发挥作用，只对企业内部员工产生强烈的感染作用，而且会有向社会上扩散的效应——把企业的良好的精神风貌等辐射到社会，对社会的精神文明建设等产生影响。那么，作为地区文化体系的子系统，企业文化对作为城市文化或地区社会文化存在文化辐射功能。企业通过自己的产品和服务满足社会公众的需求，包括物质需求、文化需求和心理需求等；其中，企业文化起着重要的作用。在企业文化中体现的企业员工心中蕴藏的积极的价值观、先进的道德意识、高尚的精神境界，以及在企业生产经营过程中的创新观点和方法，会渗透到整个社会中，显然，优秀的企业文化对社会文化的发展有很积极的影响。

塑造企业品牌就是展示企业的形象、对外传播企业文化的一种重要方式。在实践中，无论是"微软"、"福特"、"通用电气"、"可口可乐"这样的世界性跨国公司；还是"海尔"、"华为"、"康佳"等国内知名的企业，之所以具有独特的企业文化和强大的经济实力，都与这些企业强有力的品牌塑造工作分不开。品牌的价值是时间的积累，也是企业文化的积累，是企业长期经营与管理积累的价值所在；品牌塑造是企业对外沟通的重要途径，也是企业文化辐射作用的集中体现。

8.3　企业文化与企业竞争力

企业经营实践中到处都有文化的影子，企业文化几乎无所不在地渗透进日常管理的方方面面，时时刻刻激励或者约束着企业员工，并指导着整个企业组织的运营。从某种意义上说，企业文化如同企业生命体的基因，一方面继承了企业过去的传统，另一方面又不断突变、革新，以适应新的外部形势，从而维系企业生命体的延续。

文化基因的优劣对于企业的健康发展至关重要。随着市场经济竞争日益激烈，企业文化在企业运作中的地位不断地得到肯定。哈佛商学院通过对世界各国企业的长期跟踪研究，得出结论："一个企业本身特定的管理文化，即企业文化，是当代社会影响企业本身业绩的深层重要原因。"另一项由 IBM 咨询公司对世界500强企业展开的调查表明，使那些企业出类拔萃的关键是具有优秀的企业文化，它们令人注目的技术创新、体制创新和管理创新根植于其优秀而独特的企业文化——因此，企业文化是优秀能够位列500强而闻名于世的根本原因。文化已经越来越成为企业的核心竞争力所在和企业竞争优势的柔性依托。

8.3.1 关于企业核心竞争力

8.3.1.1 核心竞争力的内涵

核心竞争力又称为核心能力，是美国的普拉哈拉德和哈默尔在 1990 年首先提出的。此后，管理学界围绕企业核心竞争力掀起了研究热潮，关于对核心竞争力的培育也引起了各界尤其是企业家的高度重视。关于企业核心竞争力的概念国内外学者都有各自的观点，本节简要介绍关于核心竞争力的经典观点。

（1）基于整合观的核心竞争力。普拉哈拉德和哈默在《公司核心竞争力》一文中指出，企业的核心能力是“一个组织中的积累性学识，特别是关于协调不同的生产技能和有机结合多种技术流的学识”。后来二人又合著《竞争大未来》一书，明确提出：“核心竞争力是能使企业为用户提供某种特定好处的一组技能或技术集合，而不是单个技能或技术。”他们认为核心竞争力是一套能提供组织丰富性、持续性和稳定性的基础系统。麦肯锡咨询公司的研究报告指出，核心竞争力是群体或团体中根深蒂固的、互相弥补的一系列技能和知识的结合，借助它能够按照世界一流水平实施一项到多项核心流程。核心竞争力包括两类能力，洞察力和预见力。海利劳德和西蒙在《组织性学习和企业的核心竞争力》一文中，把核心竞争力简单定义为包括了组织独特的人力资源、物质的、组织的和协调性资源的能力。库姆斯认为，企业核心竞争力包括企业的技术能力以及将技术能力予以有效结合的组织能力。这个定义既指出了核心竞争力的技术性，又指出了核心竞争力的组织管理性，既包括企业的技术专长，又包括有效配置这些专长的组织管理能力。

（2）基于知识核心竞争力。伦纳德·巴顿从知识观的角度进行考察，根据知识能否为外部获得或模仿的角度来定义企业核心竞争力。他认为，核心竞争力是指具有特性的、不宜交易的，并为企业带来竞争优势的企业专有的知识和信息，是企业所拥有的提供竞争优势的知识体系。企业核心竞争力作为知识体系包括四个方面的内容：①组织成员所掌握的技能和知识集，既有企业专有的知识又有员工的学习能力；②组织的技术系统，即员工知识所掌握的技能、技术的系统组合；③组织的管理系统，它影响着企业创造知识、学习知识的途径和热情，可能构成企业核心竞争力的一部分；④组织的价值观系统，即整个组织上下成员共有的价值观和行为规范。

（3）基于文化观的核心竞争力。拉法和佐罗认为，企业核心竞争力不仅存在于企业的业务操作子系统中，也存在于企业的文化系统中，植根于复杂的人与人以及人与环境的关系中。企业核心竞争力蕴藏在企业的文化中，渗透到整个组织中，在组织内达成共识且为组织成员深刻理解并指导行动的企业文化为形成不可模仿的核心竞争力奠定了基础。

（4）基于组合观的核心竞争力。康特在《战略管理行为》一书中提出，核心竞争力是组织中主要创造价值并被多个产品或多种业务共享的技能和能力。从这个定义可以看出，核心竞争力是技能和能力的组合，以创造价值和能被多个产品或多种业务共享为特征。凯文·科因等认为，核心竞争力是某一组织内部一系列互补的技能和知识的组合，它具有使一项或多项关键业务达到业界一流水平的能力，主要包括预见能力和前线执行能力（指最终产品或服务的质量与前线员工的工作有关）。鲍哥纳和托马斯在《核心竞争力和竞争优势》中提出，核心竞争力是企业的专有技能和与竞争对手相比能够更好地指导企业实现尽可能高的顾客满意的认知。换句话说，核心竞争力就是技能、隐性知识和企业价值观的组合。梅约和厄特巴克认为，企业核心能力是企业的研究开发能力、生产制造能力的市场营销能力。他们把企业核心竞争力当做四个部分的组合：产品技术能力、制造能力、对顾客需求的理解能力、分销渠道能力。

（5）我国学术界关于核心竞争力内涵的解释。20 世纪 90 年代中后期开始，企业核心竞争力理论被引入中国，引起了企业界、理论界的广泛关注和高度重视。吴敬琏认为，核心竞争力是将技能、资产和运作机制有机融合的企业的组织能力，是企业推行内部管理性战略和外部交易性战略的结果，它是企业获得长期稳定的竞争优势的基础。王毅等人认为，企业的核心竞争力是蕴藏于企业所涉及的各个层次（包括经营环境、技术、产品、核心子系统等），由能力源和能力框架组成，能够使企业获得持续竞争优势的、动态发展的知识系统。张维迎认为，核心竞争力是企业独特的资源和能力，这种独特具体表现为所拥有的资源是偷不去、买不来、拆不开、带不走、溜不掉的。张瑞敏认为，海尔的核心竞争力就是市场的整合能力，是产品不断升值的能力。核心竞争力要通过两种整合来实现，一种是企业体制与市场机制的整合，一种是产品功能与用户需求的整合。柳传志认为联想集团的核心竞争力是有办法制定出不断产生新东西的战略。

综上所述，企业核心竞争力内涵基本上包括技术能力、管理能力、资源整合能力三个方面。由于企业所处的行业性质、战略目标不同，所选择参与竞争的支撑点或着力点有所不同。在企业日常运作过程中，核心竞争力往往具体表现为：核心产品、核心技术、核心业务、核心运营能力、核心文化价值观。企业文化是形成企业核心竞争力的根本。

8.3.1.2　企业核心竞争力的基本特征

国内外学者的理论研究与企业管理领域的实践经验表明，企业核心竞争力是一个企业持续发展的动力源泉，是能够使企业在较长时期内产生独特竞争优势的能力，是竞争对手难以模仿、学习和超越的竞争力，与一般的竞争优势有所区别。企业核心竞争的特征表现为以下四个方面：

(1) 用户价值性。核心竞争力能够为用户提供重要价值，有利于企业效率的提高，能够使企业在创造价值和降低成本方面比竞争对手更优秀；它能够给消费者带来独特的价值，增加顾客的效用，得到顾客心理上的认同。只有那些真正能够满足顾客需求的技能和知识才称得上核心竞争力。微软公司的各种软件产品的推出，都是以用户的需求为导向，始终把满足用户所看中的价值作为生产经营的出发点；海尔集团流传着这样的话："企业第一位的是创造顾客，而不是创造利润。应该以自己的优势去创造顾客，创造市场，另做蛋糕。""用户永远是对的""绝不向市场说不"……事实上，海尔人也正是这么做的。早在1996年面对四川农村市场推出的可以洗地瓜、土豆等多种农产品的"农村多用途洗衣机"。沃尔玛公司努力开拓当时凯马特等零售巨头不屑一顾的南方乡村市场。这些都是企业从顾客重视的核心价值出发进行的经营，实现顾客所看中的价值，从而实现企业的效益。价值性是核心竞争力最基本的特征，识别一种竞争力是否是核心竞争力，先要判断是否具有价值性，能否为消费者提供更大的好处。

(2) 独特性。企业的核心竞争力是独树一帜，独一无二的，是不易被其他对手模仿和复制的特色。企业的任何一种单一的技术、知识都是能够被竞争对手模仿和复制的，但核心竞争力是通过企业自身的不断学习、创新和磨炼而形成的，是企业在长期发展过程中培育和积淀而成的，孕育于企业文化，深刻融合与企业的内质之中，为企业所有员工共同拥有的特质。正是这种独特性使企业在竞争中获得独特的竞争优势而处于有利地位。

(3) 整合性。整合性是由多种技术、技能、管理能力等要素构成的有机整体，是核心竞争力的显著标志。任何单一的技术或技能不能形成核心竞争力，必须是多种技能有机整合，提炼升华的结果。因此，核心竞争力的整合性不仅与企业的技术要素有关，而且与企业的组织结构、企业文化以及整个社会环境都密切相关。整合性可以使一些原本十分平常的技术、知识组合成一种超强的核心能力，正是由于整合性特征，企业的核心竞争力也被称为超强力。

(4) 动态性。企业的核心竞争力是企业在长期的经营过程中逐渐培育和积淀而成的，在一定的环境、一定的时期具有相对的稳定性，但是这并不意味着核心竞争力是一成不变的。随着外部环境、企业资源、行业动态、企业管理模式等的不断变化和科学技术的不断进步，企业原有的核心竞争力也很可能变成一般竞争力，而被一种新的核心竞争力所更新替代。日本佳能公司对核心竞争力战略进行动态调整，由"影像的佳能"到"信息的佳能"又到"社会生态学的佳能"。

因此，核心竞争力也应该具有动态性，与其影响要素保持协调一致，这样才能不断地适应企业的创新和发展。

8.3.2　企业文化与企业核心竞争力的关系

8.3.2.1　企业文化是决定企业生产效率的主要原因

在市场竞争面前，没有任何一个企业是可以依赖特权和优待来维持生存的。企业生存发展，主要依靠的是其竞争力。只有企业的竞争力不断增强，才能使企业有旺盛的生命力。哈维·莱宾斯坦曾提出著名的“X效率理论”，认为企业只是经济中的一个“分子状单位”，企业的员工是经济生活中的“原子状单位”，企业是一个“集合体”，每个成员的行为都会对整个“集合体”的行为产生影响。“X效率理论”从深层次上分析了企业成员的效率同企业效率之间的关系，指出了企业成员生产效率的高低会直接影响到企业整体效率的高下。企业的低效率根源于企业成员工作努力程度的低下、员工工作中惰性因素的作用、企业员工缺乏劳动生产积极性、企业成员彼此之间的不适应和摩擦，以及企业成员个人目标与企业整体目标间的不协调等非经济因素的原因。这些非经济因素往往对企业的效率有着不容忽视的影响。显然，在一定生产技术水平条件下，决定企业效率高低的不是物的因素，而是人在企业生产中所发挥的作用，即人才是决定企业竞争力的关键因素。而人的因素中，劳动者的工作时间、劳动者个人所达到的文化技术等级、每个劳动者岗位责任的明确程度、不同劳动或不同工作岗位之间工作的联系状况等都是已知要素，而诸如惰性因素对劳动者积极性和创造性的阻碍、企业成员个人目标与企业目标间的不和谐程度等却是发挥作用的隐性因素——那些未知因素的作用往往会对企业效率造成更大的影响。因此，企业中人的因素决定着劳动生产率。

企业文化使企业成员能够在不断调整自己子目标的过程中，调整自己子目标的顺序等，以使自己的某些子目标与企业整体目标由不协调到逐渐协调，由疏远而趋于接近，以最后达到共通和融合。通过企业文化建设，企业成员的目标与企业目标达到了协调，企业成员的工作动力迎刃而解，工作努力程度得以提高，工作积极性得以调动，新的科研成果、技术革新可以尽快推广以及企业管理工作者管理水平、方法的不断提高，企业上下可以同心协力，尽可能地消除了工作中惰性因素的影响，工人们积极主动地从事于生产经营工作，劳动生产率不断提高，企业效率随之提高，企业生产得以推动和发展。

总之，良好企业文化可以提高劳动者的整体素质、调动企业成员的工作积极性、激发其工作主动性和创造性，也就提高了企业的劳动生产率。

8.3.2.2 企业文化对企业竞争力的重要影响

企业文化对企业核心竞争力的关键性影响在西方学术界已经得到公认。特雷斯·迪尔教授和麦肯锡公司专家阿伦·肯尼迪通过对22家公司进行系统的研究，得出结论：适应性强的企业文化是强有力的调节手段，企业文化的素质高低是形成企业竞争力的关键。美国盖洛普咨询公司曾经做过调查，发现有竞争力的尤其是核心竞争力强的企业，在三个方面具有独特的优势，即顾客忠诚度的高低和忠诚顾客群体的大小，员工忠诚度的高低和员工忠诚群体的大小，以及品牌影响度的高低和大小；而决定企业能否具有这三大法宝的根源在于企业文化。美国著名管理学家沙因指出：在企业发展的不同阶段，企业文化是核心竞争力，企业文化创新是企业前进的源动力，企业的可持性发展源于优秀的企业文化，只有企业文化才是企业永续发展，生生不息的动力。

国内学者对于企业文化与企业竞争力的关系解读也大致相似。赵东通过对日美企业管理模式的比较，指出文化因素对企业未来竞争的重要作用，企业文化建设成为企业竞争的核心动力，是企业发展的关键性因素。沈琦认为企业的共同价值观作为企业文化的精神层面，是企业的精神支柱，企业的一切经营行为本质上都是受价值观的指导，企业文化在核心竞争力的形成过程中发挥着无可替代的基础性作用，企业文化是企业创新的动力和源泉。邓德鸿、陈春花从企业文化和企业核心竞争力的本质出发，认为企业的核心竞争力主要不是来自企业外部，而是取决于企业组织文化。陈春意、杨素娟则认为资本、技术、产品、价格、规模都不是核心竞争力，因为这些都很容易被对手超越；而企业文化力最不容易被人模仿，是最具威力的企业核心竞争力；良好、协调的企业文化，是最具威力的企业核心竞争力，实现“文化力促管理”的前提是建立企业文化发展的基础平台。魏杰认为，企业文化是企业整体竞争力中最为核心的部分，企业核心竞争力总是根植于独特的企业文化土壤中，受企业文化的影响和制约，优秀的企业文化对企业核心竞争力的培育有强大的推动作用。

8.3.2.3 企业文化对提升企业核心竞争力的作用机制

在激烈的市场竞争中，企业文化对于提升企业核心竞争力的作用何以如此关键？

（1）企业的核心价值观影响并推动着企业核心竞争力的形成。

企业文化是企业价值观、经营理念和员工的行为规范的集中体现。企业的价值观就是企业在追求经营成功的过程中，对生产经营的目标以及自身行为的根本看法和评价。从某种意义上说，企业的价值就是企业的核心竞争力，企业的价值观也就是企业对核心竞争力的追求与判断和根本认识。

在企业管理理论和企业管理实践中，企业核心价值观深深地影响甚至决定企业的使命和愿景。企业在其使命和愿景的指引下制定正确的企业战略，并且通过执行战略来实现企业的目标。因此，企业核心价值观通过影响和推动企业战略，直接促进企业核心竞争力的形成。企业文化是企业战略的基石，为企业战略的制定、实施、控制提供正确的指导思想和健康的精神氛围。美国著名的战略管理专家得出了一项已为经验所证明的结论：一个组织的长期规划成功与否，与用于制定规划的具体技术关系不大，而更多的是取决于使规划的制定得以完成的整个文化传统。罗伯特·惠特曼和汤姆·彼得斯在《追求卓越》中的一个重要论点是，成功的或优秀的公司都是被“共同价值观”所主导，反过来又成为企业的竞争优势。迈克尔·波特认为，“基本战略的思想也对竞争致胜的企业文化发生了作用。文化，虽然很难定义其有助于影响组织的准则和态度，但已被认为是成功企业的一个重要因素了。”他认为，如果企业文化与竞争战略相适合，企业文化可以强有力的巩固一种基本战略以寻求建立竞争优势。

如“IBM 就是服务”，这是 IBM 的共同价值观，把为顾客提供世界一流的服务作为最高的价值观念，围绕着追求一流服务来打造 IBM 的核心竞争力。“领先的创新”是索尼的共同价值观，所以索尼依靠科技的领先创新、文化的领先创新、扩展的领先创新为世界创造了一个“索尼神话”。由此可见，企业要构筑核心竞争力必须从企业的价值观入手，而这个价值观是企业全体员工共同的信仰。这种基于全体员工共同认同的核心价值观促进了企业核心竞争力的形成。

（2）企业文化为核心竞争力的打造提供了要素。

企业文化是以核心价值观为核心的企业精神文化、制度文化、行为文化、物质文化的综合。企业的精神文化是企业在生产经营过程中受一定的社会文化背景、意识形态影响而长期形成的一种文化观念和精神成果，是用以指导企业开展生产经营活动的各种行为规范、群体意识和价值观念，是以企业精神为核心的价值体系。企业精神是企业价值观的核心，它是企业人文化心理沉淀的一种群体意识，长期性和渐进性是其特点，并且受社会文化环境和舆论的影响，它深深地根植于企业成员的心理之中，且通过一定的文化网络在通常的习俗或文化仪式中呈现出来，继而得到传承和发展，供企业员工共享，而不像“物质文化”那样为人占有或经过消费就消灭无踪；它是企业文化的核心文化，随着企业的产生而产生的一种与物质形态相适应的意识形态、一种无形的力量，能对企业成员的精神面貌产生作用，以制度文化来确定，并且通过文化系统中的行为文化来促进物质文化的增长。企业的制度文化是由企业的法律形态、组织形态和管理形态构成的外显文化，它是企业文化的中坚和桥梁，把企业文化中的物质文化和精神文化有机地结合成一个整体。企业的制度文化一般包括企业法规、企业的经营制度和企业的管理制度。在企业文化系统结构中，制度是任何一个社会组织团体正常运转必不可少的因素之一，它是组织为了达到特定目的所制定的行为规范，亦即一种人为制度的程序化、标准化的行为模式和运行方式，它规定哪些行为应受到肯定和赞扬，哪些行为应被禁止和批评，从而带有鲜明的强制性。企业行为文化是企业人在生产经营、人际关系中产生的活动文化，是以人的行为为形态的企业文化。它以动态形式作为存在的形式，一方面不断向人的意识转化，影响企业精神文化的生成；另一方面又不断向人的物质文化活动转化，最终物化为企业的物质文化。它是企业在运作中产生的活动文化、实践文化，包括企业经营行为、人际关系行为、企业公共关系行为和企业服务行为中产生的文化现象，是企业价值观、企业精神、企业经营理念的折射和反映。企业的物质文化顾名思义，就是企业文化的物质层，它是由企业职工创造的产品和各种物质设施等构成的器物文化。它包括两个方面的内容，其一是企业经营的成果，即企业生产的产品和提供的服务；其二是企业的厂房、设备等工作环境和生活环境。企业的物质文化直接影响顾客的感性认识，进而决定顾客对该企业的优劣判断，它是一种以物质为形态的表层企业文化，是企业行为文化、制度文化及精神文化的显现和外在结晶，它一方面要受到企业行为文化、制度文化、精神文化的制约，具有从属性、被动性；另一方面，又是人们感受企业文化存在的外在形式，具有形象和生动性，对社会而言，是评价企业总体文化的起点，企业物质文化是企业文化中的浅层基础文化。

企业文化的内涵为企业核心竞争力培育提供了所需要的核心价值观、管理制度、凝聚力以及技术和设备等要素。优秀的企业文化是企业核心理念、技术能力、管理能力以及整合协调能力形成的基础，直接推动了企业竞争能力的形成，进而构建企业的核心竞争力。从某种意义上说，是企业文化孕育了企业的核心竞争力。

（3）企业文化发展推动核心竞争力的成长。

企业文化具有开放性、阶段性和发展性的特点。随着企业外部环境的变化、企业内部人员的更替以及领导层的变化，企业的核心价值观的内涵得到了不断的丰富和发展。海尔的“真诚到永远”的核心价值观，开始只包括微笑服务和售后服务，现在增加了很多内涵，根据顾客需求进行生产、包装、服务等。企业文化在原有的基础上不断地深化发展，使得企业的核心竞争力也在不断延伸。参与国际竞争以来，中国的企业面临的机遇与挑战与从前完全不同，海尔、联想等优秀跨国企业的企业文化已经发生了变化，核心竞争力也随之得到了发展，使企业具备了在国际市场上获得竞争优势的素质和能力。

因此，企业文化是整个企业的思维，是企业凝聚力和活力的源泉。没有一定的企业文化支撑，企业很难做大，没有优秀企业文化的保障，企业很难长久发展。没有企业文化，企业就失去了魂，也就没有了指引企业长期发展的航标，也就无法获得企业不断前进的动力。同时，企业文化必须与时俱进、不断创新，才能使企业永葆新鲜的意识，积极适应日新月异的外部环境，进而促进核心竞争力的不断发展和提升。广州保利地产自 2000 年进入“房地产十强”后，2008 年晋身三甲。保利地产在全国各地开发的保利花园以其人性化的规划设计、突出的成套技术运用和超前的智能化管理，通过国家建设部严格评审，多次被评选为“国家康居示范工程”，代表了国内住宅开发以及住宅技术应用的高水准及新理念。一家国有房地产公司在竞争激烈的广州楼市中如何突出重围？其“力量源泉”到底来自何方？保利高管把“公司能够在竞争激烈的广州房地产市场生存并得以进步”，都归结为保利公司的核心竞争力，也就是公司独特的企业文化——自 1992 年成立以来一贯奉行的军队文化：例如，雷厉风行的作风、严明的组织纪律性和军人特有的那种自我奉献精神和责任心等。这正是独特的企业文化造就了今天保利地产的核心竞争力，并持续推动保利地产的快速发展。

8.3.2.4　企业文化本身就是核心竞争力

企业核心竞争力不仅存在于企业的操作子系统中，而严格地说，企业真正的核心竞争力是不可分割的，它是企业技术核心竞争力、组织核心竞争力和文化核心竞争力的有机结合，不可能在企业分散开来加以定位，但是核心竞争力积累蕴藏在企业文化中，渗透到整个组织中，而恰恰是组织共识为一个综合的、不可模仿的核心竞争力提供了基础。企业的发展依靠核心竞争力，核心竞争力来自于技术，技术来自于管理，而管理靠的是企业文化。归根结底企业文化就是核心竞争力，更是因为它具备了核心竞争力的基本特征。

（1）企业文化具有竞争力的特征。

任何一个企业的企业文化都不是一蹴而就的，优秀的独特的企业文化更是如此，都必须要经过企业在生产经营活动中长期积累才能形成。同时企业文化必须通过物质、制度、精神方面表现出一种被企业内各成员共同认可的价值观。并且一旦企业形成了其独特的企业文化，就很难为其他企业所获取或模仿。这就决定了企业有核心竞争力的特征。

从企业文化的形态上来看，企业文化是一个企业的无形资产，任何一个企业都不能将它像描述一把椅子或桌子那样具体地描述出来。企业文化只能以一种意识形态——共同价值观，被企业全体员工认可，形成员工共同遵守的伦理道德、思维方式、行为规范和共同的工作风格。没有一个员工能够用言语表述它，只能在其思想上达成共识。企业在将企业文化对内和对外表述时，只能用很富有哲理的简短的句子表达。例如，海尔“真诚到永远”的经营理念，虽说只有几个字，却不能够用很具体的语言来描述，只能在思想上肯定并接受。企业文化存在的形态决定了企业文化的缄默性。这种缄默性的内容大多是难以用语言、文字、符号来直观表示的要素、文化要素，这些才是最重要的。在企业中，每个人都有退休的一天，但优秀的企业所倡导的企业文化、企业精神可以持久地激励员工去创造企业业绩。并且在企业文化与经营业绩相互关系的实证研究中，赫斯克特美国沃尔玛、壳牌、杜邦、波音、花旗、艾克从企业文化的竞争角度来看，对企业内员工来说，企业文化对员工既具有激励作用又具有约束作用。对员工的激励作用，有利于提高员工的工作效率，从而提高企业的效率。员工在企业文化的激励下，能够充分发挥工作的主动性和积极性，提高工作热情，有利于企业技术的改革和创新，有利于产品的开发，帮助企业降低生产成本。企业文化对员工的约束作用能够使员工在处理个人利益和组织利益时以大局为重，从维护企业的利益出发，企业文化的对内作用能够使企业创造自身价值。在对外竞争角度来说，企业能够在自身优秀独特的企业文化下为顾客提供优质的产品和良好的服务，为顾客创造价值。在与竞争对手竞争时是以公平为主，并且在竞争过程中以社会利益为重，不图一时之利而有损社会的可持续发展。当企业在扩大规模、构建新业务时，企业文化的作用也是十分显著的。海尔文化在海尔兼并、收购重组过程中发挥了巨大的作用。企业文化的渗透和扩张，体现了核心竞争力的价值优越性和延展性的特征。

从企业文化与经营业绩的角度来看，美国著名管理学家詹姆·赫斯克特曾指出，无论是应对竞争对手、为顾客服务，还是处理企业对内对外相互关系，企业文化所形成的竞争力，必然产生强有力的经营效果。日本政府在总结明治维新时期经济能得到迅速发展的经验时发表过一份白皮书，其中有这样一段话：日本的经济发展有三个要素：第一是精神，第二是法规，第三是资本。这三个要素的比重是：精神占50%；法规占40%；资本占10%。这就是说资本不是最关键的要素，精神因素占了一半。约翰·科特勒对202家公司进行了调查，结果发现，在11年中企业文化力平均得分值与企业长期经营业绩（企业纯收入指数、年收益率、股票市场价格）呈正相关性。

（2）企业文化对核心竞争力的作用。

首先，企业文化是核心竞争力的保障，企业的核心竞争力是由人创造的，而企业文化又是企业和企业员工的精神力量。若没有企业文化，企业就像一盘散沙。企业文化在不知不觉中影响着企业员工的价值观、思维方式，进而改变他们的行为。其次，核心竞争力来源于企业文化，形成核心竞争力的技术、知识、产品都是在企业文化的可信共同价值下产生的，企业文化为掌握专有知识和技能的员工营造了发挥其技能、开启其潜能的良好工作氛围。海尔是以自己独特的成功管理经验第一个被写入哈佛 MBA 教材的中国企业；张瑞敏是第一个走上哈佛讲坛的中国企业家。海尔之所以成功，在于它所兼并的企业没有采用一般企业通常采用的注入资金盘活资产但成效甚微的做法，而是采用以海尔无形资产盘活有形资产的做法，以改变人的观念和精神面貌来带动企业面貌的改变，从而促进企业发展，提高经济效益。海尔的成功给众多企业一个很好的启示，企业要想在市场经济中立于不败之地，没有强大健康的企业文化是不行的。

（3）企业文化在核心竞争力中的地位。

杰出而成功的企业具有强有力的企业文化，即为全体员工共同遵守，但往往是自然而又约定俗成而不是书面的行为规范：并有各种各样用来宣传、强化这些价值观的仪式和习俗。正是企业文化这一非技术、非经济的因素，导致了这些企业的成功。正是因为如此，在今天的企业管理中，人们越来越重视企业文化的重要力量，并将其放到了企业管理的核心和企业快速稳定发展的基础地位。

海尔以其独特的企业文化在激烈的市场竞争中赢得了可持续发展的核心竞争力。海尔的企业文化主导着海尔核心竞争力的形成和发挥。海尔核心竞争力的形成离不开海尔文化中各个具有其特色文化的概念，如“要么不干，要么就争第一”的“第一”理念，“创造市场”即创造一个专属于“我”的“创新”市场理念，“卖信誉而不是卖产品”的信誉第一“理念”；“用户总是对的”、以“客户需求为真理唯一标准”的理念；高质量产品是由高质量人造出来的“先选人后造产品”的理念；“精细化零缺陷”的只有一等品，没有二、三等品的“最佳产品理念”；“三工并存，动态转换”的用工制度，“计点到位，绩效联酬”的分配原则，“联合舰队的组织机构，以及大中心构筑产品平台的企业国际制度创新”等等。这一系列的理念，仍是核心竞争力的理念形式——追求卓越的组成部分。

可见独特的企业文化是企业核心竞争力的源泉，主导着核心竞争力的形成和在市场上的发挥程度。企业的核心竞争力来自于企业的技术和创新，企业的技术和创新要依靠企业员工，而企业员工只有在成功的企业文化中才能感受到自身的价值，并发挥自身的最大才能。因此企业文化就是企业核心竞争力的核心要素，没有独特优秀的企业文化就是没有企业核心竞争力。正如著名管理学家沙因在《企业文化生存指南》中所指出的：在企业发展的不同阶段，企业文化再造是推动企业前进的原动力，企业文化就是核心竞争力。

8.4 企业文化战略在企业管理中的运用

8.4.1 关于企业文化战略

8.4.1.1 企业管理系统结构关系

企业管理是一个综合系统，战略管理系统、制度管理系统、人力资源管理系统、市场营销管理系统、资本运营财务管理系统等；沟通系统、有效授权系统、信息管理系统、问题的处理系统、团队建设系统等。虽然企业文化没有作为明显的系统出现，但它作为一个隐性的系统出现在各个系统中，渗透于企业管理的各个环节。如果说，企业管理可以看成是一个全集，制度、战略、人力等要素视为是企业管理的子集；而企业文化则渗透于每一个子集当中。企业经营管理以市场为中心，所有的管理活动统领于企业文化之下，如图 8－2 所示。

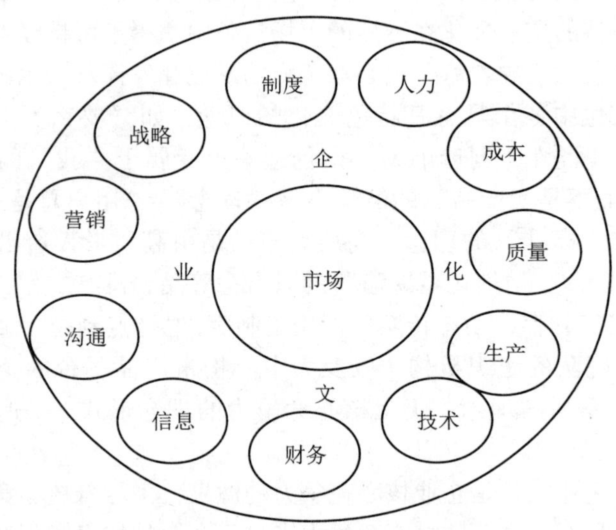

图 8－2 企业管理系统结构

企业管理作为一个系统，从管理性能上看，可以划分为“软”与“硬”两个子系统；若从管理战略上看，可以划分为“软战略”与“硬战略”，它们同样构成企业战略的两个子系统。企业家应从企业发展战略的高度，对于“软战略”与“硬战略”给予应有的重视，不可厚此薄彼，或顾此失彼，它们作为企业战略的组成部分，都是不可缺少的。企业家对“软战略”的选择，反映出企业家的战略意识，同时也反映了企业家的经营水平，反映了企业家的理论素质的高低。

企业文化是现代经营管理发展到一定阶段，企业战略的新选择之一。企业文化战略就是建立共同价值观，用精神激励的办法调动企业成员的积极性，规范企业成员的行为，并自觉遵守，形成一种作风和精神，从而获得企业长远发展的精神动力。

8.4.1.2　企业文化战略的特点

企业文化战略包括以下几个特点。

（1）柔中带刚。相对于企业的设备和产品等具有刚性的特点，企业文化却具有柔中带刚性的特点。所谓刚性，是指企业的生产资料和劳动产品等不因外力作用而改变其形态的属性。人们称它们为“硬件”。企业文化战略是一种精神上的东西，它是企业在长期经营活动中逐步形成的人们的共同价值观，企业成员行为的准则，企业员工从长期经营活动中形成了自觉遵守的行为规则，对每个成员都能做到自我约束。这种共同的行为准则长期以来与每个成员个人的行为逐渐合拍起来，逐步形成企业的作风和精神，这种共同价值观和共同的行为准则，虽然不具有像“硬件”那样的“不可缩性”，但却有自己柔中带刚的特点。它的柔中带刚性只是形式上的，它具有一种无形的力量，使人们内心感到有一种紧迫感、柔性压力感。尤其是在企业文化初创阶段，企业文化战略更具有强制性和自觉性的两重性，柔性与刚性的两重性。企业管理必须把对物的“刚性管理”和对人的“柔性管理”结合起来。

（2）循序渐进。企业文化的创立和发展是一个过程，是经过多年的培育而逐渐形成起来的，不是一蹴而就的一日之功；需要长期持续的努力，不能急于求成，更不能奢望一蹴而就。

（3）潜移默化。企业文化一旦形成，便会在日常的经营活动中通过各种形式无声无息地渗透到员工的思想中去，逐步形成企业的共同价值观。企业文化会在漫长的发展进程中，不断激励广大企业员工，像无声的命令，潜移默化地促使员工朝同一目标不断前进。

（4）一脉相传。一脉相传也可叫继承性，好的企业文化一旦产生，便会世代相传，特别是企业创始人的价值观、创业精神极大地影响着企业文化。企业创始人所创立的企业文化会绵延发展，并在实践中不断丰富其内容。日本松下幸之助所创立的松下电器公司独具特色的企业文化，不断激励企业员工的意志，不断创造出新成绩，也不会因松下故世而中断。

8.4.2 企业文化战略在企业管理实践中的地位与作用

8.4.2.1 企业文化对企业战略管理具有直接影响

企业战略是企业以未来为着眼点，为寻求和维持竞争优势而做出的有关全局性的重大筹划和谋略。企业文化作为企业生产经营活动中的一种价值观、道德准则和行为规范的沉淀，对企业战略管理有着直接的影响。优秀的企业文化具有鲜明的企业特色，体现了全体员工的共同信念和价值观，有利于制定出特色鲜明、与众不同、克敌制胜的企业战略。企业文化的导向、激励、约束、凝聚等特有功能和作用，可以有效激发员工热情，统一员工的意志和行动，为企业战略目标的实现提供强有力的文化支持和思想保障。同时，不良的企业文化也制约着企业战略目标的实现。

8.4.2.2 优秀的企业文化有利于人力资源建设

人才是企业生存发展的重要因素，企业文化对于企业人力资源队伍的建设起着至关重要的作用。优秀的企业文化能够为员工营造良好的工作氛围，创造良好的工作环境，使员工全心全意地为企业目标努力。在知识经济时代，企业取得大量的优秀人才，并留住人才，对企业的管理来说是非常重要的，因为这些是能够推动企业实现升值的人力资本。对这些人才的争夺已经成为当前国际竞争的一个重要方面。中国加入世贸组织后，使人才争夺日益国际化，然而在这个人才争夺战中，最重要的不是金钱激励，而是企业文化的依赖。

合理的对职业培训，技能提升使员工产生自信，自我价值得以实现，能够给员工一种尊重感、自豪感和满足感。优厚的福利待遇、薪酬体系虽然也是企业管理的重要手段，能够吸引不少人才，但这不是长久之策。建立在金钱标准之上的吸引力往往让员工没有归属感，对企业没有感情，容易跳槽或者像安然公司人员那样恶性竞争。人员频繁变动又会造成公司人力培训成本收益的损失，进而减少培训成本，形成人力资源管理的恶性循环，长此以往，会对人才的成长和企业的发展造成消极影响。

8.4.2.3 企业文化与企业管理制度“刚柔并济”

当制度以一种严肃的不可冒犯的形式出现时，人们在不敢违反的同时肯定有逆反的心理，但当企业制造出一种氛围即人与人的亲和力有机地融入企业管理之中时，人们都感到了它的存在，都能自觉地遵守它。这就是企业管理中企业制度和企业文化相互结合，达到管理最佳效果的状态。

实践中，当制度内涵尚未被员工认同时，制度只是管理者的文化，至多反映管理规律和管理规范，而不能算作制度文化。当制度的内涵已被员工心理接受并自觉遵守时，制度才变成了真正意义上的共有文化。从这个意义上讲，可以认定当企业倡导的文化优秀且主流文化认同度较高时，企业的制度成本则低；当企业倡导的文化适应性差且主流文化认同度较低时，企业的制度成本则高。一个卓越而科学的制度管理可以约束和命令员工出满勤、干满点，但永远也不可能让员工在岗位上尽职尽责、尽心尽力、高效率地自觉工作，只有企业文化能做到这一点。海尔集团的“斜坡球理论”就充分展示了企业文化和企业制度相互结合的重要性。企业发展如同爬坡的一个球，受到来自外部市场的压力和企业内部员工惰性的压力，如果没有一个止动力，球就会下滑。这个止动力就是制度管理。在此基础上，海尔提出了“敬业报国，追求卓越”、“创中国的世界名牌”、“迅速反应，马上行动”、“真诚到永远”等优秀的理念，使爬坡的球有了向上的牵引力，这种向上的牵引力就是企业文化。如果只有止动力，没有牵引力，那么球只能保证不下滑，原地踏步；如果只有牵引力，没有止动力，那么一旦牵引力不足，就会迅速下滑。因此，企业管理中，企业文化和企业制度只有实现了有机结合，才能保证企业在稳定中求得更深远的发展。

8.4.2.4　企业文化对外部市场环境发挥着重要作用

企业经营管理是围绕外部市场进行的，企业的产品和服务要实现价值，必须通过消费来实现，才能达到企业盈利的目的。而优秀的企业文化能够为企业营造一个良好的外部环境，对企业实现利益最大化的根本目的起着至关重要的作用。

在实践中，优秀的企业文化向社会大众展示着企业成功的管理风格、良好的经营状况和高尚的道德品质和精神风貌，从而为企业塑造良好的整体形象，建立良好的信誉，扩大影响力，是企业巨大的无形资产。良好的企业形象又能够为企业创造良好的经营环境，如众多原料供应商，稳定庞大的消费群体、金融机构的信赖、政府的扶持和奖励等。优秀的企业文化为企业创造良好的外部市场环境，为企业在激烈的竞争中打下稳定的基础，促进了企业的可持续发展。

【本章思考题】

1. 如何理解本章中对企业文化类型的不同划分，并指出不同类型划分的依据分别是什么？

2. 企业文化在企业管理过程中发挥哪些方面的作用？

3. 请阐述企业文化与企业核心竞争力的关系是什么。

4. 请问您如何理解“企业文化是企业发展的‘内驱力’”这个观点？

5. 试论述企业文化在企业发展战略中的重要作用。

【案例分析题】

企业成长的驱动因素——玫琳凯文化*

玫琳凯公司是以创始人玫琳·凯·阿什（MaryKay Ash）的名字命名的，玫琳·凯·阿什女士是美国的一位富于实际经验的管理人员。1963 年，她做了 25 年的直销工作之后退休，创立了玫琳凯化妆品公司。在公司成立后的 38 年中，玫琳·凯·阿什凭着自己坚定的决心、努力的工作以及无私的奉献精神将公司从一家小型的直销公司发展成为业务遍布世界 37 个国家及地区，年营业额达 25 亿美元的全美最大的护肤品直销企业。最为重要的是，玫琳凯在全球拥有一支 80 万人的美容顾问队伍，这些人基本都是女性。玫琳凯公司是美国目前最大的皮肤保养品直销公司，也是美国第二大化妆品直销公司。该公司以面对面的小型美容课为依托直销产品，独立经销商的人数超过了 12000 名。其中数以百计的人在玫琳凯事业中的年收入超过 5 万美元。全球已经有超过 200 位首席经销商——这是独立的经销商中最高的位阶。根据《互动》周刊的报道，玫琳凯公司是全国网络销售营业额最高的公司之一。美国《财富》杂志数次将其列为美国最适合妇女工作的十家公司之一，并成为该杂志“全美 100 家最值得员工工作的公司”中榜上有名的唯一一家化妆品公司。也正因如此，国际妇女论坛表扬了玫琳凯公司对妇女地位平等及提升有特殊贡献。1998 年 7 月，玫琳凯成为首家获得国家有关政府部门批准和认可的采用店铺经营并雇用推销员保留其直销核心理念的专业化妆品公司，从而开始了经营方式的转型。

玫琳凯的直销重在感情联系，重在教会女性美容、化妆的知识，这在一般的柜台可能是没有办法做到的。可以说，玫琳凯不仅是在销售公司的产品，更是在销售产品内在的精神——玫琳凯的服务精神。玫琳凯的核心产品就是其生产的化妆品，其附加服务是教会顾客美容的知识。玫琳凯的成功，正是因为她把这种附加的服务完美地转变成了其核心产品的推销。因此我们可以说玫琳凯销售的产品是一种“二合一”的产品，即“服务 + 产品”。

在日常管理中，玫琳凯中国实行品格认可制度。玫琳凯每个月都会有一次沟通会，由员工自我提名，给予表现比较好的员工以“品格认可”。这种奖励不是物质上的，而是精神层面的。公司为每个员工提供优美的形象设计，每一个雇员满身散发着袭人的香气，着装考究，整齐大方，发型新颖，妆容精致。在人才管理上，创始人玫琳·凯·阿什出版了《用人之道》一书，书中概括了23条用人的经验，注重培养员工的素质，提升员工的能力，给予人文关怀，进而树立员工的自尊、自信和以企业为荣的自豪感。

“像希望别人怎样对待自己那样去对待别人。”

“只要有人加入了我们公司，我们就会千方百计挽留人才，如果他们似乎在一个部门不能发挥自己的才干，我们会尽量为她们调换工作。”

“每个人都有专长，无论你多忙，也必须花时间使别人感到他们重要。”

“作为一个经理人，你应当意识到人人需要表扬，不过，你必须诚心诚意地去表扬人家。”

“要给予别人热情。”

“领导者要以自己的工作速度去带动众人的速度。”

“一个好经理会把对部下的压力减轻到最低程度。”

“每一个经理都应该努力创造一种使自己的部下能够热爱本职工作的环境。”

“从公司内部培养人才。”

……

以上都是玫琳凯公司上下员工日常管理坚持的理念。玫琳·凯·阿什说：“玫琳凯公司最注重的是人——是我们的美容顾问、销售主任、雇员、是我们的顾客，是向我们提供原料的厂商。关心人与我们作为一个公司必须赚钱这二者并不矛盾。不错，我们是把眼睛盯在赚钱上，不过赚钱并不是高于一切的欲望。在我看来，‘P’和‘L’的含义不仅仅是盈与亏，它还意味着人与爱。”

*资料来源：作者选摘自：罗长海等．企业文化建设个案评析［M］．北京：清华大学出版社，2006：386－392.

1. 玫琳凯公司的核心竞争力是什么？它的具体表现是什么？
2. 企业文化的影响力在玫琳凯的企业管理实践中是如何体现的？有什么重要作用？
3. 通过此案例试论企业文化在企业管理实践中的重要作用。

第九章 企业文化的内容架构

【学习目标】

通过本章的学习，需要达到以下目标：

1. 了解企业文化的内容和结构层次。
2. 掌握物质文化的基本内容。
3. 掌握行为文化的基本内容。
4. 掌握制度文化的基本内容。
5. 掌握企业哲学、价值观、企业精神、企业伦理等概念。

【重要术语】

物质文化；产品文化；行为文化；企业行为规范；企业制度体系；制度文化；精神文化；企业哲学；核心价值观；企业精神；企业伦理。

【引例思考】

东软集团的企业文化体系*

《东软集团品牌传播管理条例》是制度，用以促进东软集团和东软控股公司员工文化建设，加强东软品牌在全体员工中的宣传贯彻。

（1）东软的愿景：成为最受社会、客户、股东、员工尊敬的公司；成为一个有社会责任感，让客户满意，能吸引优秀人才并在财务方面有卓越表现的公司，是东软的持续追求。

（2）东软的使命：通过组织与过程的持续改进，领导力与员工竞争力的发展，联盟和开放式创新，使东软成为全球优秀的 IT 解决方案与服务的供应商。

（3）东软的核心价值观：简单、负责、合作、尊重、诚信。

（4）东软的品牌理念：超越技术（Beyond Technology）是东软的经营思想和品牌承诺。

（5）东软的社会责任方针：尊重员工、守法经营、服务客户、尊重伙伴、投身公益。

（6）东软的“企业人”行为规范体系设计：东软制定了员工行为规范，并发放宣讲。

（7）东软的企业文化推进系统设计：在集团层面，BCC 是东软统一的企业文化建设平台，由 BCC 统筹规划和实施东软企业文化建设。企业文化工作与工会、青年团工作紧密结合，并与人力资源工作相互配合。通过企业文化加强品牌意识在企业内部宣贯，并为东软控股公司的企业文化活动提供支持。在东软控股公司、各大区平台，指定专人行使企业文化建设职责，并与 BCC 企业文化工作部门接口。在东软控股公司行政部设立相关职能岗位，积极开展员工企业文化建设，在本公司内部员工中加强品牌意识宣传。

（8）企业文化培训体系设计：东软集团在 BCC 设立企业文化部，企业文化部岗位设置部长、活动支持助理和企业文化信息助理。部长负责规划和实施东软的企业文化建设，组织制定《东软企业文化手册》和东软集团企业文化建设规划，召集"东软企业文化建设交流会"。活动支持助理负责联络实施 BCC 组织的各类企业文化建设活动，为东软控股公司的企业文化活动提供支持，对东软控股公司的企业文化活动助理开展辅导培训。企业文化信息助理负责沟通东软控股公司文化建设计划、总结、动态信息，进行企业文化活动计划的信息通报和协调；为广播系统、《东软季刊》、东软内网"企业文化专栏"组织稿件并进行编辑、发布。

（9）企业家个人品牌建设：《财富》（中文版）2010 年 4 月发布"中国最具影响力的 25 位商界领袖"榜单，东软集团董事长兼首席执行官刘积仁博士成功入选。

* 资料来源：作者根据东欧集团相关材料整理而成。

1. 东软集团的企业文化主要构建包括哪些内容？
2. 请查阅相关资料，阐述东软集团的企业文化内容体系？
3. 请结合查阅资料，思考东软文化如何驱动企业快速发展。

关于企业文化的内容，存在很多不同的看法：有学者认为，企业文化主要包括企业环境、价值观、英雄人物、典礼和仪式、文化网络等内容；也有观点把企业文化视为一个大系统，含有企业形象、企业素质、企业精神、企业价值观、企业目标、企业民主、企业伦理道德、企业制度、团队意识、企业文化活动等子系统。本章参考沙因的"洋葱模型"，根据人的认知过程，把企业文化的内容分解为四个层次，即物质文化、行为文化、制度文化和精神文化，逐层解析企业文化的主要内容，让读者对企业文化的内容架构形成全面、系统的认识。

9.1 企业物质文化

9.1.1 物质文化的概念

企业物质文化是由企业的职工所创造的产品和各种物质设施构成的器物文化，是一种以物质形态为主要研究对象的浅层次文化现象，具体表现为在企业生产、管理、销售、生活、娱乐诸方面的环境、设施等物质要素。物质文化是企业文化的表层部分，是形成企业文化精神层、行为层和制度层的条件。相对于核心层而言，物质文化是容易看见、容易改变的，同时是企业价值观的外在体现——优秀的企业文化是通过重视产品的开发、服务的质量、产品的信誉和组织生产环境、生活环境、文化设施等物质现象来体现的。物质文化是以物质形态为载体，以看得见、摸得着、体会得到的物质形态来反映出企业的精神面貌。如金色拱门标志的麦当劳，以其标准化的生态作为其物质的核心内容。

企业的物质文化主要包括以下两个方面的内容：（1）企业生产的产品和提供的服务。企业生产的产品和提供的服务是企业生产经营的成果，包括企业所生产的产品及其包装、设计，以及企业向社会提供的各类服务等。产品和服务是企业物质文化的首要内容。（2）企业的工作环境和生活环境。企业为生产所提供的物质环境（如厂房、仓库、办公室等企业建筑物和生产环境等）以及为员工生活所提供的物质文化环境（如住宿区、食堂、购物场所、俱乐部、健身房等），此外还包括企业为生产所提供的服务，如企业工具、企业管理物质设施、企业容貌等。这些都是企业物质文化的主要内容。物质文化是企业文化的物质表现，是有形的。通过物质文化，可以进一步认识企业的精神文化、行为文化、制度文化等深层次的文化内容。

9.1.2 企业产品文化原则

传统意义上的产品是指企业所创造的具有特定用途的一定物质形态；对产品的解释，往往都局限于产品特定的物质形态和具体用途。随着营销理论与实践的发展，产品被赋予新的内涵。在现代市场营销学中，消费被理解为人们通过交换而获得的需求的满足。

美国学者欧内斯特·迪士特最早把人类的消费动机的研究和市场营销联系起来，创立了市场营销学的新的思想方式。他指出，消费者首先是用眼睛来观察商品，然后才在他的头脑中加深印象，并试图来认识他所看到的一种产品对他具有什么意义。现代消费者购到一件商品，并非仅仅为了购买商品的物理功能或效用，也并非只是为了取得商品的所有权，更希望通过购买商品，从中获得一系列的心理满足和愉悦感。例如，购买IBM电脑的人，并不只是购买了具有电脑使用功能的机器，而是源于对IBM质量和性能的信任，以及对于IBM售后服务的信赖。同样，购买LV手袋的消费者，绝不仅仅是买了一个装东西的袋子，很大程度上是源于对LV品牌的信赖，以及消费高端品牌带来的心理满足感。

一般来说，企业产品应遵循三大文化原则，即品质优先原则、技术审美原则和顾客愉悦原则。

（1）品质优先原则。品质文化原则，即强调企业产品的质量。产品的竞争首先是质量的竞争，质量是企业的生命，持续稳定的优质产品，是维系企业商誉和品牌的根本保证。因此，品质文化是企业产品文化所要遵循的基本规则。

（2）技术审美原则。社会经济的发展加快了消费审美的步伐，而科学技术的进步又为提高产品的审美功能提供了可能。一场以审美为追求的生产经营革命便悄然来临。从某种意义上说，现代产品是科技和美学相结合的成果，任何一件技术产品存在的唯一根据就在于效用性和审美性的统一。

（3）顾客愉悦原则。产品最终是为了满足消费者的特定需求，因此消费者愉悦对于产品而言至关重要。好的产品文化会因满足顾客的效用或利益而带来顾客的愉悦，坏的产品文化往往适得其反。因此，产品文化要有助于增进消费者愉快的情绪体验，这种情绪体验的强弱取决于产品能否满足以及在多大程度上满足消费者的各种心理需求，如追求时尚流行、便利高效、舒适享受、显示地位、威望、突出个性特征等。消费者买到了称心如意的商品，受到了热情周到的服务，这时的情绪体验即愉快。比如消费者购物时，宽敞明亮的大厅，五光十色、琳琅满目、新款漂亮、高质量、高品位的商品，营业人员不俗的仪表、优雅的谈吐和热情周到的服务等，都能引起消费者良好的心境、愉快的情绪体验，使他们产生良好的第一印象，从而产生惠顾心理。

9.1.3　企业环境文化

企业环境和企业容貌是企业物质文化的重要组成部分。企业环境主要是指与企业生产相关的各种物质设施、厂房建筑以及职工的生活娱乐设施，主要包括两大部分：其一是企业为员工工作能够进行所提供的物质环境，如厂房、仓库、办公室等企业建筑物和生产环境等；其二是企业为职工生活所提供的物质文化环境，如住宿区、食堂、购物场所、俱乐部、健身房等。

首先，工厂选址是否适当是营造企业环境的首要因素。其次，工厂建筑设计应该具备坚固耐用、光亮通风、易于扩充、外观壮丽等特征，有效地利用建筑基地，节省建筑费用，考虑工作安全，注意环境美化及预留扩充余地。再次，提供给一线员工以舒适和安全的设备，可以强化工作控制和增加工作效率。另外，企业生产环境的优劣，直接影响企业员工的工作效率和情绪。优化企业生产环境，为企业员工提供良好的劳动氛围，是企业重视人的需要，激励人的工作积极性的重要手段。特别地，办公室布置对于办公室工作效率的提高，工作人员劳动生产率的提高以及提高工作质量都有重要意义。

9.1.4 企业容貌

企业容貌是企业文化的表征，是体现企业个性化的标志，包括企业的名称、企业象征物和企业空间布局等。

(1) 企业名称。现代企业很注重通过宣传来树立企业形象，开拓市场，首先要考虑的是企业名称。名称不仅是一个称呼、一个符号，而且也可以塑造企业在公众心目中的形象。

企业名称一般由专用名称和通用名称两部分构成。前者用来区别同类企业，后者说明企业的行业或产品归属。例如，东北特殊钢有限公司就是典型的专用名称（东北）加通用名称（特殊钢）的命名方式。在实践中，企业名称可以由国别、地名、人名、品名、产品功效等形式来命名。例如，中粮集团（国别型）、云南烟草公司（地名型）、张裕葡萄酒（人名型）、可口可乐（品名型）、金猴集团（动物名型）、杉杉集团（植物名型）以及美加净化妆品有限公司（产品功效型）等。企业命名除考虑上述因素之外，还应关注命名的艺术性，尽可能运用寓意、象征等艺术手法。

(2) 企业象征物。企业象征物是一种反映企业文化的人工制作物，可以制成动物、植物或其他造型。一般矗立在企业中最醒目易见的地方，如厂门、礼堂等，包括象征性建筑、纪念性建筑以及雕塑等。一般的企业都会有一些此类的建筑、雕塑。例如，宝钢集团厂区象征企业精神的宝钢牛塑像，海尔集团象征斜坡球理论的时空飞碟建筑，比较有意思的是东软集团的大门，取材于东大阿尔派股票上市第一天的K线图。

(3) 企业布局。企业布局是指企业的内外空间设计，包括厂容厂貌、商店的橱窗和内部装饰。一个企业的厂容厂貌、绿化、厂房造型、各车间的布局、各种交通布局等，都应给人以一种花园式工厂的感觉。商店橱窗以商品为主体，以布景、刀具、装饰面的背景为衬托，并配合灯光、色彩和文字说明；在进行商品介绍的同时，应注意艺术性和实用性的统一。商店橱窗是商业企业形象的重要组成部分，它不只是一种广告手段，还是该企业精神面貌的一个折射，顾客通过橱窗来缩短商品与顾客、商店与顾客的距离。国外十分重视商业橱窗的设计，精明的老板在展示颇具艺术气氛的橱窗的同时，还常常运用光色声等综合艺术效果来烘托商品，加强情感效果。

9.2　企业行为文化

9.2.1　行为文化内涵与外延

所谓企业行为文化是指企业员工在生产经营、学习娱乐中产生的活动文化。它包括企业经营、教育宣传、人际关系活动、文娱体育活动中产生的文化现象。

行为文化是以人的行为、活动为表现形态的企业文化形式，不一定要求制定制度性的刚性规范；但同时，行为文化往往存在着内在的软约束，受到企业核心价值观、企业理念等企业精神文化的支配。因此可以说，企业行为文化是企业经营作风、精神面貌、人际关系的动态体现，也是企业精神、企业价值观的折射。

企业行为文化概括为两大类：对内行为文化与对外行为文化。所谓对内行为文化是指使员工认同企业的价值、理念，形成和谐的、有凝聚力的内部经营环境；所谓对外行为文化是使企业形象得到社会公众认可，为企业活动创造理想的外部经营环境。关于企业行为文化的内容范畴，一直存在着很多看法。有人从行为主体上划分，认为企业行为文化是企业家行为、企业模范人物行为以及企业员工行为中所表现出来的文化现象。也有从行为文化规范上划分，认为企业行为文化包括企业道德规范、员工行为规范、企业服务行为规范、教育培训规范、奖惩激励规范、干部修养规范、人事管理规范以及典礼仪式风俗规范等内容。

本节将从企业内部人际关系规范、企业对外公关策划行为规范和企业服务行为规范三方面阐述企业的行为文化。

9.2.2　企业的人际关系规范

企业人际关系规范分为对内关系和对外关系两大部分。企业的对内关系的主体是企业领导者、英雄模范人物以及企业员工。企业的对外行为关系的主体则涉及企业所有的利益相关者。

9.2.2.1　企业领导者行为

企业的经营决策方式和决策行为主要来自企业领导者——企业家。企业家是企业经营的主角，也是企业行为的集中体现。一般来说，企业家是具有卓越才能的人，他们强调长期行为，不断把利润进行再投资，以发展企业。他们善于创新，干实事而不尚空谈；有领导能力，有丰富的想象力、判断能力和坚忍的意志；有监督和管理才能；有丰富的业务知识，善于把握时机做出具有战略意义的重大决策和创新。他们目光远大，不斤斤计较眼前利润的多少，而是注重于对整个企业发展的全局性设想。

成功的企业家在经营决策时总会当机立断地选择自己企业的经营战略目标，并一如既往地贯彻这个目标直到成功。实现这一目标并非一件易事，它要求企业家在制定决策时必须体现宏观性、预见性、创新性、联想性和韧性的统一。高明的企业领导总是处于高峰时准备应对低潮，企业的开拓方向，经营战略，要随形势而变化，在变化中求生存，求发展。由此，企业家应当与新闻界、科技界、信息情报界、文化界的人士多交朋友，在社交中获取信息。

另外，企业家的经营理念直接影响了企业发展的方向和企业的核心价值观。企业家独立自主的经营企业，拥有独立的生产决策权——企业生产什么，怎样生产，为谁生产的决策权。

9.2.2.2 企业模范人物行为

企业模范人物是企业的中坚力量，他们的行为在整个企业行为中占有重要的地位。

在具有优秀企业文化的企业中，最受人敬重的是那些集中体现了企业价值观的企业模范人物。这些模范人物使企业的价值观人格化，他们是企业员工学习的榜样，他们的行为常常被企业员工作为仿效的行为规范。企业模范人物大多是从实践中涌现出来，被职工推选出来的普通人，他们在各自的岗位上做出了突出的成绩和贡献，因此成为企业的模范。

从企业模范行为的类型上划分，可分为领袖型、开拓型、民主型、实干型、智慧型、坚毅型、廉洁型。领袖型企业模范具有极高的精神境界和理想追求，有整套符合社会发展规律的价值观念体系；开拓型企业模范永不满足现状，勇于创新、锐意进取，不断开创新领域，敢于突破新水平，他们具有创新意识，自身充满创新的活力和竞争的意识；民主型企业模范善于处理人际关系，善于发挥大家的聪明才智、集思广益，能把许多小股力量凝聚成无坚不摧的巨大力量；实干型企业模范总是埋头苦干、默默无闻，数十年如一日贡献出自己的全部力量；智慧型企业模范知识渊博、思路开阔、崇尚巧干、常有锦囊妙计，好点子层出不穷；坚毅型企业模范越是遇到困难干劲越足，越是危险越能挺身而出，关键时刻挑大梁，百折不挠；廉洁型企业模范一身正气，两袖清风，办事公正，深得民心，为企业的文明做出表率。上述七类英雄人物的行为并不是彼此独立的，只不过是在某方面有突出的表现而归为某一类型。实际上，很多企业英雄模范人物都是既包含某一方面的长处，又有另一类型的优点，各种优秀品质相互交融。

9.2.2.3　企业员工行为

企业员工是企业的主体，企业员工的群体行为决定企业整体的精神风貌和企业文明的程度，因此，企业员工群体行为是企业文化的主要表现形式和重要组成部分。

企业员工的一举一动、一言一行都体现着企业整体素质，企业内部没有良好的员工行为，就不可能有良好的企业形象。如果员工行为不端，纪律散漫，态度不好，将给企业形象带来严重的损害。将企业的理念、价值观贯彻到企业的日常运作中、员工行为中，最重要的就是确立和通过管理机制实施这些规范。从人际行为、语言规范到个人仪表、穿着，从上班时间到下班以后都严格按照这些规范行事。要做到这一点，很大程度上依赖于有效的培训，通过反复演示，反复练习，从规矩的学习演变到自觉的行为。培训的方法有：①讨论与座谈；②演讲与模范报告；③实地观摩与示范演练；④在实际工作中纠正不符合规范的行为偏差，边检查，边纠正；⑤重复性演示与比赛。培训的目的在于使广大员工自觉地接受这套行为规范，不折不扣地贯彻在日常工作中。

当然，员工行为规范塑造不能简单理解为组织职工思想政治学习、企业规章制度学习、科学技术培训，开展文化、体育、读书以及各种文体活动，还应该包括以下三个方面的内容。首先，激励全体员工的智力、向心力和勇往直前的精神。在企业中形成一种勤于学习和善于钻研的好风气，为企业创新做出实际的贡献。其次，把员工个人的工作同自己的人生目标联系起来。这是每个人工作主动性、创造性的源泉，它能使企业的个体产生组合——超越个人的局限，发挥集体的协同作用，进而产生 1 +1 >2 的效果。它能唤起企业员工的广泛热情和团队精神，以达到企业的既定目标。当全体员工认同企业的宗旨、每个员工体验到在共同的目标中有自己的一份时，他就会感到自己所从事的工作不是临时的、权宜的、单一的，而是与自己人生目标相联系的。当个人目标和企业目标之间存在着协同关系时，个人实现目标的能力就会因为有了企业而扩大，把这种“组合”转变成员工的个体行为，就会有利于员工形成事业心和责任感，建立起对企业、对奋斗目标的信念。最后，每个员工都必须认识到：企业文化是自己最可宝贵的资产，它是个人和企业成长必不可少的精神财富，以积极处世的人生态度去从事企业工作，以勤劳、敬业、守时、惜时的行为规范指导自己的行为。

9.2.2.4 企业对外行为规范

企业对外关系主要是指企业经营面对不同的社会阶层、市场环境、国家机关、文化传播机构、主管部门、消费者、经销者、股东、金融机构、同行竞争者等方面所形成的关系。企业应联谊竞争对手，在竞争中联合，在联合中共同发展，在竞争中共同发展。任何企业不仅要面对竞争，而且要勇于竞争。要在竞争中树立自己的良好形象。每个企业都应当争取在竞争的环境中广交朋友，谋求公众的支持与合作，最终使企业获得经济与社会效益的双丰收。竞争是社会发展和进步的源泉，竞争无所不在、无所不有，竞争的表现形式也是多种多样的。某些企业为了招徕顾客，对竞争对手进行攻击、拆台，甚至不择手段地使用贿赂等手段，这种破坏同行关系的做法对于双方都是有百害而无一利，最终可能导致两败俱伤。

9.2.2.5 企业的文化活动

企业的内部文化活动大致包括文体娱乐性、福利性、技术性、思想性四种形式。

企业内部（也包括部分以企业名义）开展和组织的文艺、体育等娱乐活动，如举办和组织员工之家、工人俱乐部、电影放映晚会、录像放映、电子游艺、图书阅览、征文比赛、摄影比赛、书法比赛、周末舞会、文艺演出、春秋季运动会、各种球类比赛、射击打靶、游泳、滑冰、野游、游园、钓鱼比赛、自行车比赛、“歌咏比赛”、“班组之声”等。经常举行交流、比赛、辅导、展览等活动，不仅可以满足不同层次员工对文化生活的需要，而且也有助于形成文明、健康、科学的生活方式和积极向上的文化氛围。这种文化氛围滋养着企业特有的优良传统和精神风貌。企业从福利方面关心的各种活动。企业通过这些活动，在员工中，在企业内外，形成浓厚的人情味，形成有利于企业发展的“人情场”，使员工加深对企业的感情，加深对这种福利环境和文化氛围的依恋感。

在常规企业生产、经营之外，围绕企业的生产、经营、技术和智力开发等问题，由企业倡导或员工自发组织进行的技术革新、管理咨询、劳动竞赛、教育培训等活动。这类文化活动可以激发员工的创造欲和成就感，使员工看到自己的价值和责任；同时，它又是企业结合生产经营，在生产过程之外培育和开发员工素质的一个基本途径，而这些活动每一次的圆满结果和获得成功、取得成果，又都可以使人产生一种满足感，从而持久地促进企业健康向上、积极进取文化环境的生成和发展。

9.2.3 企业公关策划行为规范

企业公关是为塑造社会组织良好形象，实现企业的既定目标，运用各种传媒和传播手段开展的协调、沟通、传播等活动，将信息传达给对象公众，以创造对企业有利的舆论环境。企业公关行为是企业对外行为的重要内容之一，本质上企业公关过程是企业内外部信息双向沟通的过程。

企业公共关系行为的作用可以归纳为以下几点：首先，树立企业信誉；搜集信息，从而全面而准确地分析企业所处的人事环境和舆论环境。其次，协调谅解，包括及时处理组织与公众间存在的矛盾、建立预警系统并实行科学管理、协助处理纠纷等工作。再次，咨询建议，包括提供企业形象、公众心理、公众对企业政策的评价咨询、提出公关工作建议。最后，传播沟通，通过信息传播影响舆论，争取公众，做双向沟通以达到与公众协调的目的；社会交往，为企业创造和谐融洽的社会环境。

按照企业与公众的沟通关系划分，企业公关模式可以区分为四种类型，即宣传型、交际型、服务型、社会型。

（1）宣传型公共关系是指运用大众传媒和内部沟通方法开展宣传工作，树立良好企业形象。如企业报纸、演讲讨论会、各种新闻媒体采访报道等。宣传型公共关系要注意宣传效果，以真实性原则作为宣传导向，不要引起受众的抵制或逆反心理。

（2）交际型公共关系是指通过人与人的直接接触进行感情上的联络，为企业广结善缘，建立广泛的社会关系网络，形成有利于企业发展的人际环境。如座谈会、宴会、舞会、茶话会、交谈、拜访、通信等。此类公共活动要防止使用不正当手段。

（3）服务性公共关系是指以提供优质服务为主要手段，以实际行动获取社会的了解和好评，建立自己良好的形象。

（4）社会型公共关系是指利用各种社会性、公益性、赞助性活动塑造企业形象。其目的是通过积极的社会活动，扩大企业的社会影响，提高其社会声誉，赢得公众的支持。此类公关活动不能着眼于眼前利益，而应注意它的长远效益。

企业公关策划是一个设计公关行动方案的过程。在这个过程中，企业依据目前的组织形象的现状，提出组织新的形象的目标和要求，并据此设计公共关系活动的主题，然后通过分析组织内外的人、财、物等具体条件，提出若干可行性行动方案，并对这些行动方案进行比较、择优，最后确定出最有效的行动方案。

9.2.4 企业服务行为规范

服务行为是企业行为的重要方面，是提高企业知名度的重要法宝。人人都知道服务的重要性，但在实际操作中往往存在许多问题。

一个企业要在市场竞争中取胜，必须努力赢得人心：一方面要赢得企业员工的心；另一方面要赢得顾客的心。以优质高效的服务活动和服务行为不断地争取顾客、赢得顾客的心，是企业一切活动的出发点和归宿，也是竞争制胜的主要原因。所以，良好的服务形象是企业的无形资产，是企业形象增加附加值的永恒法宝。

对于顾客来说，有时服务质量等软件因素比设备等硬件因素更为重要。公司形象美的设计应当从把企业改造成全方位的服务单元的战略目标出发，从给顾客提供最佳服务的考虑出发，内容比装潢、设施更重要。

一般来说，产品的价值来自三方面：品质、品牌与服务。由于技术手段和消费水平的提高，各产品在内在质量方面已无太大差别，因此在各个市场渐趋饱和和全球竞争日益激烈的情况下，产品的差别化战略将配合良好的服务，构成竞争的主要手段。

服务是一种特殊价值，而价值的实现必须经过一定的关系构成。因为在组织内部，不会有成果出现。一切成果都是发生于组织之外。企业机构的成果，是经由顾客而产生；企业的成本和努力，必须透过顾客购买其产品或服务的意愿，才能转变为收入和利润。顾客的决策，也许是以消费者为立场，以市场供需规律为基础。但也可能是以社会主义政府为立场，供需的调节全凭非经济性价值为基础。但是，无论是什么情况，决策人都是在企业之外，而非在企业之内。组织存在的唯一理由，是对外界环境的服务。

优质的服务带来的是长期的信任、长期的购买、长期的利润回报。美国一家研究市场营销策略的机构曾做过一次调查，这个机构把一组公司按照顾客的意见分成服务较好或较差两类。服务较好的公司商品价格约高 9%，而销售额很快翻了一番，其市场占有率每年增加 6%，而服务较差的公司其市场占有率每年下降 2%。总的调查显示，顾客认为服务质量最好的企业，其销售利润可达 12%，而其余的企业则为 1%，差别之大呈现出商品营销的市场弹性。该营销策略机构还发现，在 27 个对某公司印象不好的顾客中有 26 个不会声张，但他们中有 91% 的人再也不想光顾这家公司了，而且这些人会向他们的 10 个同事中的 9 个进行宣传，叫他们今后不要到这家公司购物。这些不满者中的 13% 还会把这一坏印象传达给 10 个或更多的人。由此可见，企业要得到一位顾客很不容易，而要失去

10个顾客却很简单。所谓印象更多的是一种感觉，感觉除了共有标准提供既定效果外，更多地带有情绪化特征。人际传播的特点告诉我们，如果这种情绪化的主观印象传播的是负效应，那么将使其失望值大为增加。那种口碑式的恶性循环使“回头客”大大减少。

9.3 企业制度文化

9.3.1 制度文化的内涵与外延

9.3.1.1 企业制度文化的概念

制度文化是企业在长期的生产、经营和管理实践中生成和发育起来的一种文化现象，是指企业为实现自身目标对员工的行为给予一定限制的文化，即是一种来自员工自身以外的、具有强有力的行为规范的要求，其作用在于规范职工的行为，促进企业健康发展。企业制度文化既是企业为实现其盈利目标，要求其成员共同遵守的办事规程等，又是处理其相互之间生产关系的各种规章制度、组织形式的行为准则、行为规范。通常认为，制度文化主要包括企业领导体制、企业组织形式、企业管理制度。

9.3.1.2 企业制度文化的范畴

在企业中，企业制度文化是人与物、人与企业运营制度的结合部分，它既是人的意识与观念形态的反映，又是由一定物的形式所构成。同时，企业制度文化的中介性，还表现在它是精神和物质的中介。制度文化既是适应物质文化的固定形式，又是塑造精神文化的主要机制和载体。正是由于制度文化的这种中介的固定、传递功能，对企业文化建设具有重要作用。

企业制度文化是企业为实现自身目标对员工的行为给予一定限制的文化，它具有共性和强有力的行为规范的要求。企业制度文化的规范性是一种来自员工自身以外的，带有强制性的约束，它规范着企业的每一个人，企业工艺操作规程、厂规厂纪、经济责任制、考核奖惩制度都是企业制度文化的内容。

企业制度文化作为企业文化中人与物，人与企业运营制度的中介和结合，是一种约束企业和员工行为的规范性文化，它使企业在复杂多变、竞争激烈的环境中处于良好的状态，从而保证企业目标的实现。

9.3.1.3 制度文化在企业文化中的地位

企业制度文化是企业文化的重要组成部分，制度文化是一定精神文化的产物，它必须适应精神文化的要求。人们总是在一定的价值观指导下去完善和改革企业各项制度的，企业的组织机构如果不与企业目标的要求相适应，企业目标就无法实现。卓越的企业总是经常用适应企业目标的企业组织形式去迎接未来，从而在竞争中获胜。

制度文化又是精神文化的基础和载体，并对企业精神文化起反作用。一定的企业制度的建立，又影响人们选择新的价值观念，成为新的精神文化的基础。企业文化总是沿着“精神文化—制度文化—新的精神文化”的轨迹不断发展、丰富和提高。

物质文化是制度文化的存在前提，一定的物质文化职能产生与之相适应的制度文化。正确处理企业制度文化和其他企业文化的关系，对于提高企业管理的质量具有重要意义。现代化的生产设备要求形成一套现代化的管理制度，制度文化还要随着物质文化的变化而变化。企业劳动环境和生产的产品发生了变化，企业组织结构就必须做出相应的变化，否则就不能发挥其应有的效能。制度文化是物质文化建设的保证，没有严格的岗位责任制和科学的操作规程等一系列制度的约束，企业是不可能生产出优质产品的。

企业制度文化也是企业行为文化得以贯彻的保证。同企业职工生产、学习、娱乐、生活等方面直接发生联系的行为文化建设得如何，企业经营作风是否具有活力、是否严谨，精神风貌是否高昂、人际关系是否和谐、职工文明程度是否得到提高等，无不与制度文化的保障作用有关。

9.3.2 企业领导体制

9.3.2.1 企业领导体制概述

企业领导体制是企业领导方式、领导结构、领导制度的总称，其中主要是领导制度。企业的领导制度，受生产力和文化的双重制约，生产力水平的提高和文化的进步，就会产生与之相适应的领导体制。不同历史时期的企业领导体制，反映不同的企业文化。在企业制度文化中，领导体制影响企业组织形式的设置，制约企业管理的各个方面。所以，企业领导体制是企业制度文化的核心内容。卓越的企业家就应当善于建立统一、协调、通常的企业制度文化，特别是统一、协调、通常的企业领导体制。

9.3.2.2 企业领导体制的发展演变

企业领导体制的演变和沿革作为一种特殊的企业文化现象，既反映了企业价值观、企业管理思想的演变，同时也反映了企业管理水平不断由低级、粗放型的管理渐渐走向更高级的、集约型管理的进程。西方企业领导体制经历了三个阶段：家长式企业领导体制、经理企业领导体制、企业家集团企业领导体制。

（1）家长式企业领导体制，是指企业家凭个人经验进行管理决策。这种模式盛行于资本主义发展初始时期，一直延续到19世纪中叶。此时，企业规模小、技术装备落后。企业家既是企业财产的所有者，又是企业的经营管理者，在企业中的地位就像家庭里的家长，一切经济活动都由他们说了算。这种家长式领导体制带有浓厚的家族、个人色彩。

（2）经理企业领导体制，是指社会化大生产时期的企业管理阶段。19世纪中叶以后，随着商品经济的发展，企业由原来的手工作坊演变为半机械化、机械化生产，科学技术的含量急剧提高。这些变化促进了企业领导体制的变革、单凭个人经验的家长式领导体制已经不能适应企业发展的需要，取而代之的是经理制。这时担任经理的主要是一些在企业中精通业务的技术专家，即所谓“硬专家”。这些转行来的硬专家通晓技术，熟悉生产过程，具有较高专业知识水平和一定的管理能力，他们比只凭个人经验的家长或领导要高明得多，经理制的推行是企业领导体制的一大进步。

到了20世纪以后，企业生产进一步社会化，企业进一步专业化，企业技术水平进一步提高。企业规模进一步扩大，企业经营的范围日益扩大、任务日益繁重，企业内部结构更加复杂。同时，企业与外部环境的联系也日益增加。此时，精通专业技术的“硬专家”已难以适应企业领导工作的需要，于是，以企业管理为职业的“软专家”就应运而生了。这些职业化的软专家经过系统的经营管理培训，掌握各方面专业知识，具有经营和领导的才能，比从专业技术岗位上转行担任领导的硬专家又要高明。职业软专家领导体制不仅能克服硬专家的不足，而且，职业软专家的出现，使企业的发展产生了巨大的推动力。

（3）随着科学技术的高速发展和企业规模的进一步扩大，企业家集团领导体制正在代替经理企业领导体制。具体地说，企业规模的扩大和集团型企业的增加，出现了许多跨国公司。在这些大公司，管理层次多、经营范围广、技术工艺复杂、领导的复杂性急剧增大。而且飞速发展的新技术革命使企业外界环境变化很快，对经营的要求也大大提高，所以，任何一个高明的“专家”都无法只靠个人的能力去领导企业，迫切要求企业家集团的领导。这就是说，企业家集团领导体制是现代企业发展的必然趋势。企业家集团领导体制，不仅包括企业几位最高级领导人组成的集团领导，还包括吸收各类专家参与领导决策。参与决策的软专家，不仅指专家个人，更重要的是指为领导决策提供科学依据的各种形式的智囊团。

9.3.3 企业组织形式

企业组织形式是企业文化的一种载体。组织机构是否适应生产经营与管理的需要，不仅反映不同企业文化的特点，还直接影响企业管理的成效。

9.3.3.1 相关概念

作为动词的“组织”，是指人类的一种行为，对企业来说，就是为了完成某项任务，而把人、财、物等各种要素进行有效的组合。显然，这里的“组织”是管理的一个基本职能。作为名词的“组织”，是指一种实体或机构，即是为了达到组织的目标而结合在一起的具有正式关系的一群人。所以，“组织”对于人类来说，具有重大的意义。一个重要的表现就是通过有效的组织形式和组织行为，可以大幅度地提高工作效率。

特别要说明的是，企业也要重视非正式组织的建设。非正式组织也是一种有效的文化网络，它不仅能加强人际交流，传递文化信息，而且能弥补企业正式组织的不足，为各层次的员工发挥聪明才智提供广阔的天地。非正式组织的重要特点是员工在其中直接表现自己的价值观。这种价值观虽然是一种自发的企业文化，但也往往是一些企业员工共同的价值观，在企业中占有重要的地位。相比较而言，正式组织偏重规章制度和管理程序，非正式组织偏重感情逻辑。正式组织的规章制度和管理程序与非正式组织的感情逻辑纵横交错，形成企业内部庞大的沟通网络，使企业内部不同价值观的沟通与协调成为可能，这就为企业文化建设提供了更为广阔的基础。所以，企业要重视利用和引导非正式组织，抓好具有积极文化倾向的非正式组织的建设，重视人的因素，重视人的价值，调动人的积极性。例如，企业可以支持员工自发组织书法、演讲、体育协会等“小组织”，开展各种各样的“小活动”。

企业组织形式是指企业为了有效实现企业目标而筹划建立的企业内部各组成部分及其关系。如果把企业视为一个生物有机体，那么组织机构就是这个有机体的骨骼。因此，组织机构是否适应企业生产经营管理的要求，对企业生存和发展有很大的影响。不同的企业文化，有着不同的组织机构。影响企业组织形式的不仅是企业制度文化中的领导体制，企业文化中的企业环境、企业目标、企业生产技术及企业员工的思想文化素质等也是重要因素。组织机构形式的选择，必须有利于企业目标的实现。

企业的组织文化并不是完全独立的，它与一定的民族文化传统的深厚背景有着千丝万缕的联系。在中国文化传统中，一般不从个体方面看问题，而是把什么都看成是一种有组织的结构。大到国家，小到个人，都有相应的管理网络和管理艺术。所谓格物、致知、诚意、正心是修己，是自我管理；所为齐家、立业、治国平天下是家庭管理、企业管理、行政管理、教化管理。修身和安人是相互沟通的。

9.3.3.2 企业组织形式的基本类型

根据权责关系的不同形式，企业组织形式可以分为直线式、直线职能式、事业部式和矩阵式等。

（1）直线式机构是指上下级只存在直线的关系，没有横向并列的组织机构。上级主管人员执行各种管理职能，统一指挥，下级只服从一个上级，并只对其负责。直线式机构简单明了，指挥系统单一，职权明确，横向摩擦少，因而效率高。但是，它没有专业化的管理分工，只适用于小规模的企业，或者是经营管理活动内容比较单纯的企业。

（2）直线职能式机构是以直线式机构为基础，按专业分工设置的管理职能部门作为补充的综合性机构，既保留直线式集中统一指挥的优点，又吸取了职能式专业分工的长处，因而是一种有助于提高管理效率的较好的组织形式。但是，其职能部门之间的横向联系较差，容易产生矛盾。职能部门和直线指挥部门之间目标不一致，职能部门无指挥权，事事要请示报告，使直线指挥人员无暇顾及组织的重大问题。

（3）事业部式机构是指在最高领导层下设立若干个有一定自主权的事业部门的组织机构。各事业部自成系统，独立经营核算，能充分发挥管理的主动性、灵活性和适应性；同时，由于权力下放，可使领导层摆脱日常繁杂事务，成为强有力的决策部门。因此，事业部式机构适用于经营范围广、产品品种多的大规模企业。

（4）矩阵式机构是由纵横两种管理系列组成的方形结构。具体地说，一种是职能部门，另一种是为完成某一任务而组成的项目小组，进而纵横系列交叉起来就组成了一个矩阵。矩阵式机构的最大优点是，可在产品之间灵活使用人力。其最大的缺点是，职能经理与产品经理的权力、责任容易产生矛盾和重叠，常常会消耗过多的时间和精力。

9.3.4 企业管理制度

9.3.4.1 基本概念

企业管理制度是企业为求得最大效益，在生产管理实践活动中制定的各种带有强制性义务，并能保障一定权利的各项规定或条例，包括企业的人事制度、生产管理制度、民主管理制度等一切规章制度。

企业管理制度是实现企业目标的有力措施和手段。它作为职工行为规范的模式，能使职工个人的活动得以合理进行，同时又成为维护职工共同利益的一种强制手段。因此，企业各项管理制度，是企业进行正常的生产经营管理所必需的，它是一种强有力的保证。优秀企业文化的管理制度必然是科学、完善、实用的管理方式的体现。

9.3.4.2 企业管理制度的焦点转化

管理科学经历了从古典管理理论阶段，到行为科学管理理论阶段，再到管理丛林阶段，然后到企业文化阶段的变迁。在企业管理理论演化过程中，管理的焦点也相应地实现了三大转变：一是由以“物”为中心向以“人”为中心的转变；二是由以“行为人”为中心向以“思想人”为中心的转变；三是由以“个体人”为中心向以“群体人”为中心的转变。这些转变在企业管理制度设计上面也都有深刻的体现。

9.3.4.3 管理制度与企业文化的融合

有人说，在企业规模较小时，用能人管理就可以；随着规模的扩大，必须上升到制度化的管理；当企业发展到超大规模的时候，则必须使管理上升到文化与哲学层次，用理念、价值观来统帅员工。企业制度是企业为规范员工行为而做出的“应该做什么”、“不应该做什么”、“鼓励什么”、“禁止什么”、“什么该奖”、“什么该罚”等一系列规定。因此，基于制度的管理启动的主要是人的“自我动力”系统，或者说是基于“自我”的管理；企业文化的核心是企业价值观和企业精神、企业理念。基于企业文化的管理主要是提出明确的企业价值观与企业理念，并用它去影响员工，因此，启动的主要是人的“超我动力”系统，或者说是基于“超我”的管理。显然，“制度与文化结合”的管理模式，正好符合人们“自我与超我有机结合的动力体系”。管理能取得良好的效果就是自然的了。本章中的海尔案例“管理三部曲”正是把企业文化和管理制度相结合的典范。

9.4 企业精神文化

相对于企业物质文化和行为文化来说，企业精神文化是一种更深层次的文化现象，在整个企业文化系统中，它处于核心的地位；是企业物质文化、行为文化的升华，是企业的上层建筑。所谓企业精神文化，是指企业在生产经营过程中，受一定的社会文化背景、意识形态等影响而长期形成的一种精神成果或文化观念，包括企业哲学、企业精神、企业价值观等内容。

9.4.1 企业哲学

9.4.1.1 关于企业哲学

企业哲学反映企业对发展经济的历史使命和责任的认识与态度，研究企业管理主体与客体的辩证关系，阐明企业活动与外部环境的关系，揭示企业运行的一般规律与管理的内在规律。企业哲学的根本问题是“企业与社会的关系”、“企业与人（员工、顾客）的关系”，以及“企业中的人与物、人与经济规律的关系”问题。企业哲学还要回答“企业的性质是什么”、“企业应该具有什么性质”等问题。对此问题的不同回答，不仅由于观察问题的角度不同，而且涉及人们的利益关系、理想的追求、价值选择等一系列问题。

企业哲学不仅要回答企业如何去做（How）的问题，而且更要回答企业应该做什么（What）和为什么要做（Why）等问题。

9.4.1.2 企业哲学的外延

通常企业哲学包括企业的时间哲学、系统哲学、权威哲学等。

（1）时间哲学是指企业领导者在解决问题时，对时间选择的偏好所形成的思维定式。比如，有的企业偏好采取“过去性”，解决问题时总是先看有无惯例；有的企业尤其是西方企业注重“未来性”，相信时间就是金钱，崇尚突破、创新；有的企业常怀着一种“以不变应万变”或“一动不如一静”的抗拒变化心理；有的企业则“欢迎变化”并主动变化。对时间观念的不同认识，会导致企业采取不同的发展战略。

（2）系统哲学是指企业领导者的习惯性思考角度和视野的广度与深度。比如，信奉系统哲学的企业领导者，处理问题时注重系统性、全面性，既看到有形的方面（如企业物质文化），也注意无形的方面（如企业精神、企业伦理）。不具有系统哲学的企业领导者，易犯“见树不见林”、“头痛医头、脚痛医脚”的毛病，往往以个人主观的价值判断来代替客观事实；只看到有形的资源实体，而看不到无形的因素。

（3）权威哲学是指企业领导者习惯地选择可以有效地改变他人行为的方式。权威哲学可分为先进性权威哲学和保守性权威哲学。前者认定管理知识含有科学性与艺术性，科学性部分可以按部就班地学习，艺术性部分可以利用创新知识、科学知识和个人经验而得到；而后者只相信管理知识的艺术性或经验性，认为资历、经验才是影响他人行为的力量。

9.4.2 企业精神

9.4.2.1 企业精神的内涵

企业精神是指一个企业中大多数乃至全体职工共同一致、彼此共鸣的内心态度、意志状态、思想境界和理想追求。企业精神作为企业内部员工群体心理定式的主导意识，是企业经营宗旨、价值准则、管理信条的集中体现，它构成企业文化的基石，以激发企业员工的积极性，增强企业的活力。

企业精神主要包括主人翁精神、敬业精神、团队精神、竞争精神、创新精神、服务精神等。当然，每个企业都会有独具特色的企业精神，并往往以简洁而富有哲理的语言形式加以概括，并通过一定的形式表达出来。

企业精神源于企业生产经营的实践之中。随着这种实践的发展，企业逐渐提炼出带有经典意义的指导企业运作的哲学思想，成为企业家倡导并以决策和组织实施等手段所强化的主导意识。企业精神集中反映了企业家的事业追求、主攻方向以及调动员工积极性的基本指导思想。企业家常常以各种形式在企业组织过程中得到全方位强有力的贯彻。于是，企业精神又常常成为调节系统功能的精神动力。

企业精神一旦形成群体心理定式，既可通过明确的意识支配行为，也可通过潜意识产生行为，也可通过潜意识产生行为。其信念化的结果，会大大提高员工主动承担责任和修正个人行为的自觉性，从而主动地关注企业的前途，维护企业声誉，为企业贡献自己的全部力量。

9.4.2.2 企业精神的主要特征

企业精神是企业现实状况的客观反映；企业生产力状况是企业精神产生和存在的依据。企业的生产力水平及由此所带来的员工、企业家素质对企业精神的内容有着根本的影响。很难想象在生产力低下的条件下，企业会产生表现高度发达的商品经济观念的企业精神。同样，也只有正确反映现实的企业精神，才能起到指导企业实践活动的作用。企业精神是企业现实状况、现存生产经营方式、员工生活方式的反映，这是它最根本的特征，离开了这一点，企业精神就不会具有生命力，也发挥不了它应有的作用。

企业精神是全体员工共同拥有、普遍掌握的理念。只有当一种精神成为企业内部的一种群体意识时，才可认作是企业精神。企业文化的影响力不仅取决于它自身有一种独特的、具有生命力的企业精神，而且还取决于这种企业精神在企业内部的普及程度，取决于是否具有群体性。职工认同或者不认同，是判断企业精神形成与否的首要标志。

企业精神一旦确立，就具有相对稳定性。但是，这种稳定并不意味着它就一成不变了，它还是要随着企业的发展而不断发展的。具体地说，企业精神是对员工中现存的现代生产意识、竞争意识、道德意识、企业理想等的提炼和概括，无论从它所反映的内容，还是表达的形式来看，都具有稳定性。但同时，形势又不允许企业以一个固定的标准为目标，竞争的激化、时空的变迁、技术的飞跃、观念的更新、企业的重组等都要求企业做出与之相适应的反应，也就必然会导致企业精神的变化，推动企业精神的发展。正是有了稳定性和动态性相统一的基础，企业精神才不断地趋于完善。

每个企业的企业精神都应有自己的特色和创造精神，这样才能使企业的经营管理和生产活动具有针对性，让企业精神充分发挥它的统帅作用。从企业未来发展来看，独创和创新精神更应当成为每个企业的企业精神的重要内容。任何企业的成功，无不是其创新精神的结果，因而从企业发展的未来看，独创和创新精神应当成为每个企业的企业精神的重要内容。企业财富的源泉蕴藏在企业员工的创新精神中：企业家的创新体现在其战略决策上，中层管理人员的创新体现在他怎样调动下属的劳动热情上，员工的创新体现在他对操作的改进、自我管理的自觉性上。

企业精神除了具有普遍性之外，还具有鲜明的个性。实际上，每个企业的传统、性质、职能、奋斗目标、外在形象以及企业家的个性都是不一样的，这必然会在企业文化中表现出来。只有真实地反映了具体企业个性的企业精神，才能成为企业生存的基础、发展的动力、行动的准则、成功的核心，才能对企业员工有强烈的激励作用。

企业精神还应具有务实性和求精性。所谓务实，就是应当从实际出发，遵循客观规律，注重实际意义，切忌凭空设想和照搬照抄。所谓求精，就是要求企业经营上高标准、严要求，不断致力于企业产品质量、服务质量等的提高。在现代强手如林的市场竞争中，质量和信誉是关系事业成败的关键因素。一个企业要想得到长期稳定的发展，永远保持旺盛的生命力，就必须发扬求精精神。总之，企业精神确立，旨在为企业员工指出方向和目标。企业精神必须具有务实和求精的特征。

企业精神是时代精神的体现，是企业个性和时代精神相结合的具体化。优秀的企业精神应当能够让人从中把握时代的脉搏，感受到时代赋予企业的勃勃生机。在发展市场经济的今天，企业精神应当渗透着现代企业经营管理理念、确立消费者第一的观念、灵活经营的观念、市场竞争的观念、经济效益的观念等。体现时代精神应该成为企业培育自身企业精神的重要内容之一。

9.4.2.3 企业精神的表达方式

企业精神的表达是培养企业精神不可分割的部分。如果表达得好，可以扩大企业精神对于企业员工的影响；如果表达不好，则会影响企业精神的感召力。

一般来说，企业精神表达应该遵循若干原则：首先，“简练明确、易记好懂”。企业精神是要全体职工认同的，因此必须让每一个职工都能记住、懂得。文字精练是为了好记，用语明确是为了好懂。例如：“顽强进取、争创一流”，“开拓服务、争先创优”，“顾客第一、人为中心”，“开拓文明、求实创新”等。其次，“针对问题、符合厂情”。企业精神的表达只有针对问题，才能容易使职工的意志进入激发状态，形成解决问题的高昂士气。一个企业创建自己的企业精神必须从实际出发，要使员工经过努力可以做到，任何假、大、空的口号和提法，虽然提得高、喊起来响亮，但对员工和企业没有实际意义，都等于没提。再其次，“富于个性、形象生动”。形象化、个性化的企业精神表达可以使职工看到本企业与其他企业的不同，容易产生“唯我独有”的自豪感，能给职工留下鲜明的印象，容易激发内心的共鸣，产生一种“抱此态度必然成功”的意志状态与思想境界，进而产生积极的行动，从而把崇高的精神转化为物质力量。

9.4.3 企业价值观

9.4.3.1 价值观与企业价值观

从哲学上来说，价值观是关于对象（或客体）对主体是否有用的观点，或者说对于主体而言，能够满足主体需要的客体属性，就是有价值的。价值观是价值主体在长期的生活和工作中形成的对于价值客体的总的根本性的看法，是一个长期形成的价值观体系，是人们立身处世的抉择依据，具有鲜明的评判特征。相应地，企业的价值观是指企业在追求经营成功过程中所推崇的基本信念和奉行的目标，是企业全体或多数员工一致赞同的、与企业紧密关联的关于“对象对于主体来说是否有价值”的看法，是企业全体或多数员工一致赞同的关于企业存在与价值、意义的终极判断。任何一个企业，总是要把其价值所在以及其认为最有价值的对象作为本企业努力追求的最高目标、最高理想或最高宗旨。“企业价值观”、“共有价值观”、“企业最高目标”、“企业理想”、“企业宗旨”等，实质是一样的。企业价值观就是一个企业的基本信念和信仰。从这个意义上说，企业价值观与企业哲学是相通的。

企业价值在企业文化中也起着核心的作用。可以说，企业文化的所有内容，都是在企业价值观的基础上产生的，都是在不同领域的体现或具体化。因此研究企业文化的许多人把企业价值称为企业文化的基石。企业价值观对企业和员工的行为取向，对企业兴衰具有决定性作用。正如日本“经营之神”松下幸之助所说：“公司可以凭借自己高尚的价值观，把全体员工的思想引导到自身想象不到的至高境界，产生意想不到的激情和工作干劲，这才是决定企业成败的根本。”

9.4.3.2 企业价值观与企业精神的关系

“企业价值观”与“企业精神”既有区别又有联系。

首先，两者属于两个不同的范畴。“价值”是关系范畴，是关于“价值对象的哪些属性能够满足价值主体的需要”，企业价值观尤其要对企业的本质等诸方面做出价值判断。而企业精神是状态范畴，是描述一个企业中大多数乃至全体职工的主观精神状态的。塑造企业精神，主要是对思想境界提出要求，强调人的主观能动性。所以，企业精神没有对企业的客观条件等做出任何价值判断。

其次，“企业价值观”与“企业精神”又是紧密联系在一起的。各企业之所以要塑造企业精神，就是因为它对企业的发展有很高的价值。企业价值观作为一种群体价值观念、基本信念、基本信仰，当然也属于精神领域。所以，当对企业精神进行说明时，不仅可以进行描述性判断，而且可以进行一系列价值判断。在对企业价值观念体系进行说明和塑造时，也会对职工的思想境界提出要求。

9.4.3.3 以人为本的企业价值观

当代企业的价值观的最突出的特征就是以人为中心，以关心人、爱护人的人本主义思想为导向。

当代企业发展趋势已经开始把人的发展视为目的，而不是单纯的手段，这是企业价值观的根本性变化。企业能否给员工提供一个适合人发展的良好环境，能否给人的发展创造一切可能条件，成为衡量一个企业优或劣、先进或落后的根本标志。

“以人为本”的价值观有两个最基本的含义：最低层次的含义——将人视为手段。具体地说，将人视为“经济人”、“科学人”。通俗地说，就是通过科学提高人的技能以获得更大的利益。这种观念是有合理性的，这是因为只有人才能自己满足自己，人也只有在功利的基础上才能生存。否则，单纯的物（比如说自然界）不会主动地满足人，人也不可能得到发展。这实际上就是前面古典管理理论阶段、管理丛林阶段所说的管理的主要目的。但是，人生的目的绝非仅仅是功利，人还有非功利（或超功利）的追求，比如，人的自由全面发展地实现。人实际上是在功利基础上来满足其自己的其他追求，进而提高、发展自己。所以，这一层次的“以人为本”忽视了“人是最终的目的”。最高层次的含义——将人视为目的，将人视为“社会人”、“文化人”，通过人文途径提高人的精神追求，进而发展人。

【本章思考题】

1. 请分析将企业文化分为物质文化、行为文化、制度文化、精神文化的理由所在。

2. 请讨论企业公关行为在企业文化中的地位和作用。

3. 请思考制度文化与行为文化的内在关系。

4. 请分析企业哲学对企业精神文化的指导作用。

【案例分析题】

海尔的企业文化解析*

海尔自成立以来做出了奇迹般的业绩，究其根本原因是海尔有一个好的企业文化。海尔文化是海尔人的价值观，是在海尔发展历程中产生和逐渐形成的特色文化体系。海尔文化的核心是创新，以观念创新为先导、以战略创新为基础、以组织创新为保障、以技术创新为手段、以市场创新为目标，伴随着海尔从无到有、从小到大、从大到强，从中国走向世界，海尔文化本身也在不断创新、发展。

一、海尔文化的主要内容。

(1) 海尔的物质文化。

海尔的物质文化是超常规的发展历史。在第一个十年，立足创业，创出中国第一名牌；第二个十年，立足创新，走出国门，创国际化企业；第三个十年，创造资源，实施全球化品牌战略。海尔集团已经建立起国际化企业的发展框架：建立一个有国际竞争力的全球设计网络、制造网络、营销网络和服务网络。

(2) 海尔的制度与行为文化。

海尔的制度行为文化是思方行圆、持经达变。海尔通过制定一系列的制度、行为规定，保证其核心文化的落实和实施。例如，海尔创造的“OEC 管理法”即 Overall（全方位）、Every（每人、每天、每件事）、Control & Clear（控制和清理），即日事日毕，日清日高。总账不漏项，事事有人管，人人都管事，管事凭效果，管人凭考核。再如，海尔的用人制度采用“赛马不相马”，给海尔的每一位员工创造一个发挥才能的机会和公平竞争的环境，从而使企业整体充满活力。

（3）海尔的精神文化。

海尔的精神文化是创新，创新是海尔持续发展的不竭动力。

战略创新是方向。通过一系列的战略创新，实现了海尔的战略性跨越。一是吃休克鱼，二是“先难后易”，三是“高起点”，四是“三个三”战略。

观念创新是先导。海尔提出“海尔源头论”，把企业比作一条河，每一个员工都应是这条大河的源头，每个员工的积极性都调动起来，就有了喷涌的源头。用“超越式创新”和“剪刀论”来克服市场链推进中的阻力，SBU 就是拿剪刀的人。

技术创新是手段。海尔通过技术创新，紧紧把握市场机遇。

组织创新是保障。海尔采用 SBU 即战略事业单位，不仅每个事业部而且每个人都是一个 SBU。集团总的战略就会落实到每一个员工，而每一个员工的战略创新又会保证集团战略的实现。依据其“市场链”理论、斜坡球体定律等，形成以“订单”为驱动力、上下工序和岗位之间相互咬合、自行调节运行的业务链就是“市场链”。保证企业持续发展。

市场创新是目标。一是“先卖信誉，后卖产品”；二是三个彻底主义；三是提出“提出理念—推出典型案例—形成制度”三部曲，并在质量管理、市场创新、营销创新等方面加以实施。

二、海尔企业文化手册。

我们的海尔集团（内容从略）

海尔的目标是进入世界500强，创出中国世界名牌，为民族争光。

发展篇（内容从略）

1）海尔战略发展的三个阶段

2）海尔发展的历程

3）三个方向的转移

管理篇

1）海尔管理发展的四个阶段

- 由无序到有序（1984～1988 年）。
- 由有序到体系（1988～1990 年）。
- 由体系到高度（1990～1992 年）。
- 由高度到延伸（1992 年至今）。

2）海尔的管理理念：斜坡球体论

● Haier 创新——海尔发展的动力与源泉。

● 企业在市场上的地位犹如斜面上的小球，需要有上升力（目标的提升），使其不断向上发展；还需要有止动力（基础管理），防止下滑。

3）海尔管理模式

（1）OEC 管理法

“OEC”管理法也可表示为：日事日毕，日清日高，即每天的工作每天完成，每天工作要清理并要每天有所提高。

“OEC”管理法由三个体系构成：

● 目标体系→日清体系→激励机制。

● 首先确立目标。

● 日清是完成目标的基础工作。

● 日清的结果必须与正负激励挂钩才有效。

①一个核心：

市场不变的法则是永远在变，我们要根据永远在变动的市场不断提高目标。

②三个基本原则：

● 闭环原则：凡事要善始善终，都必须有 PDCA 循环原则，而且要螺旋上升。

● 比较分析原则：纵向与自己的过去比，横向与同行业比，没有比较就没有发展。

● 不断优化的原则：根据木桶理论，找出薄弱项，并及时整改，提高全系统水平。

③PDCA：

● PLAN 计划：根据用户要求并以取得最佳经济效益为目标，通过调查设计试制，制定技术经济指标、质量目标、管理项目，以及达到这些目标的具体措施和方法。

● DO 实施：按照所制订的计划和措施付诸实施。

● CHECK 检查：在实施了一个阶段之后，对照计划和目标检查执行的情况和效果，及时发现问题。

● ACTION 总结：根据检查的结果，采取相应的措施，或修正改进原来的计划或寻找新的目标，制订新的计划。

（2）管理提示

①80/20 原则：关键的少数制约着次要的多数。

②问题解决三步法：

● 紧急措施：将出现的问题临时紧急处理，避免事态扩大或恶化，紧急措施必须果断有效。

● 过渡措施：在对问题产生的原因充分了解的前提下，采取措施尽可能挽回造成的损失，并保证同类问题不再发生。

● 根治措施：针对问题的根源拿出具体可操作性的措施，能够从体系上使问题得以根治，消除本管理工作中发生问题的外部环境。

③九个控制要素5W3H1S：

● 5W：Why 目的；What 标准；Where 地点；Who 责任人；When 进度。

● 3H：How 方法；How much 数量；How much cost 成本。

● 1S：Safety 安全。

④6S：

● 整理：留下必要的，其他都清除掉。

● 整顿：有必要留下的，依规定摆整齐，加以标识。

● 清扫：工作场所看得见、看不见的地方全清扫干净。

● 清洁：维持整理、清扫的成果，保持干净亮丽。

● 素养：每位员工养成良好习惯，遵守规则，有美誉度。

● 安全：一切工作均以安全为前提。

理念篇

1）海尔的企业文化

企业文化的核心价值观：创新。

2）海尔精神

敬业报国，追求卓越。

敬业报国的中心思想是中国传统文化的“忠”，“忠”就是回报，海尔人就是要用最好的产品和服务来回报用户、回报社会、回报国家；“忠”就是真诚，海尔人真诚到永远。

追求卓越的核心思想是创新。追求卓越表现了海尔人永不自满、永远进取、永远创新的生生不息的精神境界。

能体现海尔精神的两句话：

● 把别人视为绝对办不到的事办成。

● 把别人认为非常简单的事持之以恒地坚持下去。

3）海尔作风

● 迅速反应，马上行动。

●“迅速反应，马上行动”体现了海尔人的市场观念，以迅速快捷的态度对待市场，绝不对市场说“不”。

● 体现了海尔为用户着想，对用户真诚，快速排除用户烦恼到零。

4）海尔的理念

（1）生存理念

（2）用人理念：人人是人才，赛马不相马

（3）质量理念：优秀的产品是优秀的人干出来的

（4）营销理念：先卖信誉，后卖产品

（5）竞争理念：浮船法——只要比竞争对手高一筹，半筹也行，只要保持高于竞争对手的水平，就能掌握市场主动权

（6）市场理念

● 创造市场。

● 只有淡季思想，没有淡季市场。

● 只有疲软的思想，没有疲软的市场。

（7）售后服务理念：用户永远是对的

（8）出口理念：先难后易

（9）资本运营理念：东方亮了再亮西方

（10）海尔技术改造理念：先有市场，再建工厂

（11）技术创新理念

（12）职能工作服务理念

5）海尔对市场的两条原则

（1）紧盯市场创美誉

（2）绝不对市场说“不”

6）海尔的创新观念

（1）源头论

（2）资源论·整合力

（3）市场链

（4）SST：“SST”分别是索酬、索赔、跳闸三个词中第一个字的汉语拼音的声母

● 索酬，就是通过建立市场链为服务对象提供优质服务，从市场中取得报酬。

● 索赔，体现出了市场链管理流程中部门与部门、上道工序与下道工序间互为咬合的关系，如果不能“履约”，就要被索赔。

● 跳闸，就是发挥闸口的作用，如果既不索酬，也不索赔，第三方就会自动“跳闸”，“闸”出问题来。

（5）零距离销售

市场链的建立就是要达到零距离销售的效果。所谓零距离其本质是心与心的

零距离。只有企业同员工的心是零距离，员工才能同用户的心是零距离，那就真正做到卖一台产品赢得一颗用户的心。不仅是国内的用户，也包括国外的用户。

（6）美誉度

● 海尔要的是市场美誉度。

● 消费者给予企业无任何企图的赞扬，有口皆碑，这就是美誉度，这种美誉度是无价的，是最可贵最可靠的市场资源。

● 美誉度不同于知名度，知名度用钱在短时间内即可获得。

● 美誉度不同于信誉度，信誉度按有关规定要求做了即可获得。

● 美誉度必须不断超出用户的期望值。

（7）吃“休克鱼”

吃“休克鱼”是海尔兼并扩张举措上的一种形象的比喻。

所谓“休克鱼”是指硬件条件很好，管理不行的企业。由于经营不善落到市场的后面。一旦有一套行之有效的管理制度，把握住市场很快就能重新活起来。

7）海尔的形象用语

（1）形象用语：真诚到永远

（2）标准字体

（3）各类产品形象用语

● 海尔冰箱：为您着想。

● 海尔空调：永创新高。

● 海尔冷柜：开创生活新标准。

● 海尔洗衣机：专为您设计。

● 海尔电脑：为您创造。

● 海尔彩电：风光无限。

● 海尔健康热水器：安全到家。

● 海尔电工：家务轻松。

（4）海尔中英文标准字样

8）海尔的形象识别标志

海尔方圆标志，意即“思方行圆”。“方块”是中心，放在阵中的排头，是以它的基础向纵深发展的意思，代表着海尔的思想、理念、文化。指导着周边圆点的组合，体现思方行圆的思想，同时也有发展无止境的寓意。方与圆的排列组合刚好是三十六，意味着海尔不断上升、不断发展。方圆标志成为海尔的企业标识，用于产品外包装箱、印刷品等。

9）海尔的吉祥物：海尔兄弟

10）时刻提醒

● 海尔人只有创业没有守业。

● 海尔国际化战略能否成功，主要是靠每一个海尔人的国际化，有了每一个人的国际化才能保证海尔集团的国际化。

● 要在国际市场竞争中取胜，第一是质量，第二是质量，第三还是质量。

● 质量不打折、服务不打折、信誉不打折。

● 在一个管理好的企业内部没有激动人心的事情发生。

● 管理的关键不在于知而在于行。

● 盘活资产首先要盘活人。

● 在别人否定自己之前先自我否定。

● 监控就是爱护，委任就是信任。

● 什么是不简单？能够把简单的事千千百遍都做对，就是不简单；什么不容易？大家公认的非常容易的事情认真地做好，就是不容易。

● 昨天的成功经验与辉煌可能是明天成功的阻碍。

● 干部怎样对待问题？要100%地落实责任，即“见数也见人”的原则。每个1%的问题都可以转化为100%的责任，100%的责任人。

● 干部怎样对员工？创造一个充满活力的氛围。

● 干部怎样对市场？创与闯。既要创新、创造；又要有闯劲、冲劲。

● 干部怎样对待管理？悟性和韧性。

● 干部的目标：做超级领导，即你的领导水平达到了能够让下属在没有领导的时候仍能够正常工作。形成有活力的员工，有合力的组织。

11）问题警示录

● 终端的问题就是领导的问题。

● 看不出问题是最大的问题。

● 重复出现的问题是作风上的问题。

● 部下素质低不是你的责任，但是不能提高部下的素质是你的责任。

12）思想警示录

● 小胜即骄傲。大胜更骄傲。一次又一次吃亏。

● 实事求是：能不能实事求是，是思维方式的改变问题；敢不敢实事求是，是思想境界的提高问题。

● 回答领导提问的四个标准答案只能选择一个：是、不是、没有任何借口、不知道（自己要做的就是必须马上去“知道”）。

13）海尔的个人修养

● 宠辱不惊，自强不息。

● 得意不忘形，失意不失态。

● 慎终如始，则无败事。

● 胜人者有力，自胜者强。

14）海尔的思想政治原则：三心换一心

● 解决疾苦要热心。

● 批评错误要诚心。

● 做思想工作要知心。

● 用三心换来职工对企业的铁心。

15）海尔的思路

● 思路国际化。

● 行动本土化。

16）海尔企业运行模式

● 联合舰队：海尔集团的运行模式不应是一列火车，因为加挂的车厢越多，车头的负担越重；而应是一支联合舰队，各个舰只都有一定的战斗力，整体大于各部分之和。可以各自为战，但不能各自为政。

* 资料来源：作者根据海尔官方网站以及其他网络资料整合而成。

1. 请归纳海尔文化的主要特征。
2. 请分析海尔精神文化的核心所在。
3. 请讨论海尔文化与海尔快速发展的关联。

第十章　企业文化的诊断与建设

【学习目标】

通过本章的学习，需要达到以下目标：

1. 掌握企业文化调研的主要方法。
2. 了解企业文化诊断的常用方法。
3. 熟悉企业文化评估的指标体系。
4. 理解企业文化建设的操作程序。

【重要术语】

企业文化调研；问卷调研；访谈调研；SWOT 分析；头脑风暴法；企业文化诊断工具；企业文化评估；文化评估指标体系；企业文化建设；企业文化手册。

【引例思考】

亭湖私营企业注重文化建设*

2008 年 7 月，江苏省盐城市亭湖区 40 多家私营企业参加了当地有关部门组织的企业文化周活动，活动期间不仅开展了丰富多彩的文化体育活动，还举办了企业文化建设座谈会。通过交流沟通，参会企业一致认为，企业文化建设是凝聚人心，促进企业健康发展的有效手段。

盐阜羊毛衫厂改制前，企业文化建设工作长期被忽视，员工没有归属感，工作积极性不高。一次，该厂要赶着完成一批加工任务，急需工人加班，可谁都不愿意干。车间主任没有办法，情急之下将大门锁起来不让工人回家，由此使员工与企业管理者之间存在很大矛盾。6 年前，该厂作为亭湖区首批试点企业进行改制。改制后，企业管理者认真总结经验教训，决心通过加强企业文化建设的方法来凝聚人心，增强企业竞争力。他们不仅将工厂环境改造一新，还组织职工定期开展业务技能培训，举办文化娱乐活动。经过一系列努力，职工的观念发生了转变，由局外人变成了企业真正的主人，企业经营形成良性循环。

“三流企业靠产品，二流企业靠管理，一流企业靠文化。”如今，这一观念被众多盐城市亭湖区的私营企业所接受。

江苏伯乐达集团倡导的企业文化，旨在使企业成为员工温暖的家。在该集团的员工车库内，每天都停放着许多电动自行车，细心的企业管理者在车库内安装了许多电源插座，在这里，员工们的车随时都可以充电，再也不用担心回家的时候车子会因没电而抛锚在路上了，那感觉就像在自己家里一样贴心、随意。由此，员工们对企业的感情也更深了。

细节决定成败，文化推动发展。一位企业家说，在许多人眼中，企业文化属于意识形态范畴，太“虚”。实际上，它是企业在长期生产经营过程中形成的物质文化和精神文化的集中体现，贯穿于企业战略、组织结构、人力资源、绩效管理等各种企业生产经营活动中，无时不在，无处不在，悄悄地发挥着作用。

如今，亭湖区大部分私营企业都意识到了文化建设在企业发展中的重要作用，并正努力将企业的“文化大餐”做得丰盛诱人。其中，江苏威特集团有限公司强调创建学习型团队，以一报一刊、一网、一内参作为企业文化的载体，促进干部职工的交流和沟通。他们还将生产车间内张贴的标语口号换成了生动形象、轻松幽默的漫画，在诙谐的气氛中对员工起到了警示和教育作用，并将职工的文化生活搞得红红火火。

*资料来源：作者摘自《中国现代企业报》，2008－7－4。

1. 应该如何理解亭湖私营企业的企业文化“运动”？
2. 企业文化诊断、分析应该遵循什么样的流程？
3. 企业文化建设是否可以通过“运动”的方式来推动？

企业文化活动具有“知易行难”的特征，如何塑造有影响力和凝聚力的特色企业文化绝非简单的事。需要说明的是，本章虽然将企业文化建设过程区分为四个阶段，但并不意味着这四个阶段是完全独立的企业文化建设工作是一个完整的、不可分割的过程，各阶段之间相互联系、相互包含。

10.1 企业文化调研

10.1.1 企业文化调研的基本程序

企业文化调研是对一个企业的企业文化的基本状况进行调查、了解、分析和研究的过程，形成总体认识。要进行行之有效的企业文化修炼，了解实情，脚踏实地，实事求是，从实际出发，提出恰当的方案和计划，方能收到实效。

10.1.1.1 编制调研方案

制定调研分析方案是开展调研工作的行动纲领，其中包括任务、内容和方法、要尽可能详细。一般来说，一份调研方案提纲应该调研方案说明、调研流程、项目发起与项目准备、调研操作设计、调研团队组建与培训、调研实施控制，以及项目评估等内容。

10.1.1.2　确定调研任务

先要选择调研课题，即调研所要说明或解决的问题。课题一旦选定，就决定了调研的方向和水平。企业文化建设调研的课题就是对企业的总体情况做全责的调研诊断、分析，形成的结论是塑造企业文化模式的重要依据。

在确立调研课题后，大家共同探讨找到恰当、合理的调研切入点，并正确选择和共同研究的调研的重点和难点。切入点和重点的选择发生偏差，将会直接导致低质量的调研设计方案。在进行初步探索时，首先要多查阅相关文献资料，其次要多向专家咨询，此外还要多讨论，设想尽量周全。

10.1.1.3　编制调研可行性计划

调研可行性计划的编制要符合实用性、科学性、经济性等原则，并要留有一定的应急余地。首先要确定调研目标和方法，即要解决什么问题，可达到什么程度，此次调研能起何作用；以及收集资料和研究资料的方法等。其次，明确调研内容和工具。调研内容的设计过程也就是调研指标的设计过程。调研工具主要包括提纲、表格、问卷等，一般应配备照相机、摄像机等。再其次，确定调研时间、地点、对象，这三者都不应格式化，应因地、因时、因人而异，总之，一切从实际出发，要选择最佳时机、地点、对象。此外还要做好调研经费预算，统筹安排调研工作，做到有条不紊、科学合理。

10.1.2　企业文化调研的方法与内容

10.1.2.1　企业文化调查的基本原则

（1）客观真实原则：收集资料，分析资料以及得出结论都不掺杂研究者的主观因素，调查工作应该尊重事实，不能主动臆断，避免先入为主，更不能弄虚作假，或将调查者的想法强加于企业。

（2）全面系统原则：即要求调查研究要从系统的角度出发，适应对象的特点，全面搜集材料，具体系统性，掌握各个组成部分的情况，同时又做好总体把握。

（3）时效及时原则：及时反映企业文化变化状况，对各个不同时期、不同阶段的情况都及时了解；注意时效，不能一劳永逸。

（4）科学准确原则：调查研究必须借助各门科学研究的有关成果而建立起来的具有自我规律的体系，运用科学方法，定性与定量结合、宏观与微观结合、理性与非理性结合，调查数据必须准确，判断可靠。

（5）公正规范原则：坚持公正、公平、公开，遵守法律法规和行业规范，恪守职业道德。

10.1.2.2　企业文化调研的类型与方法

（1）确定调研类型。调研方法的类型很多，按照调研对象的范围划分，可分为普遍调研、典型调研、重点调研和抽样调研。这3种常用的调研方法在具体实践中可分可合，一般视实际需要而定。

（2）确定调研方法。经常采用的调研方法包括调研问卷法、网上调研法、访谈调研法、实地观察法、文献调研法等。不同方法各有优劣，在实践中往往互相结合运用。

10.1.2.3　企业文化调研的内容

企业文化调研涉及很多方面的内容，大致涵盖以下六个方面：

（1）企业的现状，包括企业的性质、行业特征、历史情况、资源状况、经营状况、企业制度状况。

（2）企业面临的环境，包括地域环境、竞争环境、企业公共关系状况、企业宏观经济环境状况、与企业文化生成与发展相关的政治法律环境和人文环境。

（3）企业物质环境方面，包括企业生产环境、物质产品、工作氛围、生产设备等内容。

（4）企业行为文化方面，包括企业员工行为方式、商务礼仪、员工之间的关系、企业对外交往情况以及企业公关、策划等内容。

（5）企业制度文化方面，包括公司内部文件、资料，企业内部流传的轶事和故事，社会媒体对公司的正负方面报道等内容。

（6）企业精神文化方面，包括企业经营哲学、企业使命、企业精神、企业价值观、企业伦理道德以及企业作风等方面内容。

10.1.3　企业文化调研范例

问卷调查和访谈调查是企业文化调研过程中惯常采用的两类主要方法。本书在此给出某企业的企业文化调查问卷示范，并呈现企业文化访谈的整个过程程序文件。

10.1.3.1 企业文化调研问卷示例

某企业的企业文化调查问卷

尊敬的先生、女士：

您好！

以下是一份关于××集团所属××企业组织文化的调查问卷，旨在了解企业组织文化的现状，并据此进行科学的分析，以便为企业的组织文化建设提供科学的依据。因此，您的回答对本次调研非常重要，此问卷是不记名的，并且所有填写的内容仅在研究中使用，严格保密。希望您在填写时不要有任何顾虑，如实、完整地作答。谢谢您的合作！

20××年×月

第一部分 基本信息

1. 您的性别：（1）□男　（2）□女
2. 您的年龄：（1）□25岁及以下　（2）□26~30岁
（3）□31~40岁　（4）□41~50岁
（5）□51~60岁　（6）□60岁以上
3. 您的最后学历（含在读学位）：
（1）□专科（不含）以下　（2）□专科
（3）□本科　（4）□硕士研究生及以上学历
4. 您从事管理工作多少年：
（1）□无　（2）□1年以下
（3）□1~3年　（4）□4~5年
（5）□6~10年　（6）□10年以上

第二部分 调查问卷

填答说明：

这部分共有60道题，请仔细阅读每道题，您认为这句话在多大程度上符合公司的实际情况，在相应的方框中打“√”。

题　　项	完全不符合	比较不符合	不清楚	比较符合	完全符合
1. 大多数员工对工作很投入	□	□	□	□	□
2. 哪个群体最了解情况就让哪个群体参与决策	□	□	□	□	□
3. 公司内部信息公开，员工可以随时得到所需要的信息	□	□	□	□	□
4. 员工相信自己能够对公司产生积极的影响	□	□	□	□	□
5. 公司业务规划具有持续性，员工都能参与其中	□	□	□	□	□
6. 公司积极鼓励不同部门之间进行合作	□	□	□	□	□
7. 员工在工作中的合作比较广泛	□	□	□	□	□
8. 公司领导层采用民主的管理方式	□	□	□	□	□
9. 公司是以团队的方式开展工作的	□	□	□	□	□
10. 员工了解本职工作和企业目标之间的关系	□	□	□	□	□
11. 员工被授予权利，可以自己进行决策	□	□	□	□	□
12. 员工的能力在工作中不断地得到提高	□	□	□	□	□
13. 公司对员工的技能进行不断的投资	□	□	□	□	□
14. 领导认为员工的能力是公司核心竞争力的重要来源	□	□	□	□	□
15. 员工不具备工作所必需的技能，工作中经常出现问题	□	□	□	□	□
16. 领导和管理者能够信守诺言	□	□	□	□	□
17. 领导者具有独特的管理风格和管理方法	□	□	□	□	□
18. 公司拥有一致的价值观指导员工的日常工作	□	□	□	□	□
19. 忽略企业的核心价值观会使员工的工作陷入困境	□	□	□	□	□
20. 公司拥有明确的道德准则规范员工的行为	□	□	□	□	□
21. 出现分歧时，员工会尽全力找到双赢的解决方案	□	□	□	□	□
22. 公司拥有一种强有力的文化	□	□	□	□	□
23. 即使遇到难题，员工也总能达成一致意见	□	□	□	□	□
24. 在关键问题上，员工经常难以达成一致意见	□	□	□	□	□
25. 员工拥有比较一致的是非判断标准	□	□	□	□	□
26. 员工在工作中表现出来的行为方式是可以被预测的	□	□	□	□	□
27. 不同部门的员工拥有共同的目标	□	□	□	□	□
28. 协调不同部门之间的工作并不困难	□	□	□	□	□
29. 与其他部门的员工进行合作时十分困难	□	□	□	□	□
30. 员工、中层领导和高层领导的工作目标是一致的	□	□	□	□	□
31. 公司内部的工作方式十分灵活	□	□	□	□	□

续表

题 项	完全不符合	比较不符合	不清楚	比较符合	完全符合
32. 员工善于应对业务环境中的变化	□	□	□	□	□
33. 员工愿意不断采纳先进的工作方法	□	□	□	□	□
34. 员工在尝试创新的过程中经常会遇到阻力	□	□	□	□	□
35. 不同部门经常相互合作，实施变革	□	□	□	□	□
36. 客户的意见和建议常常会引起相关部门的关注	□	□	□	□	□
37. 客户的意见直接影响着相关部门的决策	□	□	□	□	□
38. 公司对客户的需求有着比较深入的了解	□	□	□	□	□
39. 公司在做出决策时经常无视客户的利益	□	□	□	□	□
40. 公司鼓励员工与客户直接接触	□	□	□	□	□
41. 员工将失败看做学习和改善的机会	□	□	□	□	□
42. 公司鼓励员工创新、承担风险	□	□	□	□	□
43. 公司的很多事情都是不了了之	□	□	□	□	□
44. 学习是员工日常工作的一个重要内容	□	□	□	□	□
45. 公司能够确保各部门之间的信息沟通	□	□	□	□	□
46. 公司制定了长期目标和发展方向	□	□	□	□	□
47. 公司的战略会影响整个行业的竞争方式	□	□	□	□	□
48. 企业确立了明确的目标，对员工的工作具有指导性	□	□	□	□	□
49. 公司制定了明确的发展战略	□	□	□	□	□
50. 员工不了解公司的战略发展方向	□	□	□	□	□
51. 员工普遍认同公司的发展目标	□	□	□	□	□
52. 领导者制定的战略目标切合实际	□	□	□	□	□
53. 领导层已公开阐明了公司要努力实现的目标	□	□	□	□	□
54. 公司会不断跟踪战略目标的实现进度	□	□	□	□	□
55. 员工了解自己在实现公司目标的过程中需要做出哪些努力	□	□	□	□	□
56. 员工对公司的未来愿景已经达成了共识	□	□	□	□	□
57. 领导者具有长远的战略眼光	□	□	□	□	□
58. 短期目标经常会影响公司长期目标的实现	□	□	□	□	□
59. 公司的愿景使员工精神振奋，工作积极主动	□	□	□	□	□
60. 公司的短期目标和长期目标不会发生冲突	□	□	□	□	□

主观阐述题

1. 您认为公司的核心价值观是什么?
2. 您认为公司中最值得保留的传统是什么?
3. 您认为公司在内部管理中最需要改进的是什么?
4. 请讲出（写下来）一个在公司里实际发生过的最让您感动的故事（可另附纸）。

10.1.3.2　企业文化访谈调研的过程程序文档示例

××企业文化访谈项目实施方案

一、调研项目组成员名单

姓名	性别	组内分工	联系电话
A			
B			
C			
……			

二、调研期间工作制度

- 注意个人形象，在会议/访谈等正式场合要着正装，介绍自己时要注意分寸
- 调研期间的作息时间服从工作安排，以完成当日或当期的工作任务为准
- 调研期间所有搜集到的资料/书籍，均应交到项目助理处登记，以便在小组成员共享和妥善保管
- 访谈要做好记录，当天要汇总，并在内部讨论会上介绍
- 注意保守双方的商业秘密，尤其对被调研企业方面提供的信息要注意保密
- 其他人在场或公开场合，如就餐/乘车/外出等，不谈论工作
- 除必要的需要独立活动的工作以外，其他工作集体办公，以利于讨论和控制进度
- 每天访谈调研成果，要以电子版的形式汇总到项目负责人处，以便安排第二天工作
- 注意保管项目进程中的过程文件，不准随处丢弃
- 小组成员有事外出或单独活动，要提前通报项目负责人

三、工作内容

本咨询项目分两阶段进行，工作内容如下：

第一阶段　企业文化调研
第二阶段　企业文化调研报告撰写

四、总体工作计划

- ×月×日以前　　　　知识积累、资料搜集、工作计划、工作讨论
- ×月×日~×月×日　　调研启动会、访谈提纲、二手资料清单
- ×月×日~×月×日　　公司调研、访谈
- ×月×日　　　　　　第一阶段汇报
- ×月×日~×月×日　　第二阶段访谈、资料搜集
- ×月×日~×月×日　　形成第二阶段报告
- ×月×日　　　　　　第三阶段汇报

五、进场前工作准备

- 笔记本电脑、鼠标与网卡等外设及办公软件
- 网络用品（Hub、网线及电源）
- 名片
- 文具（记录本、笔、胶布、记号笔）
- 书籍和资料
- 打印机
- 电源插座及接线板
- 讨论和讲课用的白板和笔
- 文具（订书机、文件夹、打印纸、裁纸刀）
- 饮水机和纸杯（或暖水瓶）

六、进度控制表（内容从略）

工作内容	责任人签字	计划进度						实际进度					
1. ×××	××												
2. ×××	××												
……	……												

七、现有资料清单（内容从略）

资料名称	份数	来源	借阅记录	备注
×××				

八、访谈记录（内容从略）

访谈时间		被访谈人	
被访谈人部门		职　务	
被访人联系方式			
访谈人		记录人	

主要内容（示例）：

Q：请您谈一谈企业文化建设的现状。

A：

Q：公司是否有自己的内部刊物和其他的一些宣传材料？

A：

Q：您怎么看总公司提出的口号？

A：

Q：在您的心中有没有一个关于企业文化的标杆企业？

A：

九、访谈内容总结（内容从略）

访谈时间		被访谈人	
被访谈人部门		职　务	
被访人联系方式			
访谈人		记录人	

主要内容：

访谈发现：

十、被调研企业联系人名单（内容从略）

姓　名	部　门	职　务	办公电话	手　机

10.2　企业文化诊断

10.2.1　关于企业文化诊断

企业文化诊断分析，是在对企业文化调查数据统计、分析和研究的基础上，对企业文化的状况、特征、模式和类型进行分析和归类，对各种相关因素做出分析，对企业内部企业文化生成和发展的各要素和影响其面貌的外部环境要素进行诊断和解剖，找出其优势所在和不利之处，把握其作用规律。

（1）优势分析：寻找独特的不可替代的优势。

（2）阻力、障碍分析：分析阻碍企业文化形成和成长的因素，包括体制因素、社会文化影响因素、亚文化因素、企业家认识水平的限制、员工素质的制约因素等。

（3）环境分析：包括民族文化、制度文化、外来文化、传统文化、行业文化、地域文化、物质经济环境、政治法律环境、人文环境、生态环境等。

（4）影响力分析：包括产品、服务与顾客的变化的影响，市场变化的影响，产品市场生命周期的影响，技术创新的影响，政策法规的影响，资源获取状况的影响等。

10.2.2　常用的企业文化诊断方法

10.2.2.1　SWOT 分析法

SWOT 分析代表分析优势、劣势、机会和威胁。因此，SWOT 分析实际上是将对企业内外部条件各方面内容进行综合和概括，进而分析组织的优势、劣势、面临的机会和威胁的一种方法。其中，优劣势分析主要着眼于企业自身的实力及其与其竞争对手的比较，机遇与威胁的分析将注意力放在外部环境的变化及对企业的可能影响上。但是，外部环境的同一变化给具有不同资源和能力的企业带来的机会和威胁可能完全不同，因此，两者之间又有紧密联系。SWOT 分析法在企业文化诊断分析中较为常用。通过分析企业文化所处的外部环境，以及企业自身的优势、劣势，很容易发现企业文化当中的问题所在，并借此寻找到企业文化建设的思路和努力方向。

10.2.2.2　头脑风暴法

采用头脑风暴法进行群体决策时，要集中有关专家召开专题会议，主持者以明确的方式向所有参与者阐明问题，说明会议的规则，尽力创造一种融洽轻松的气氛。主持者一般不发表意见，以免影响会议的自由气氛，由专家们自由提出尽可能的方案。经验证明，专家小组规模以 10～15 人为宜，会议时间一般以 20～60 分钟效果最佳。

企业文化诊断采用头脑风暴法，通过对来自不同层面的与会人员的头脑风暴，可以从多个层面、立体式地呈现某个企业的企业文化中存在的问题，而采用无压力的、各抒己见的方式，也能够确保获得真实的企业文化诊断信息，从而保障企业文化诊断工作中采集数据的真实性。

10.2.2.3　比较分析法

比较分析法（comparative analysis approach），也称对比分析法，是按照特定的指标系将客观事物加以比较，以达到认识事物的本质和规律并做出正确的评价。比较分析法通常是把两个相互联系的指标数据进行比较，从数量上展示和说明研究对象规模的大小，水平的高低，速度的快慢，以及各种关系是否协调。在比较分析中，选择合适的对比标准是十分关键的步骤，选择合适，才能做出客观的评价，选择不合适，评价可能得出错误的结论。

比较分析法在企业财务报表分析中应用较为广泛，但是在企业文化诊断中也可以使用。比较分析法有利于呈现特定企业的企业文化在业内的相对情况，找到该企业与业内标杆企业以及一般企业的差距，以及需要完善的地方。

10.2.2.4　因果关系分析法

因果分析法是通过因果图表现出来，因果图又称特性要因图、鱼刺图或石川图，是 1953 年在日本川琦制铁公司，由质量管理专家石川馨最早使用的。当时为了寻找产生某种质量问题的原因，发动大家谈看法、做分析，将群众的意见反映在一张图上，就是因果图。采用因果图分析产生问题的原因，便于集思广益。因为这种图反映的因果关系直观、醒目、条理分明，用起来比较方便，效果好，所以得到了许多企业的重视。

因果分析法在企业文化诊断中的应用效果尤为明显。通过对一系列企业文化现象和彼此之间因果关系的分析，查找各种问题的原委；或者对通过头脑风暴法汇集的看法、观点的归因分析，很容易诊断出企业文化中存在的问题。

10. 2. 2. 5 关键因素分析法

关键成功因素法（key success factors，KSF）是信息系统开发规划方法之一，于 1970 年由哈佛大学教授威廉·扎尼（William Zani）提出。关键成功因素法是以关键因素为依据来确定系统信息需求的一种 MIS 总体规划的方法。在现行系统中，总存在着多个变量影响系统目标的实现，其中若干个因素是关键的和主要的（即成功变量）。通过对关键成功因素的识别，找出实现目标所需的关键信息集合，从而确定系统开发的优先次序。

在探讨产业特性与企业战略之间关系时，关键成功因素法也常被使用。也有很多企业文化研究和实践从业人员把关键成功因素应用于企业文化诊断当中。在实际运用过程中，关键成功因素是指对企业文化培育起关键作用的诸方面因素，通过分析找出使得企业文化孕育、发展和成功的关键因素，然后再围绕这些关键因素来确定企业文化成功需要关注的主要因素，并据此对企业文化建设过程进行规划。

10. 3 企业文化评估

企业文化评估是对企业文化建设状况的测评和衡量。既要有定性的评估原则，也要有定量的指标。一般来说，企业文化评估与企业文化诊断紧密联系在一起，很多时候这两项工作是结合在一起来进行的。因此，很多企业文化诊断报告既包含企业评估的内容，也包含企业诊断的内容。本章刻意在此处将两者区分开，只是出于行文安排，并非是要将两者并列起来。

10. 3. 1 企业文化评估的原则与方法

为了客观、准确、完整地评估一个企业的企业文化的整体水平，必须明确评估原则，选取一些能够全方位、多角度反映企业文化水平的要素，采取恰当的评估方法。

10.3.1.1　企业文化评估的原则

（1）客观性原则：以事实为依据，力求客观、公正，不带偏见。

（2）全面性原则：全方位把握，从整体着眼，不偏不倚，防止一叶障目、以点代面。

（3）动态性原则：注意时效，要考虑企业的历史和现实，追踪和预测其发展。

（4）规范性原则：符合道德规范和行为规范，恪守职业道德。

10.3.1.2　常用评估方法

企业文化评估的方法主要有：

（1）全面评估。

①系统分析法：着眼于企业文化系统的整体性、层次性、联系性、动态性和开放性等特征，揭示其各子系统、各组成要素之间以及系统与外部环境之间的相互影响和制约关系。对企业的全部材料进行分类、归纳、整理和综合分析，对企业文化建设做出总体判断。

②战略分析法：从宏观整体进行战略分析，高屋建瓴，整体把握。

③常规分析法：分析企业的常规运行，包括活动分析和信息分析，涉及产品、服务、管理、资源等方面内容。

（2）比较评估。

把两个以上的同类事物放在一起进行对比，比较鉴别，认识事物之间的差别及各自特点和本质。首先是要跟国内外先进企业进行比较，找出差距和存在的问题，以利提高和改进；其次是对企业内部的有关问题进行对比和比较，如横向比较和纵向比较、员工和管理层比较等。此外，还可以按照发育状态，区分为成长型企业文化、成熟型企业文化、衰退型企业文化。按照内容特质，区分为目标型、竞争型、务实型、团队型、传统型等类型，从企业文化的主导特质进行评估。

（3）人员评估。

①人际行为法：集中在人际关系上，重点分析企业各层次人员的沟通与相互关系。

②集体行为法：关心人们在集体中的行为，而不是个人行为，分析从小集体到大集体的行为模式和文化构成，着重分企业文化中的团队精神。

③头脑风暴法：在整理事实基础上不带前提和偏见，举行团队会议，让不同意见自由碰撞和交流。

(4) 价值评估。

①力量分析法：组织中存在两种力量——推动变革的力量和阻碍变革的力量，企业文化评估对这两种力量都应该予以关注。

②价值链分析法：通过描述组织内外各种活动，来确认企业经济优势及文化优势，进而评价其竞争优势。

上述这些方法都可用于对企业文化状况的评估工作。

10.3.2 企业文化评估的常用指标体系

10.3.2.1 较为流行的一个评估体系

著名学者王璞所提出的企业文化评估体系是一个得到较大认同的企业文化评估指标体系。该评估体系主要从五个方面构建企业文化评估的指标体系。

(1) 反映员工对企业文化的观念。

- 对社会目前存在的各种职业的偏好态度。
- 企业对员工晋升的重视程度。
- 员工对自己所在企业社会地位的评价。
- 员工对自己的收入是否满意，是否觉得企业对待自己公平，与同行业比较是否觉得收入公平，与公司内部其他人员比较是否觉得公司分配公平。
- 员工对自己增长才干、发挥潜力重视程度，对自己工作稳定感的评价，对自己工作轻重感的评价。
- 对企业决策的参与意识，对自我身心状态的感觉。
- 可从以下方面来了解员工的真实看法：

  企业是否注重员工的发展，是否能够根据员工的具体情况制订培训计划。

  领导层是否可以根据企业经营状况制定经营战略，并将其需求转化为实际可行的计划，然后将计划逐步实施。

  是否真正理解和了解员工的需求和掌握员工真正关心的问题，是否能够挖掘员工的管理和领导才能并及时培育和使其得到发挥。

  企业员工是否非常愿意为企业贡献自己的聪明才智，是否真正理解自己对企业的贡献和作用。

  企业员工是否清楚地知道企业的核心价值观和企业精神，是否注意维护企业形象，是否具有高度的合作精神。

(2) 反映企业家价值观念的指标。

①诚信观。

- 企业对待客户、员工承诺的事情是否一定办到。
- 对待外界（包括政府、股东、客户）是否有隐瞒真相的行为。
- 企业是否以损人利己的行为方式获得利益。
- 在经营过程中是否有违法的行为发生。

②市场观。

- 企业在经营过程中是否主动维护市场秩序，是否有破坏市场秩序的行为发生。
- 是否积极开拓国内外市场。
- 是否善于利用各种价格机制进行市场开拓。
- 是否善于提高产品质量进行市场开拓。
- 是否善于利用某些对市场有效用的资源进行市场开拓。
- 是否善于维护良好的客户关系。
- 是否善于发现潜在的市场机会。
- 是否有引导市场发展方向的行为发生。

③创新观。

- 企业是否善于进行技术创新。
- 是否善于进行管理方式创新。
- 是否善于进行制度创新。
- 是否善于进行经营创新。
- 是否善于进行业务范围创新。
- 是否善于进行思维模式创新。
- 企业是否给予善于创新的人以适当奖励，是否充分尊重创新者。
- 是否注重创新的投入。

④法律观。

- 企业是否具有较强的法律观念，经营活动是否以法律为基础，涉及法律事务能否有效处理。
- 企业是否设立法律部门，是否充分重视。
- 是否重视对员工的法律培训，企业管理层是否具有较强的法律观念，员工是否熟悉相关法律。

⑤经营观。

- 企业是否有正确的市场经营和资本经营观念，是否盲目进行资本经营。
- 是否注重资本经营，是否善于利用资本经营的各种手段。
- 是否有良好的资本经营策略，是否善于积极创造企业资本经营的条件同时规避资本经营的各种弊端。

⑥盈利观。

- 企业是否在获得自身利益的同时注重客户利益的维护。
- 是否不仅仅注重经济利益的驱动，还注意社会因素。
- 是否注重自身竞争力的增强。
- 是否经常向员工灌输双赢理念，是否有能力在经营中实现双赢。

⑦竞争观。

- 企业是否注重文明竞争，是否有危害竞争对手利益的行为。
- 是否注重比较优势的发掘。
- 是否依仗在行业内的垄断地位进行经营，是否有来自于政府等方面支持的垄断行为。
- 是否有为了实现自己市场份额扩大而一味压榨竞争对手市场份额的行为。
- 是否有扩大市场份额而不是霸占市场的理念。

⑧发展观。

- 企业是否具有清晰的生存目标、盈利目标、发展目标。
- 是否在增强实力上下工夫。
- 是否善于把握各种机会。
- 是否有盲目扩张项目而因管理等滞后导致失败的事情发生。
- 多元化经营的选择是否根据企业的实际能力，是否只计眼前不考虑长远。

⑨应变观。

- 企业是否根据市场的需要及时调整产品开发方向。
- 是否根据市场的变化及时调整经营思路和经营模式。
- 是否及时关注消费者观念的变化并随之改变。
- 是否及时关注竞争对手的变化并随之改变。
- 是否关注宏观经济的发展而相应变化。

⑩品牌观。

- 企业是否注重公司品牌。
- 是否注重产品品牌。
- 是否注重对品牌的有效利用。

（3）管理性价值观。

①责权利观。

- 企业是否以责任为中心来决定权力大小。
- 是否有明确的奖励和处罚机制，收入差距是否体现贡献程度。
- 员工是否明晰自己的权利和义务。

②高效率管理观。

- 企业对提升管理水平的认识程度如何。
- 是否善于接受先进的管理理念和管理模式，是经验性管理还是理性管理。
- 在进行管理时是否注意节约成本，是否进行管理成本收益分析。
- 是否注重管理模式与中国传统文化相结合。
- 管理模式是否适应企业的现状。
- 管理理念与企业机制是否匹配。

③共享共担管理观。

- 企业是否尊重员工。鼓励员工承担风险，给予勇于承担风险而蒙受损失的员工一定补偿，是否利益独享，是否风险独担。
- 员工是否有与企业利益共享、风险共担的意识，是否愿意主动为企业承担风险，是否对企业风险漠不关心。

④互动性管理观。

- 企业是否注重领导者个人素质的提高。
- 企业领导者能否对下属的工作产生积极影响，能否培养下属。
- 领导者是否认为自己的权威地位不可侵犯。
- 管理者的素质是否适应和满足企业经营管理需要。
- 管理者的技能是否全面，是否熟练掌握各项业务。
- 是否善于处理人际关系，是否善于理解他人，是否善于激励员工。
- 遇到问题是否能够及时果断做出决策，分析判断能力如何。
- 企业组织结构是否合理，以利于领导者及时有效领导下属。
- 是否有内部竞聘制度，使有能力的人脱颖而出。
- 管理者是否能上能下。
- 企业是否注重员工素质的提高。
- 企业是否制订良好的培训计划，培训是否有针对性，成效如何。
- 员工与领导者是否合作融洽，是否等级分明。

⑤自觉性管理观。

- 企业的各项制度是否健全。
- 企业招聘时是否注重对企业文化的表述，注重受聘者对企业文化的认同。
- 企业是否给予员工精神激励。
- 企业是否有全员参与管理的意识。
- 员工对工作是否具有很强的积极性、主动性、创造性。
- 员工对企业的各项制度、企业宗旨、企业经营模式、企业精神等是否高度认同。

- 员工对工资待遇与公司其他人相比是否觉得公平，与行业内其他公司相比是否觉得公平，与自己的付出相比是否觉得公平。

⑥人本主义管理观。

- 企业是否尊重员工，是否有殴打、辱骂员工的现象。
- 是否插手干涉员工工作以外的事情。
- 是否关心员工生活。
- 员工是否认为自己受到充分尊重。
- 是否认可企业的制度规范和管理模式。
- 认为工作有否吸引力，对自己的工作环境是否满意。
- 是否认为自己的工作技能不断得到提高。

⑦理性化管理观。

- 企业是否引入现代化管理观念。
- 是否引入职业经理人参与企业管理。
- 企业领导决策是否经过周密严谨的调研和科学分析，是否有“拍脑袋决策”的行为。
- 员工的思想观念是否阻碍了企业进入现代化模式的变革。

⑧有序化管理观。

- 企业是否有明确的管理目标，选择相匹配的管理模式。
- 对生产质量的要求如何，对质量的管理是否与其目标匹配。
- 是否重视成本控制。
- 技术方面主要是模仿产品多还是自我创新产品多。
- 对技术员的管理是否与技术部门的要求相匹配。
- 是否有家族企业的弊端。
- 员工是否有赚够了钱就走的心态。

（4）体制性价值观。

①契约观。

- 企业制度的安排和执行是否经过大多数人的认同。
- 部门之间分工是否合理，是否有相互推诿的事发生，是否有不兑现承诺的情况。
- 领导是否能够接受员工提出的意见和建议。
- 员工是否了解公司章程，是否了解与公司签订的合同并接受公司提出的条件，是否愿意接受公司安排的工作。
- 对企业制度安排的不合理之处能否充分发表自己的意见和建议。
- 是否清楚分工协作对企业的重要性。

②共赢观。

● 企业是否意识到只有员工的发展才能带来企业发展的观念。
● 员工是否意识到只有企业的发展才有自我的发展。
● 是否有危害企业利益为自己牟私利的行为。
● 是否认为企业的利益分配合理。
● 收入能否随着企业的发展而提高。

③融合观。

● 企业对待不同收入层级的员工态度是否有所不同。
● 高层领导是否能与员工打成一片，内部是否有彼此关爱的气氛。
● 企业的福利制度如何。
● 员工是否心情愉快，是否充分发挥自己的才智，岗位是否适合自己。

④忠诚观。

● 员工认为企业是否相信自己。
● 是否将贯彻企业制度作为自觉行动，对企业是否忠诚。
● 是否能够知道真实的企业经营情况，是否有受剥削、受压榨的感觉。
● 企业管理人员是否忠诚于企业。
● 企业制度是否在检查时执行、无人检查时就不执行。
● 企业是否全方位地贯彻了公开、公平、公正的价值理念。

⑤团队观。

● 企业领导层是否团结，是否有个人英雄主义的思想。
● 员工是否意识到团队精神的重要性，是否团结一心。

⑥进取观。

● 企业是否大力提倡积极进取。
● 企业制度安排是否体现了奖勤罚懒，是否有夸夸其谈或偷懒耍滑的人却受赏识的情况。
● 员工是否具有进取精神、敬业精神，是否满足现状、不思进取、不愿变动、不乐于接受挑战。

⑦等级观。

● 是否存在大锅饭现象。
● 员工是否认为大家都是平等的，是否承认企业成员是有等级差别的。
● 认为自己的收入与付出是否公平。

⑧效率观。

● 是否强调效率。
● 是否有办事拖沓的现象。

(5) 对文化管理状况的评价。

- 有无体现企业精神的口号。
- 有无企业歌曲。
- 企业产品知名度如何。
- 企业知名度如何。
- 企业沟通（横向、纵向）情况如何。
- 制度运行程度。
- 人治程度。
- 企业效益评价。
- 企业在公众心目中的形象。

开展企业文化评估工作，可以参考上述指标，构建出适合特定需要的量化指标体系。但需要特别说明的是，对一个企业的企业文化进行具体评估，应该充分考虑到每个企业的实际情况，根据企业不同情况，进行具体分析，避免武断地给出评估结论。

10.3.2.2 企业文化评估报告的简明提纲

基于对企业文化的实务性导向和可操作性的考虑，本章给出撰写企业文化诊断评估报告的简明提纲，以供学习者和从业人员参考。

企业文化诊断、评估报告提纲

(1) 项目概述。

- 项目背景。
- 项目任务。
- 评估原则与目标。
- 项目执行过程。
- 数据来源。
- 样本构成与分布。

(2) 企业文化评估结论。

- ××企业文化状况总体评价。
- ××企业文化的优势与问题。
- ××企业文化的12个纬度分析摘要。
- ××企业文化建设评估摘要。

(3) 企业文化基础分析。

- 问卷数据分析。
- 企业文化维度要素分析。
- ××企业文化的各维度分析。
- ××企业员工分析。

（4）企业文化 SWOT 分析。

- 战略 SWOT 分析。
- 管理 SWOT 分析。
- 市场 SWOT 分析。
- 制度 SWOT 分析。
- 人员 SWOT 分析。

（5）企业文化评估。

- ××企业文化历史与现实评估。
- ××企业文化主体评估。
- ××企业文化内容评估。
- ××企业文化 CI 导入契机评估。

（6）结束语。

10.4　企业文化建设

企业文化建设是在企业家的倡导和组织下，有计划、按步骤、科学有序地启动的。一般来说，企业决策机构决定启动企业文化建设项目，需要建立组织领导机构，如“企业文化建设委员会”。由企业最高决策者挂帅，要有一名企业高层领导人担任常务副主任。委员会应当吸收企业一些关键部门如党群机构、人力资源机构、战略发展研究机构、文化宣传机构的负责人参加，设立一个精干的工作机构，如企业文化建设办公室或项目办公室等。还应聘请企业文化研究专家和管理咨询机构的专家作为顾问，开展企业文化建设。

10.4.1　企业文化建设的时机选择

10.4.1.1　通常情况下企业的导入契机

事实上，不同的企业有不同的文化，要有意识地导入和训练适合本企业特性的文化，必须选择时机，审时度势，摒弃不合时宜的旧文化，建设与时俱进的新文化。当企业面临的外部政治、经济、文化、科技环境发生变化，企业内部机制也发生重大变化时，就需要启动新的企业文化体系。把握企业文化建设的契机，可以主要考虑以下几种情况。

（1）企业内部发生重大变化。

①企业进入快速增长期时：组织规模迅速膨胀，人员大量增加，资本迅速扩张，兼并一些企业，就需要有与企业发展同步和相匹配的企业文化，否则就会出现文化危机。

②企业产权结构发生重大变革时：变革后，企业不能再沿袭原来的价值理念，应适时导入与产权机制相一致的企业文化。

③企业发展战略发生重大转移时：如从单一性产业向多业性产业转移，从低价位市场战略向名品牌市场发展战略转移，为适应这种转移，企业要重新定位自己的企业文化。

④企业实施“二次创业”计划时：企业为求得新发展，进行“二次创业”，就要启动新的企业文化战略，以助于实现跳跃式发展和质的转变。

⑤企业高层发生重大人事变动时：不同的企业家有不同的企业文化理念，往往可以开创新的局面。

（2）企业环境发生重大变化。

①企业由国内市场转向国际市场时：走向国际竞争的企业必须适应国际化、全球化的要求，把握更新企业文化的时机。

②企业从垄断经营走向市场竞争时：以前形成的行政垄断性行业，如银行、电信、航空、铁路等，在市场经济条件下，将打破垄断，改变原有的企业文化状态，塑造新的企业文化。

③企业工作环境发生重大改变时：如迁入新的办公大楼、新厂房落成时，或企业发展实现阶段性目标或周年志庆（如10年、20年）进行回顾和总结时，可以成为开创新的企业文化的契机。

（3）企业出现经营问题。

①企业处于停滞状态需要突破时：企业发展的某一阶段出现停滞状态，此时重塑企业文化可以起到强大的振兴作用。

②企业管理失效、矛盾丛生时：由于种种原因，到一定阶段，有的企业出现机构臃肿、职责不清、管理混乱、矛盾增多、人际关系恶化等现象，急需大力推行企业文化变革，用新文化赋予企业新的生命。

10.4.1.2 不同企业文化模式的文化塑造时机

不同类型的企业文化模式，企业文化也应该相应把握塑造的时机选择。

（1）企业家群体文化模式。

主要特点是：挖掘、总结企业家的新思想、新观念、新思维、新价值取向，倡导和培育企业的价值理念，展现企业家的精神人格和才学胆识，凸显企业家的形象力和感召力，确立企业家群体文化优势。这种企业文化模式的塑造时机为：

- 企业家的文化力有待形成时；
- 推进企业文化受到传统观念束缚时；
- 企业核心价值观急需统一整合时。

（2）人本文化模式。

主要特点是：遵循以人为本的原则，着重挖掘员工的资质和潜能；增强企业的凝聚力，提高员工的忠诚度，激发员工的工作积极性、创造性和团队协作精神，激活企业内部驱动力。这种企业文化模式的塑造时机为：

- 企业缺少凝聚力时；
- 企业员工的忠诚度需要提高时；
- 企业的团队精神需要提升整合时；
- 企业缺少动力、急需增添活力时。

（3）以客户为中心的服务文化体系。

主要特点是：树立“客户至尊”、“超越客户期待”的服务观念，规范员工的服务礼仪，丰富服务手段，提升服务质量，完善服务系统，疏通服务渠道，提高企业在社会的亲和力和美誉度。这种企业文化模式的塑造时机为：

- 企业确立以服务取胜市场战略时；
- 企业服务影响企业形象时；
- 企业员工服务观念、服务态度需要转变时；
- 企业服务手段需要丰富时；
- 企业服务质量需要提升时；
- 企业服务系统不健全时；
- 企业服务渠道不畅通时。

（4）以质量为中心的品牌文化体系。

强化和灌输“质量是企业的生命”、“质量是企业的衣食父母”的观念，将文化管理渗入质量管理之中，不断提高员工的质量观和全员质量意识，严格遵守国际质量认证标准，全面提升产品质量，以质量创产品品牌、以产品品牌发展产业品牌、以产业品牌树立企业品牌。这种企业文化模式的塑造时机为：

- 企业产品质量严重滑坡时；
- 因产品质量致使企业受到损害时；
- 把质量视为企业生存与发展的决定因素时；
- 推行 ISO 国际质量管理体系时；

● 以质量创品牌、全面提升企业形象时。

(5) 以企业形象为重点的形象文化体系。

主要特点是：企业以树立企业形象为核心，以塑造员工形象为基础，以产品形象为关键，通过对企业形象（包括公司名称、徽章、旗帜、标准字、基准色、服饰、办公用品、产品包装、广告、企业歌曲、工作环境等）的重新设计和规范，使企业具有强烈感染力，提升企业形象（包括知名度、美誉度和文明度）。这一企业文化模式的塑造时机为：

● 企业形象不佳，亟待改变提高时；

● 需要依靠企业形象占领市场、以形象制胜时；

● 企业的原有形象需要统一实施标准化时；

● 公司上市、需要大力宣传推广时。

(6) 以市场为中心的营销文化体系。

主要特点是：确立"以市场为导向，以顾客为中心"的现代营销理念，树立恰当的市场观、竞争观和服务观，提升员工把握市场的技能；优化和完善市场营销体系、销售方略，不断扩大市场的份额和占有率。这种企业文化模式的塑造时机为：

● 买方体系影响了销售业绩提高时；

● 营销组织架构欠佳、运行不畅时；

● 企业营销观念急需创新、整合时；

● 销售环节协调不力时；

● 市场服务需要改进时。

(7) 以科技开发为核心的科技文化体系。

主要特点是：凸显"以市场促进科技开发，以科技开发引导市场"的观念，培养和提升员工的科技领先的意识，体现尊重知识、重视人才的思想，整合人才资源，建立一种科研型和创新型的团队。这种企业文化模式的塑造时机为：

● 高新技术成为企业发展的主导方向时；

● 企业重视并确立科技开发重点时；

● 企业对原有技术不满意、技术开发制约了企业进步时；

● 新产品不能满足市场需求时；

● 企业的产品文化含量不高或需形成文化系列产品时。

(8) 以生产力为重心的生产文化体系。

主要特点是：培养和提升员工的效率意识，规范员工行为，实现有效的时间管理，改善现场管理和生产流程管理，增强环保意识和安全意识，改进工艺，降低成本，提高劳动生产率和产品质量，以不断满足市场需求。这种企业文化模式的塑造时机为：

- 企业生产管理水平急需提高时；
- 企业生产环境和工艺急需改善时；
- 企业规模扩大、产量剧增时；
- 企业产品不能满足市场需求时。

各个企业的情况不同，应根据自身的特点，把握时机，总结或引入恰当的企业文化体系，助推企业走向持续健康发展。进行企业文化建设要从现实状况出发，从解决企业面临的主要矛盾入手，分清是非，辨别轻重缓急，有的放矢；要根据企业的历史和现实条件，总结优良传统，找出差距和不足，扬长避短，破旧立新；要与社会发展形势紧密结合，跟上时代发展潮流，树立新观念，学习先进文化，成为学习型企业，使企业面貌焕然一新。

10.4.2　企业文化建设的一般程序

企业文化系统的中心要素，是以文明取胜的群众竞争意识，即企业的共享价值观念、共同理想追求和全体认同的精神状态等。这些都属于精神范畴。企业文化建设就是这种精神的确立和发展、应用等。当然，企业所创造的精神财富必须具有本企业特色。

企业必须向社会提供物质产品或服务，还要培育人才、创造无形的精神财富。需要指出的是，企业文化建设并不是要取代科学研究、教育和文学艺术等机构向社会提供精神产品的任务，而是通过创造具有本企业特色的精神财富，发挥振奋民族精神、净化社会风气的巨大功能，从而成为整个社会精神财富的一个有机组成部分。

10.4.2.1　“生产”企业文化

明确提出本企业的价值理念体系和理想追求，用准确生动的语言概括出企业精神，是企业文化建设的第一步，也就是要把具有本企业特色的精神财富定制出来。在这种特殊的“生产”过程中，有以下四个关键性的操作步骤：

（1）筛选。现代社会已经和正在积累大量的精神产品。所有的企业家都不能对这精神产品置之不理，特别是要自觉地建设企业文化的时候，更应该组织适当的力量去熟悉和研究。通过研究，企业必须从中滤除精神糟粕，选取精神财富。合格的精神财富的标准，一是要能促进企业形成核心竞争力，二是要能促进员工的人格健康和生命活力，三是要能增强企业的内在凝聚力，四是要能提高社会影响力。

这四项标准是企业文化的本质和精神内容所要求的。要竞争取胜，就必须坚持迅速发展经济，增强竞争力；要文明取胜，要使取胜的过程成为理解和尊重人的过程，就必须坚持促进人格健康，增强企业凝聚力；要使企业竞争取胜的过程同时也是为社会服务、为社会发展作贡献的过程，就必须坚持提高社会影响力。

（2）梳理。通过筛选而得到的精神财富，是以一般形态存在的，并不具有本企业的特色。梳理，是对本企业的历史和现状，特别是对企业实践中直接萌发的观念和意识，进行系统深入的回顾、调查、分析、研究，为一般精神财富与本企业实际相结合打下基础。梳理可以用相互对照的方式进行，主要理清三类事实并找出造成这些事实的全部根源：第一类是不符合被当做财富筛选出来的精神的事实，第二类是符合这类精神的事实，第三类是超出这类精神的范围，从而孕育着更高精神境界和理想追求的事实。

（3）发掘。对梳理得出的第二类和第三类事实，当做一种宝贵资源来加以开发，任务是找出这两类事实的形成机理和进步发展的生长点。

（4）设计。完整的企业文化建设计划，只有在做好筛选、梳理、发掘的基础上才能形成。因为它必须是经过科学论证而又具有本企业特色的价值观念、企业精神、企业信念、企业宗旨、行为规范、思维方式等，它们是以理论和口号的形式出现的；同时能够体现这些价值观念、企业精神等的案例说明，——最好是本企业的案例，但也可以是其他单位的典范，目的是要把第一套东西形象生动地表示出来，使广大员工易于了解。此外，还要设计灌输或实现这些价值观念、企业精神等的基本步骤。

总之，根据企业实际情况，确定与本企业相适应的企业文化理念，要总结企业发展历史，把握企业文化发展的内在机制及发展环境，做出设计规划。设计规划要做到全面与重点相结合，主观与客观相结合，独创性与连续性相结合，计划性与灵活性相结合。

10.4.2.2 “催化”企业文化

如何“催化”企业“生产”出上述精神财富，是企业文化建设的第二步。这一过程要遵循完整性、理解性、层次性、培育性以及灌输性五大原则。

（1）完整性原则。把具有本企业特色的精神财富，完整地向每个员工灌输。精神财富用之不损、共享不亏，不像一个物质产品那样给了甲就无法同时给乙，精神财富的分配可以“慷慨解囊”。如果说有所限制，那也是来自物质载体的有限性，而不是来自精神财富自身的不可予性。

（2）理解性原则。在形式上每个员工都分配到一份精神财富，但每个员工对精神财富的理解是不一样的。一个员工实际上分配到多少，取决于他对这份精神财富正确认识或理解的程度。任何精神财富，若不能理解便无法享用：一旦理解，内心愉悦便油然而生。合理分配精神财富的任务，要以企业全体员工获得理解来完成。领导和企业文化的设计者，应在如何使员工理解上采取措施，员工本人要在加深理解上多下工夫。

（3）层次性原则。理解有深浅，有宽窄，要求每个员工的理解都很深刻、都很全面，这既不现实，也不合理。不同部门的员工，理解的侧重面应该有所不同：工人、干部、技术人员、高层领导，理解的系统性和深刻性在要求上是不一样的。这种区别，是同一系统中不同层次的区别，是企业内部不同有机组成部分之间的区别。企业文化强调建立共享的价值观，培育员工人人认同的企业精神，把人们凝聚成为群体来发挥作用，但却并不抹杀每个人的特殊角色作用与个性。

（4）培育性原则。对任何精神财富的理解，都不是天生的，而是培养和教育的结果。因此，合理地分配精神财富，实际上就是要给每个员工合理地分配接受培养和教育的时间与机会。从企业文化建设的角度来看，不抓教育，不抓培训，既是精神财富和人力资源的浪费，也是精神财富分配的落空。

（5）灌输性原则。利用一切机会，向广大员工灌输企业价值观念和企业精神，使员工通过点点滴滴的理解，日积月累，达到精神境界的升华。把企业文化理念贯彻到企业的所有活动中，内化为员工的实际行动。这就是传播执行和实践过程。第一，利用各种手段，宣传企业精神和企业价值观，确立企业思维，发挥员工的积极性、主动性和创造性，反对和消解各种否定企业文化的舆论和行为。第二，利用传播媒介，深入客户心中，宣传企业形象，树立企业道德，在社会上形成良好的形象。第三，严格规范，形成制度，具体实施，解决好实施过程中可能产生的冲突和矛盾。

10.4.2.3 “消费”企业文化

抓好已被正确理解的精神财富的“消费”，可以视为企业文化建设的第三步。任何“消费”都是一种转化，精神财富的“消费”可以视作转化。企业精神财富的转化。可以有多种多样的形式：

（1）内化。即具有本企业特色的精神财富，铭刻在企业员工的心灵上，内化为员工的品质，并孕育出本企业特有的英雄模范人物。把企业文化理念灌输到所有员工心中，强化文化训导，对员工进行培训，营造文化氛围，使所有员工受到感染，自觉形成符合企业要求的精神人格、道德品质、气质风格。

（2）外化。即在员工的可见行为、企业的可见产品或物质服务中，以及在企业的一切有形物如厂房、内部环境中，把崇高的企业理想、企业精神、价值观念以及企业形象体现出来。开展企业文化传播和扩散活动，利用各种媒介，积极传播企业理念，突出文化传播的功能，在生产、营销、文化体育等活动中体现企业文化从无形到有形的转化。

(3) 习俗化。即把本企业的价值观念。变成全体职工自发地加以遵守的风俗、习惯、舆论、仪式等。这是一个极其漫长的“消费”过程。企业文化礼仪是企业员工的情感体验和人格体验的最佳形式。包括工作惯例礼仪、生活惯例礼仪、纪念性礼仪、服务性礼仪、交往性礼仪等，赋予各种礼仪以文化灵魂。

(4) 社会化。即企业通过向社会提供体现本企业特有精神的优质服务和优良的产品，向社会介绍本企业的英雄模范人物，向社会展示并扩散本企业的优良传统的风俗习惯，形成得到全社会赞美的企业形象，扩大其影响。

为了促使上述转化的实现，企业可以采取各种切实可行的措施，包括经济的、行政的、纪律的措施。以为企业文化建设只能采取文化措施，只能利用潜移默化的影响和约定俗成的力量，这是一种误解，是把企业建设的结果当成了先决条件，有了这种误解，当转化如不采取行政措施就难以实现时，就往往容易得出“当前搞企业文化建设条件不成熟”之类的不适当的结论。

在实施过程中，要及时了解信息，保证信息渠道畅通，对执行情况和实施效果进行衡量、检查、评价和估计，防止信息误差，调整目标偏差，避免文化负效应，扩大正效应，使企业文化建设朝着正确、健康、稳定的方向发展。评估调整要注重实效，建立理想化的参照系。对评估结果要正确分析，避免调整的盲目性和突变性，建立激励机制，保证调整的顺利进行。

企业文化建设的一般程序，包括“生产”、“催化”和“消费”三个步骤。这三步是相互联系的有机整体。如果仅仅具有本企业特色的精神财富，如正确的价值观念体系、崇高的理想追求等，还不能说就是企业文化。它们必须要在企业经营活动中发挥作用，真正结出文明的果实。只有当它们被企业职工正确理解并加以品质化、物质化、制度化、习俗化和社会化以后，才是企业文化。

10.4.3 企业文化手册编制

企业文化建设项目实施，就是要制定企业文化发展纲要和企业文化手册。

企业文化发展纲要，作为企业文化建设的纲领，是指导企业进行各种活动、形成制度、约束员工行为的指导性文件，纲要内容包括：企业宗旨，说明企业文化建设的目的，确立核心价值观和企业精神，明确企业愿景和目标（包括总体目标、阶段目标和单项目标）。

企业文化手册内容包括：

(1) 序言或概论。概述企业的发展历程、发展态势、愿景和目标。阐述企业文化建设的意义。也可由企业家撰写序言，或对企业做简介。

（2）主体部分。阐述独具特色的企业文化体系，解释企业理念，概括企业哲学，明确企业精神；确立企业的组织结构及相应的制度，制定企业员工行为规范；展示企业的形象标志即企业识别系统。如有企业誓词、企业之歌、企业LOGO等。

①企业理念提炼。

企业理念提炼的内容包括：企业价值观、企业精神、企业哲学、企业宗旨、企业目标、企业愿景、企业伦理、企业作风、企业使命、企业信念等。

企业理念提炼的原则：

● 现实性：根据企业现状，提出切实可行的理念。既要尊重现实，又要超越现实，引入现代企业理念。

● 实践性：来源于企业实践，企业员工熟悉并有感情。

● 适应性：适合本企业的特点和本行业的特性。

● 个性化：具有独特的个性，人无我有，特色鲜明。

● 持久性：具有一定的稳定性和相对持久性。

● 系统性：是一个有机体系，各个理念之间协调、融合，不冲突和矛盾。

● 艺术性：有艺术，有技巧。

● 辩证性：多样化的统一。

● 民族性：具有民族特色。

②企业制度安排。

企业制度是企业经营管理的保障。形成合理、规范的企业制度体系，是企业文化建设落在实处的保证。

制度设计包括：工作制度、责任制度和其他非程序化制度等。

③企业形象设计（CIS）。

CIS是“企业统一化系统”、“企业个性系统”、“企业身份系统”、“企业识别系统”、“企业形象系统”的有机结合。

（3）附录。有的企业文化手册会在附录部分，说明手册制定情况、解释权、执行时间、手册修订等。还可以附录与企业有关的重大事件的回顾、记载企业发展历程的图片等。

【本章思考题】

1. 请尝试设计一份企业文化调查表。
2. 请列举企业文化评估指标体系一般包括的主要内容。

3. 请阐述企业文化建设的主要程序。

4. 请尝试为某一企业编制企业文化手册（详细提纲）。

【案例分析题】

××公司企业文化诊断报告

企业自身发展的历史沿革是主导企业文化主流方向的重要因素。企业的成长过程反映的是企业在特定时期的外部环境与内部管理的特点，并集结成为合力作用于企业文化的形成和发展，并规定企业文化的方向。特定成长历史过程中的各种相关因素的表现形式和作用特点规定了企业文化的线条和轮廓，并影响企业文化的具体内容。本报告从企业发展的历史沿革入手，对各种不同相关因素逐一进行分析。

一、企业内部环境因素分析

1. 自身发展的历史沿革对文化的诉求。

公司之所以能在激烈的市场经济竞争环境下迅速提升与转变，领导班子起到了关键作用。经过调查了解，主要有以下几方面的原因：

第一，领导班子成员在团队配合上比较默契，以总经理为核心的高层管理团队成员有强烈的事业心，工作作风务实而严谨，在全体员工中形成较好领导者风范，起了鲜明的旗帜标杆作用。

第二，在管理体制方面，积极带动和影响中层管理人员和全体员工，围绕市场需求，充分利用有效资源，引进外界的新技能与知识，强调市场竞争意识，不满足于现状，勇于自我否定，乐于进取。

以总经理为领军人物的高层领导团队有良好的出发点，并且形成了高度的凝聚力与战斗力，充分控制与把握企业发展，但企业的长治久安不能只靠领导来维系。这就是目前高层最希望解决的问题：如何充分发挥中层和普通员工的积极性，使员工真正以主人翁的心态来共同创建企业的未来。

（1）公司现状：企业高层的敬业精神、管理水平与能力在实现企业的跨越式前进中起到了关键性的核心作用，在企业内部进行的多次企业变革已对员工们提升和转变观念发挥了一定的积极作用。

（2）存在问题：虽然企业变革带来了阵痛，但员工的意识尚未完全觉醒，对市场竞争的残酷性领悟不深刻，国企内“等、靠、要”的观念仍存在于潜意识里，特别是原厂的正式员工观念固化程度颇深。

（3）文化诉求：提升员工的归属感，营造“企业是我家，家好我才好”的企业文化氛围，把员工的个人事业成长与企业的成长有机联系起来。具体实施可与人力资源战略有效结合，推行企业内部人才市场化，强化市场竞争意识，逐步弱化原有正式工的优越感和被动性。

2. 业务性质对文化的诉求。

公司在企业成立初期是作为集团的配套工厂从事业务的。随着市场经济浪潮的到来，公司也逐渐开始涉足市场。由于企业的设备配置和技术人员比较适应此行业的生产，因此，目前在市场拓展期主要还是围绕着主营业务为主，客户对象也局限于各类××厂。近年来，也开始陆续地接触其他产品的竞争，主要涉及的产品包括酒类、化妆品等。但从主要产品来看仍然是以××为主，从地区来说，公司还是处于领先地位。

（1）公司现状：目前企业的业务开发与市场拓展，大单业务与新客户开发，主要以总经理及营销副总为代表的高层管理者负责，而且主要以高层管理者在行业的社会和人脉关系予以维持，一般业务人员主要是开发社会订单和维系大客户。

（2）存在问题：企业内的一般员工很难理解市场搏杀的残酷性，生产部门人员的责任心不强造成产品质量不稳定，设计开发形成不了品牌效应，部门之间配合的不协调造成的扯皮现象等，形成企业内大量的内耗，严重阻碍企业的飞速发展。

（3）文化诉求：企业成长道路上所遗留下来的问题，也就是人的问题。员工的组成有原来的正式工，有企业重组后对社会招聘的合同工，也有为了企业适应社会发展需要而特聘的技术员工，这些员工所接触的文化背景与社会经历不同，造成了一定的文化差异性，差异带来矛盾。今后企业文化建设工作中必须注意把握的关键就是沟通。有效的沟通将最大限度地打破文化差异现象，消除部门隔阂与部门本位主义。

3. 企业战略定位的影响。

为了追求和实现以市场为龙头，以成本为核心，以目标管理为手段，以人力资源为支撑的目的，公司在引入咨询公司后，明确了企业未来10年的愿景目标。通过问卷调查了解到，目前企业员工对企业战略目标的认可程度和实现信心的数据均比较高。

公司愿景从时间定位——（10年）、区域定位——（中国）、行业定位——（××行业）、性质定位——（一流企业）予以明确表述。要使愿景成为现实，需要经历5~10年的时间，通过不断完善管理体制与机制、构筑创新能力、培育核心竞争力等手段才能实现，这就需要有具体、明确的战略规划予以保证。

（1）公司现状：10年战略目标已经明确，并进行了定性分解与定量分解。

（2）存在问题：为了有效保障企业发展战略的贯彻落实与最终实现，充分展现公司优秀企业形象，树立与倡导公司的企业精神，推动与促进企业规范管理体系的建立，规范与提升企业员工行为和整体素质，企业文化建设工作势在必行。

（3）文化诉求：战略的落实需要强有力的文化进行支撑。在公司战略指导下，企业文化战略的规划包括以下内容：

①建立公司基本组织法，支持公司战略。

②完善企业各项制度，通过制度建立与完善，对员工行为规范进行统一。

③建立内外沟通渠道，倡导建立学习型组织，形成良好的企业文化氛围。

④建立精神激励为主的人力资源激励措施，形成物质与精神相配套的人才奖惩体系。

⑤统一企业形象，规范企业形象与品牌传播视觉。

⑥确立品牌核心理念，将企业文化通过品牌运作对外传播，形成品牌忠诚度。

4. 企业人力资源的影响。

企业的人力资源情况决定了企业文化的作用力和引导方向，为了引导企业各类人员不同的行为模式朝有利于企业的方向发展，企业应制定行为规范标准，清楚地告知员工“哪些事是该鼓励的，哪些事是被禁止的”，而且要加以执行与控制。因此文化的推动力必须以人力资源作为坚强的后盾。例如，在人员招聘的时候，应甄选认同企业理念并且能付诸实施的人，这是根本的解决之道。

优胜劣汰是市场经济的不二法则。外部市场的竞争需要企业内部动力的支持，而这个动力则来自内部的竞争压力，这个竞争应是正面的、公平的，否则效果会适得其反。

薪资待遇是多数人工作行为的第一动机，因此制定适用的薪资制度，可以有效地激励员工。企业用考核制度对成员的贡献加以评鉴，用薪资与升降制度给予回馈，贯彻能者上、劣者下的竞争法则。另外，制度要透明化。薪资、考核等制度的实施要避免“暗箱操作”，否则只能适得其反。

（1）公司现状：通过调查了解，目前公司的人力资源情况仍有待进一步提高，员工的知识技能只能算是中等水平。员工的文化水平反映出人员整体素质层面，在接受新观念、新知识方面仍需加强。企业的302名员工中只71名具有大专以上文化水平，占企业总人数的23.51%；高中（含中专、中技）文化程度的员工占企业总人数的60.93%；高中以下的占企业总人数的15.56%。

从企业员工的年龄层次来看，20~40岁的员工为企业的主力军，1971~1980

年出生的为166人，占总人数的54.79%；1981年后出生的为62人，占总人数的20.46%。从年龄上说，企业属于一支新的年轻的团队。

(2) 存在问题：企业的人力资源情况反映出员工的文化水平和整体素质方面仍偏低，接受新观念、新知识存在一定的局限；从年龄层次来看，员工普遍以中青年为主，具有较好的可塑性和学习能力。问题在于员工们的表现却是年轻有余，活力不足。这与人力资源管理体制的不完善、不健全有关，也与员工的心态有关。

由于人力资源管理中培训教育、绩效考核、薪酬体系等措施未跟上组织内部改革的步伐，造成员工的积极性减弱，被动接受变革的情绪较强，主动建议、"参政议政"的觉悟和积极性不高，面对一系列的变化，持漠然、观望态度。

在员工心态和观念上，公司管理层的宣传手段和方法仍不够深入，员工掌握和了解公司动态，仅停留在通过直接上级传达和同事转述为主，没有畅通的沟通渠道、正式的合理化建议机制和投诉体系。员工仍以国有企业的标准来衡量企业与员工的关系，竞争意识和危机感淡薄；强调个人利益，淡化公司利益，对于公司各方面提供的薪酬水平、福利设施不珍惜、不满足。

(3) 对企业文化的诉求：应加强对员工进行观念的灌输，让员工认真从"家庭成员"的角度来考虑企业的问题，逐步树立员工的主人翁意识。要员工创造更大的价值，先得改变他的知识能力与意愿。改变员工的能力与意愿主要靠教育训练。

5. 企业内部管理机制的影响。

有效营造体现中国××行业一流企业风范的企业文化氛围，应从科学规范的管理机制方面入手，从而形成把握行业态势，围绕市场，利用各种有效资源，使生产布局合理，主次分明，创造强势企业品牌，潜在市场开发能力强，而且能够帮助客户创造品牌的行业内的领先企业。

为了能迅速成为行业内的管理标兵，公司在近年实施多次改革措施，使整个企业正朝着科学规范化方向发展。通过调查，搜集到了以下关于内部管理方面的情况：

①通过组织内的变革实施，目前员工对公司组织机构设置的满意程度已经超过了50%。

②一系列的规范化运作，员工对目前公司的制度建设工作给予充分肯定，63%的员工认为公司的规章制度体系建立比较完善。

③由于工作的方式和方法问题等多方面原因，员工对于公司规章制度的实施效果情况满意度一般，只有52.8%的员工认为公司的制度实施效果可以达到基本满意程度，而近一半员工则持不确定和不满意的态度。

④在调查中了解到，员工认为目前公司亟待加强的主要是人力资源和经营管理方面的制度建设工作。

(1) 公司现状：综上所述，目前公司的制度化建设工作已在紧锣密鼓地进行当中，员工们也能看到其中的实际效果。但对于制度制定后的跟踪落实工作，员工们的认可程度不高。

(2) 存在问题：在改革过程当中，要注意“破”与“立”的关系，“破”除陈思想、旧观念固然重要，但“立”新法、“建”新制，也要跟踪及时，落实到位，否则就会落入形式主义的怪圈。

(3) 文化诉求：制度是硬性的、原则性的；文化是软性的、具灵活性的推动力。在组织处于创新变革时期，大规模的组织变革活动，迫切需要文化的强有力支撑来掌控与维系企业的组织内部稳定性。

企业在不同时期需要不同类型的企业文化导向，在目前来说需要的是强势的政策宣传型文化导向模式。及时、真实、有效地将企业高层的经营理念与思想，通过各种方式向全体员工进行传达，并充分尊重和重视培养普通员工的主观能动性，建立规范的合理化建议体系，保障有效、通畅的纵向、横向式沟通渠道，营建良好的企业文化氛围，从而保证制度实施的效果。通过企业内刊、快报、公文、会议、培训、各类活动等建立规范化制度导向氛围，以“润物细无声”的方式告诫员工，哪些事情是应该积极推崇的，哪些事情是应该尽量避免的。

二、企业外部环境因素分析

1. 地域性文化因素的影响。

(1) 公司现状：在看到企业高速成长的喜悦之后，公司也认识到了文化的力量，发展中的公司需要各路精英，但外域文化的入侵仍然让本土员工感到不能适应。

(2) 存在问题：员工已能充分认识到市场竞争的紧迫感，但在对待具体关乎切身利益的事件上，仍不能客观地认识到大我与小我的利益平衡点。

员工们对外域文化带来的创新精神、责任、竞争意识等，既有希望接受和适应的主观愿望，也有漠然视之、被动接受的心理，从而形成本地员工和外聘员工的地域性文化分化现象。

2. 行业宏观态势（略）。

3. 竞争对手的企业文化建设成果借鉴（略）。

4. 企业对文化的基本诉求。

(1) 发展阶段：企业自身发展的历史沿革已经形成了对于企业的文化作用力，因此在企业目前所处的成长发展时期，对于企业文化建设的需求更是迫在眉睫，需要强有力的企业文化来支撑，从而保障企业的可持续发展。

(2) 行业态势：加入WTO后，给中国的××行业带来了大量的机会，也面临更严峻的挑战。从总体情况来看，××行业的前景仍是十分看好的。因此，对于企业而言，如何外树品牌、内抓规范，这是经营管理的新课题，也是对企业文化建设工作的首要要求。

(3) 综合环境：与政府各有关部门、利益相关者（包括股东、合作伙伴等）以及相关社团组织（如省××协会、企业家协会等）的公共关系处理，对于企业品牌形象的树立起着举足轻重的作用，也是对企业文化成就与成果的必要检验。

(4) 战略目标：10年战略规范的阶段性发展，形成对企业文化的主导方向，面对阶段性战略发展的需求，企业文化必须做好动态发展的变化与调整，实现对战略目标要求的适应性、导向性和支持性。

(5) 制度体系：规范的管理制度是标尺，优秀的企业文化是暖风，一动一静、一硬一软的默契搭配才能形成科学、规范、合情、合理的优秀企业管理体系。以人为本是尊重人，法治管理是规范人，既体现人的重要性，又表达制度的刚性和执行力。

(6) 管理氛围：强调不断否定自我、敢于批评和自我批评、勇于承担责任，营造责任、创新、宽容、永不满足的企业内部管理氛围。体现诚信、关怀的管理作风，形成员工高度的归属感与“爱企、为企、护企”观念。

(7) 总体要求：满足战略需求，适应战略发展，营建中国××行业一流的企业文化。

5. 归纳总结。

结合企业的实际情况与企业文化现状，结论归纳如下：

(1) 目标：围绕一切有利于企业发展，一切有利于企业战略目标的实现开展企业文化的各项工作。

(2) 模式：建立开放、包容、和谐的企业文化氛围，以海纳百川之势吸取中外管理文化精华。

(3) 导向：市场竞争观念，合理用人观念，尊重与有效沟通、创新观念，适应客观环境变化，“以变应变”。

(4) 内涵：尊重、创新、责任、服务、贡献。

(5) 形式：责权利的明确、有效沟通渠道的建立。

(6) 特性：由行业特性决定。为客户创建品牌，精湛一流的设计，令客户满意的品质，成为全面管理的专家。

(7) 组织：形成“家”的文化，充分体现各成员的关怀、信任与支持。

(8) 资源：利用一切有效资源。以人为本，人才是企业的最大、最具优势的资源，提供员工个人广阔的发展空间。

(9) 管理：科学、规范、合情、合理。

1. 请指出案例提供的《××企业文化诊断报告》中可能采取了哪些企业文化调研方法。
2. 请指出案例提供的《××企业文化诊断报告》中可能采取了哪些企业文化诊断方法。
3. 请结合《××企业文化诊断报告》，针对案例企业的情况，给出企业文化建设的方案。

参考文献

[1] [美] 弗兰克·梯利. 伦理学导论 [M]. 何意译. 桂林: 广西师范大学出版社, 2002.

[2] 周祖城. 企业伦理学 [M]. 北京: 清华大学出版社, 2009.

[3] 刘光明. 企业文化 [M]. 北京: 经济管理出版社, 2006.

[4] 张应杭. 伦理学 [M]. 杭州: 浙江大学出版社, 1991.

[5] 魏英敏. 新伦理学教程 [M]. 北京: 北京大学出版社, 2003.

[6] 何怀宏. 伦理学是什么 [M]. 北京: 北京大学出版社, 2002.

[7] [美] 阿奇·B. 卡罗尔, 安·K. 巴克霍尔茨. 企业与社会: 伦理与利益相关者管理 [M]. 北京: 机械工业出版社, 2004.

[8] 陈春花, 曹洲涛, 曾昊. 企业文化 [M]. 北京: 机械工业出版社, 2011.

[9] [美] 加里·德斯勒. 商业伦理: 利益相关者分析与问题解决方法 [M]. 曾湘泉译. 北京: 中国人民大学出版社, 2005.

[10] 沈洪涛, 沈艺峰. 公司社会责任思想起源与演变 [M]. 上海: 上海人民出版社, 2007.

[11] 张彦宁, 陈兰通主编. 2007 中国企业社会责任发展报告 [M]. 北京: 中国电力出版社, 2008.

[12] 殷格非, 李伟阳. 如何编制企业社会责任报告 [M]. 北京: 企业管理出版社, 2008.

[13] [美] 哈罗德·孔茨, 海因茨·韦里克. 管理学 [M]. 北京: 经济科学出版社, 1998.

[14] [美] 加里·德斯勒. 人力资源管理 [M]. 曾湘泉译. 北京: 中国人民大学出版社, 2006.

[15] 理查德 T. 德·乔治. 企业伦理学 [M]. 北京: 机械工业出版社, 2012.

[16] 陈炳富, 周祖城. 企业伦理学概论 [M]. 天津: 南开大学出版社, 2008.

[17] 周祖城. 企业伦理精品案例 [M]. 上海: 上海交通大学出版

社，2010.

[18] [美] 罗伯特·C. 所罗门．伦理与卓越——商业中的合作与诚信[M]．罗汉等译，上海：上海译文出版社，2006.

[19] 周辅成．西方著名伦理学家评传[M]．上海：上海人民出版社，1987.

[20] 刘余莉．西方美德伦理的当代复兴[J]．玉溪师范学院学报，2003(1).

[21] 吴新民．试论柏拉图的惩罚哲学[J]．浙江学刊，2006(3).

[22] 贾可卿．分配正义论纲[M]．北京：人民出版社，2010.

[23] 王淑芹．市场营销伦理[M]．北京：首都师范大学出版社，1999.

[24] [美] 约翰·罗尔斯．正义论[M]．北京：中国社会科学出版社，1998.

[25] 曹刚．道德难题与程序正义[M]．北京：北京大学出版社，2011.

[26] 吴忠民．社会公正论[M]．济南：山东人民出版社，2004.

[27] [古希腊] 色诺芬．回忆苏格拉底[M]．吴永泉译．北京：商务印书馆，1984.

[28] [古希腊] 柏拉图．理想国[M]．郭斌和等译．北京：商务印书馆，1986.

[29] [古希腊] 亚里士多德．尼格马科伦理学[M]．北京：中国人民大学出版社，2003.

[30] [古希腊] 亚里士多德．政治学[M]．北京：商务印书馆，2006.

[31] [美] 罗伯特·诺齐克．无政府、国家与乌手托邦[M]．北京：中国社会科学出版社，2008.

[32] [美] 约翰·M. 伊万切维奇，赵曙明，程德俊．人力资源管理[M]．北京：机械工业出版社，2011.

[33] 姚裕群．招聘与配置[M]．大连：东北财经大学出版社，2010.

[34] 杨雪梅．“同工同酬”浅析[J]．乌蒙论坛，2004(1).

[35] 刘元元．英国反就业歧视法律机制研究[D]．山东：山东大学硕士学位论文，2009.

[36] 陈丽萍．劳动法应管管性骚扰[J]．法制日报，2005.

[37] 朱宏轩．产品设计伦理思想探析[J]．包装工程，2010.

[38] 朱维乔．丰田汽车召回事件引发的经济伦理学思考[J]．商业经济，2010.

[39] 杜苏，陈劲．企业伦理与产品质量[J]．浙江大学学报，1997.

［40］沙彦飞，戴琪．商品定价中的伦理问题分析［J］．统计与咨询，2008.

［41］李明．论分销渠道模式中的伦理问题［J］．商业研究，2011.

［42］李黎．格式合同的法律规则［J］．法治广角，2010.

［43］刘向晖．不道德网络营销活动及其治理［J］．商业研究，2003.

［44］李业．营销管理［M］．广州：华南理工大学出版社，2003.

［45］刘红叶编著．管理伦理学［M］．兰州：兰州大学出版社，2009.

［46］赵斌编著．企业伦理与社会责任［M］．北京：机械工业出版社，2011.

［47］戴维·J. 弗里切．商业伦理学［M］．北京：机械工业出版社，1999.

［48］张德，吴剑平．企业文化与CI策划．北京：清华大学出版社，2008.

［49］王震，杨凯．包装废弃物回收模式探讨［J］．上海环境科学，2001.

［50］郭莉，苏敬勤，卢小丽．环境资源外包：国外的实践与我国的对策［J］．科研管理，2005.

［51］郑汉根．德国循环经济发展深入人心［EB/OL］．http：//www. gyce. cn/ReadNews. asp？NewsID＝1424，2004－03－18/2004－08－02.

［52］朱永旗，罗媛．技术标准：跨不过去的槛［EB/OL］．http：//www. ceh. com. cn/shangji_ detail. asp？id ＝17340&type＝129，2003－07－07/2004－08－08.

［53］王如松．资源、环境与产业转型的复合生态管理［J］．系统工程理论与实践，2003（2）.

［54］胡山鹰，李有润等．生态工业系统集成方法及应用［J］．环境保护，2003（1）.

［55］中华人民共和国环境保护部网站［EB］．http：//www. mep. gov. cn/tech/stgyyq/sp/200709/.

［56］新华社．贵糖展示吃干榨尽绝活，眼里没废物．慧聪环保网［EB/OL］．http：//info. ep. hc360. com/2010/07/280954104570. shtml，2010/7/28.

［57］韦青松．基于广西贵港糖业集团股份有限公司循环经济的技术创新研究［D］．广西民族大学，2008.

［58］段宁．清洁生产、生态工业和循环经济［J］，环境科学研究，2001，14（6）.

［59］袁凌，申颖涛，姜太平．论绿色技术创新［J］．技术创新与企业科技进步，2000，17（9）.

［60］洪勇，苏敬勤．我国复杂产品系统自主创新研究［J］．公共管理学

报，2008（1）.

［61］孙振清，赵秀生，刘滨，何建坤．循环经济的进一步认识［J］．科学学与科学技术管理，2006（11）.

［62］搜狐财经网．瑞典环境技术出口中国潜力巨大 瞄中国绿色市场［EB/OL］．http：//business. sohu. com/20070628/n250812256. shtml. 2007. 6. 28 12：07 GMT.

［63］陈春意，杨素娟．企业无形核心竞争力：企业文化的研究［J］．商场现代化，2006（3）.

［64］陈维政等．转轨时期的中国企业文化研究［M］．大连：大连理工大学出版社，2005.

［65］邓德鸿，陈春花．论企业核心竞争力来自企业文化［J］．商场现代化，2006（8）.

［66］［德］E. 海能．企业文化：理论和实践的展望［M］．北京：知识出版社，1990.

［67］何峰．企业文化对企业长期经营业绩的作用研究［D］．上海：华东师范大学硕士学位论文，2002.

［68］［日］河野丰弘．改造企业文化：如何使企业展现活力［M］．彭德中译，台湾：远流出版公司，1980.

［69］黄灏然，俞守华，区晶莹等．企业核心竞争力研究综述［J］．价值工程，2008（3）.

［70］姜晖．企业文化对培育企业核心竞争力的研究［D］．吉林：吉林大学硕士学位论文，2006.

［71］李查德·帕斯卡尔，安东尼·阿索斯．日本的管理艺术［M］．张宏译．北京：科学技术文献出版社，1987.

［72］李继先．从知名企业家看企业家素质［J］．企业研究，2008（7）.

［73］李桃．企业文化与企业核心竞争力研究综述［J］．经济研究导刊，2009（11）.

［74］刘光明．中外企业文化案例［M］．北京：经济管理出版社，2001.

［75］刘光明．企业文化世界名著解读［M］．广州：广东经济出版社，2003.

［76］罗长海．企业文化学（第3版）［M］．北京：中国人民大学出版社，2006.

［77］罗长海，陈晓明等．企业文化建设个案评析［M］．北京：清华大学出版社，2006.

[78] 迈克尔·茨威尔．创建基于能力的企业文化［M］．王申英等译，北京：华夏出版社，1999.

[79] 秦建民．企业文化新论［M］．北京：石油工业出版社，2006.

[80] 秦秋莉．核心竞争力的成功模式与误区［M］．北京：中国纺织出版社，2005.

[81] 沈琦．核心竞争力的企业文化支点［J］．企业改革与管理，2006（2）.

[82] 唐海洲．卓越企业核心竞争力与市场营销力［M］．呼和浩特：远方出版社，2005（6）.

[83] 特雷斯·E. 迪尔，阿伦·A. 肯尼迪．企业文化：现代企业的精神支柱［M］．唐铁军，叶永青译．上海：上海科学技术文献出版社，1989.

[84] 王成荣．企业文化大视野［M］．北京：人民出版社，2004.

[85] 王若晨，陈亮．企业文化与核心竞争力研究：以海尔集团为例［J］．改革与战略，2004（4）.

[86] 王毅等．企业核心竞争力：理论溯源与逻辑结构剖析［J］．管理科学学报，2000（3）.

[87] 杨雨诚，唐欢庆．企业文化理论综述［J］．中外企业家，2006（8）.

[88] 张志祥．中国企业文化研究［M］．北京：中央文献出版社，2007.

[89] 赵东．对企业文化建设两重性的思考［J］．商场现代化，2006（8）.

[90] 高贤峰．海尔模式：制度与文化结合的典范［J］．山东经济，2001（3）.

[91] 胡军．跨文化管理［M］．广州：暨南大学出版社，1995.

[92] 李学良．论儒家文化对现代企业管理之影响［J］．企业研究，2010（14）.

[93] 林坚．企业文化修炼［M］．北京：蓝天出版社，2005.

[94] 刘光明．企业文化世界名著解读［M］．广州：广东经济出版社，2003.

[95] 刘光明．企业文化（第4版）［M］．北京：经济管理出版社，2004.

[96] 吴声怡，谢向英．企业文化学教程［M］．上海：上海财经大学出版社，2008.

[97] 叶生．企业灵魂：企业文化管理完全手册［M］．北京：机械工业出版社，2004.

[98] 张云初等．让企业文化起来：企业文化塑造实务［M］．深圳：海天出版社，2003.

[99] 朱成全．企业文化概论 [M]．大连：东北财经大学出版社，2005.

[100] 陈军．现代企业文化：21 世纪中国企业家的思考 [M]．北京：企业管理出版社，2002.

[101] 高贤峰．海尔模式：制度与文化结合的典范 [J]．山东经济，2001 (3).

[102] 宋跃三．企业文化自主建设操作指南 [M]．北京：红旗出版社，2007.

[103] 王璞．企业文化咨询实务 [M]．北京：中信出版社，2003.

[104] Manuel G. Velasquez. Business Ethics: Concepts and Cases. 4th ed. Upper Saddle River, NJ: Prentice - Hall, 1998, pp. 9 - 11.

[105] Otto A. Bremer, et al., Ethics and Values in Management thought, In Karen Paul. Business Environment and Business Ethics, Cambridge, MA: Ballinger, 1987, p. 79.

[106] David Wheeler, Maria Sillanpaa. The Stakeholder Corporation: A Blueprint for Maximizing Stakeholder Value. London: Pitman Publishing, 1997, p. 167.

[107] Howard R. Bowen. Social Responsibilities of the Businessman. New York: Harper & Row, 1953, p. 6.

[108] Carroll, Archie B., "Corporate Responsivity: Evolution of a Definition Construct", Business and Society, 1999, 38(3): 270.

[109] Keith Davis, Can Business Afford to Ignore Social Responsibility? California Management Review, 1960(3): 70 - 76.

[110] Keith Davis, "Understanding the Social Responsibility Puzzle: What Does the Businessman Owe to Society?", Business Horizon, Winter, 1967, p. 46.

[111] Keith Davis, "Five Propositions for Social Responsibility", Business Horizon, June, 1975, pp. 19 - 24.

[112] Milton Friedman, The Social Responsibility of Business Is to Increase Its Profits. In: Tom L. Beauchamp, Norman E. Bowie, Ethical Theory and Business. 3rd ed. Englewood Cliffs, NJ: Prentice - Hall, 1988, pp. 87 - 91.

[113] Archie B. Carroll. A Three - dimensional Conceptual Model of Corporate Social Performance. Academy of Management Review, 1979, (4): 497 - 505.

[114] Committee for Economic Development, Social Responsibilities of Business Corporations, New York: Author, 1971, p. 15.

[115] Alexander Dahlsrud. How Corporate Social Responsibility Is Defined: An Analysis of 37 Definitions: Corporate Social Responsibility and Environmental Manage-

ment,2008,(15):1 -13.

[116] Henry G. Manne,Henry C. Wallich. The Modern Corporation and Social Responsibility. Washington D C:American Enterprise Institute for Public Policy Research, 1972,pp. 3 -7.

[117] Robert Ackerman, Raymond Bauer. Corporate Social Responsiveness: The Modern Dilemma. Reston,V A:Reston Publishing Company,1976,p. 6.

[118] Archie B. Carroll, Ann K. Buchholtz. Business and Society: Ethics and Stakeholder Management. 4th ed. Cincinnati,Ohio:South - We - stern Publishing Co. , 2000,p. 42.

[119] Keith Davis, Robert L. Blomstrom. Business and Society: Environment and Responsibility. 3rd ed. New York:McGraw - Hill,1975,pp. 85 -86.

[120] Steven L. Wartick,Philip L. Cochran. The Evolution of the Corporate Social Performance Model. Academy of Management Review,1985(4):758 -769.

[121] D. J. Wood. Corporate Social Performance Revisited. Academy of Management Review,1991(4):691 -718.

[122] D. L. Swanson. Addressing a Theoretical Problem by Reorienting the Corporate Social Performance Model. Academy of Management Review,1995(1):43 -64.

[123] Edwin M. Epstein. Business Ethics,Corporate Good Citizenship and the Corporate Social Policy Process:A View from the United States. Journal of Business Ethics, 1989(8):583 -595.

[124] A. B. Carroll. The Four Faces of Corporate Citizenship. Business and Society Review,1998(100/101):1 -7.

[125] D. Logan,D. Roy,L. Regelbrugge. Global Corporate Citizenship: Rationale and Strategies. The Hitachi Foundation,Washington D. C. ,1997.

[126] Edwin M. Epstein. The Corporate Social Policy Process: Beyond Business Ethics,Corporate Social Responsibility and Corporate Social Responsiveness. California Management Review,1987(3):99 -114.

[127] M. B. E. Clarkson. A Stakeholder Framework for Analyzing and Evaluating Corporate Social Performance. Academy of Management Review,1995(1):92 -117.

[128] D. J. Wood,R. E. Jones. Stakeholder Mismatching:A Theoretical Problem in Empirical Research on Corporate Social Performance. The International Journal of Organizational Analysis,1995(3):229 -267.

[129] Archie B. Carroll, Ann K. Buchholtz. Business and Society: Ethics and Stakeholder Management. 4th ed. Cincinnati, Ohio: South - Western Publishing Co. ,

2000, p. 52.

[130] Peter French. Corporate moral agency. In: W. Michael Hoffman, Jennifer Mills Moore. Business Ethics: Readings and Cases in Corporate Morality. New York: McGraw – Hill, 1984, p. 163.

[131] Richard T. De George. Can Corporations Have Moral Responsibility? In: Tom L. Beauchamp, Norman E. Bowie. Ethical Theory and Business. 3rd ed. Englewood Cliffs, NJ: Prentice – Hall, 1988, pp. 62 – 68.

[132] Peter Pratley. Business Ethics. [M]. Prentice Hall, 1998.

[133] David Gauthier, Morals by Agreement [M]. New York: Oxford University Press, 1986.

[134] E. O. Wilson, The Diversity of Life [M]. Cambridge, Harvard University Press, 1992.

[135] Kemp R., Soete, L. The Greening of Technological Progress: An Evolutionary Perspective [J]. Futures, 1992, 24(5).

[136] Huber J. Technological Environmental Innovations (TEIs) in A Chain – analytical and life – cycle – analytical Perspective [J]. Journal of Cleaner Production, 2008, 16(18): 1980 – 1986.

[137] Hartje V. J., Lurie R. L. Adoption Rules for Pollution Control Innovations: End – of – pipe Versus Integrated Technologies [M]. Berlin: International Institute for Environment and Society, 1984.

[138] Mowery D. C., Nelson R. R., Martin B. R. Technology Policy and Global Warming: Why New Policy Models Are Needed (or why putting new wine in old bottles won't work) [J]. Research Policy, 2010, 39(8): 1011 – 1023.